요한의 영성

요한의 영성

초판 1쇄 발행　2016년 2월 25일
초판 2쇄 발행　2016년 4월 19일
초판 3쇄 발행　2018년 2월 10일

지 은 이　오우성
펴 낸 이　신일희
펴 낸 곳　계명대학교 출판부
출판등록　제347-1998-1호(1970. 9. 1)
주　　소　대구광역시 달서구 달구벌대로 1095
대표전화　053-580-6233
팩　　스　053-580-6235
홈페이지　www.kmupress.com

ISBN　978-89-7585-738-6　93230　정가 15,000원

이 도서의 국립중앙도서관 출판예정도서목록(CIP)은 서지정보유통지원시스템
홈페이지(http://seoji.nl.go.kr)와 국가자료공동목록시스템(http://www.nl.go.kr/kolisnet)에서
이용하실 수 있습니다.(CIP제어번호: CIP2016004461)

요한의 영성

오우성 지음

계명대학교 출판부

그(말씀)안에 생명이 있었으니

이 생명은 사람들의 빛이라

(요1:4)

머리말

21세기에 접어들면서 교회와 사회에서 영성(spirituality)에 대한 관심이 커지고 있다. 교회 내에서의 이런 현상은 교회의 급속한 양적 성장과 그로 인한 세속화 문제와 무관하지 않다. 이로 인해서 적지않은 교인들이 일상적 신앙 생활에 대한 권태와 회의를 느끼고 있다. 이런 시대적 분위기에 편승하여 새로운 신앙양태로서 영성을 추구하는 교인들이 늘어가고 있다. 영성의 분야는 다양하고 혼란스럽기 때문에 이를 추구하는 교인들이 잘못된 신앙으로 빠져드는 일들이 빈번하게 일어나고 있다. 그래서 교회는 성경적 원리에 근거한 바른 영성을 소개해야 할 필요를 느끼기 시작했다.

영성이라는 단어는 오늘날 광범위하게 사용되고 있다. 그래서 우리가 영성 분야를 연구한다거나 영성 수련에 들어간다고 할 때 큰 혼란을 경험할 수 있다. 우리 교회는 투쟁적, 경쟁적 영성에서 벗어나 통합적 초월적 영성을 추구하는 시대가 열리면서 딜레마에 봉착하고 있다. 왜냐하면 초월적 통합적 영성은 이미 카톨릭과 불교에서 보다 발전된 형태를 가지고 있기 때문이다.

이런 혼란가운데서 우리 개신교가 추구해야 할 영성이 무엇인지 교회가 정리할 필요가 있다. 개신교에는 전체적으로 어떤 영성이 있는가? 교회는 전통적으로 영성을 경건, 제자도 또는 성결의 개념으로 이해해왔다. 우리 교회의 대표적 영성은 예배. 부흥회, 제자훈련, 말씀공부, 새벽기도, 철야기도, 찬양집회 및 금식의 형식으로 유지 발전되어 왔다. 교회가 성장하면서 다양한 영성들이--오순절 영성, 해방 영성, 생태학적 영성 등--나타났지만 이 다양한 영성들 중 개신교 영성의 중심에는 전통적으로 말씀이 항시 있었다.

그래서 개신교 영성은 말씀 중심의 영성이라고 할 수 있는데 이 영성을 가르치고 있는 것이 요한문헌(요한복음, 요한서신, 요한계시록)이다. 요한은 예수 그리스도를 태초부터 계신 말씀이 성육신하신 분으로 이해했다. 요한은 예수의 삶과 사역 전체를 말씀의 활동으로 이해한 것이다. 그래서 초대 교회 때부터 요한문헌의 해석 및 적용은 말씀 중심의 교회 영성을 형성해 왔다.

이 책에서는 요한의 말씀 해석에서 한걸음 더 나아가서 요한이 어떻게 예수의 삶과 진리를 독자들의 삶속에 구체화시키며 적용하도록 도우는지에 관심을 둔다. 즉 이 책은 말씀이 삶속에서 살아 움직이는 영성함양을 목표로 한다. 요한은 그의 복음서와 계시록에서 내러티브 형식을 이용하고 있는데 이야기의 구성요소인 등장인물, 사건, 배경과 플롯을 가지고 시작한다. 이뿐 아니라 그는 상징, 은유, 환상, 숫자 등을 사용하되 이야기 형식안에서 이야기의 역동성을 살리기 위해서 이것들을 묘미있게 배치하고 있다. 요한의 내러티브는 예수의 삶과 진리를 독자들의 심령속에 이미지화시켜서 그들의 구체적 삶의 현장에서 이 이미지가 살아움직이는 경험을 이끌어내고자 한다. 이를 위해서 요한은 문학적 기법들을 사용하고 있는데 요한이 사용한 문학적 기법에는 대조, 비교, 교차대조 등의 다양한 기법들이 있다. 이 책에서는 요한이 사용한 문학적 기법들을 살펴보고 이 기법들이 예수의 삶과 메시지를 독자들의 심령속에 어떻게 각인시키는 지를 추적한다. 이 책에서는 요한복음을 주 텍스트로 하되 요한계시록과 요한서신들을 연계하여 요한의 영성이란 주제로 살펴본다.

저자가 이 책을 쓰게 된 동기는 요한문헌의 영성적 접근이 오늘날 우리 교회가 안고 있는 문제들에 대해 어떤 도움을 줄 수 있을 것이라는 기대감을 가졌기 때문이다. 요한의 영성은 제도, 조직, 교권, 의식과 전통의 진정한 의미가 무엇인지를 밝혀주며 성령을 다른 영들과 어떻게 분별하는 지를 가르쳐준다. 저자는 요한문헌의 새로운 연구를 통해서 현재 교회가 당면한 문제 해결에 대한 도움을 받을 수 있다고 생각한다.

이 책에 사용된 「성경전서 개역개정판」 요한복음의 저작권은 재단법인 대한성서공회 소유이며 저자는 재단법인 대한성서공회의 허락을 받고 사용하였다. 이 본문을 사용하도록 허락해 준 대한성서공회에 감사를 드린다. 이 책은 저자가 기독영성상담연구소에서 강의한 것과 그동안 연구했던 것을 수정 편집하여 출판하게 되었다. 이 책이 나오기까지 강의를 속기타자 치고 교정을 도와 준 김춘이 교수와 박인희 사모의 수고에 감사드린다. 최종본을 끝까지 교정해 준 아내에게도 감사의 마음을 전한다.

목차

Chapter 1

서론

1. 성경적 영성
2. 요한의 영성
3. 요한의 교회와 우리 교회
4. 요한문헌의 역사적 배경

기독교 영성은 삶을 통한

기독교 신앙의 체험이다.

B. C. 핸슨(Hanson)

Chapter 1

서론

1. 성경적 영성

21세기에 접어들면서 기독교 영성(Christian spirituality)에 대한 관심이 높아지고 있다. 기독교 영성이 무엇인가? 그 정의와 내용은 다양하기 때문에 한 마디로 답하기 어렵다.[1] 저자는 다양한 정의가운데 '어떤 기독교 신념에 근거한 삶의 방식'이라고 이해한다. 그래서 성경적 영성은 성경의 진리에 근거한 삶의 방식이다. 이 책이 다루고 있는 요한의 영성은 요한문헌이 가르치는 진리에 근거한 삶의 방식이 된다. 여기서 요한문헌이란 요한의 이름으로 된 요한복음, 요

1) B. C. 핸슨(Hanson), "삶을 통한 기독교 신앙의 체험"
W. 프린시피(Principe), "구현된 신앙"
S. M. 슈나이더스(Schneiders), "삼위 일체론적이며 기독론적이고 교회론적인 종교적 체험"

한서신, 요한계시록을 말한다. 최근 성경적 영성 추구의 배경에는 전통 신학이나 전문적 신학체계에 대한 회의가 깔려있음을 부인하기 어렵다. 그래서 영성을 실천분야에 국한 시킬려는 시도들이 있지만 성경적 영성은 신학과 연결해서 연구되어져야 한다.

성경적 영성은 신학과 어떻게 다른가? 6세기의 A. 유닐리어스(Junilius)가 이성과 신앙의 관계를 논하면서 한 말을 신학과 영성의 관계에서도 적용할 수 있다: “이성이 가르치는 바를 신앙이 이해하며, 이성이 다하는 곳에 신앙이 길을 인도한다.”[2] 신학이 하나님에 대한 이성적 접근이라면 성경적 영성은 신학에 바탕을 둔 신앙적 접근이다. 사도 바울은 이것을 믿는 것과 아는 것이 '하나 됨'으로 이해했다.

> 우리가 다 하나님의 아들을 믿는 것과 아는 일에 하나가 되어 온전한 사람을 이루어 그리스도의 장성한 분량이 충만한 데까지 이르리니(엡4:13)

성경적 영성의 주된 목적은 하나님, 예수님, 성령님이 누구신가에 관한 지식을 얻고, 그 지식이 내 삶에서 부딪히고 있는 문제를 풀 수 있도록 하는 것이다. 신학 지식만으로는 온전하게 이 목적을 달성하지 못한다. 우리는 각자가 일상에서 부딪히는 문제를 신앙을 통해서 스스로 해결할 수 있는 능력을 키워 나가야 한다. 이것은, 사도 바울의 말씀처럼, 온전한 사람이 되어 그리스도의 형상이 우리의 삶에서 나타나는 것이다.

신학과 영성의 관계에 관한 질문에 적합한 하나의 예화를 들어본

---

2) R. M. 그랜트, 이상훈 역, 『성서해석의 역사』(대한기독교서회, 1990), 84-85 재인용

다.

랍비에게 한 제자가 찾아와서 말했다: "랍비님 제가 성경을 5번이나 통독했습니다."

그러자 그 랍비가 대답했다: "열심이 대단하군. 그런데 성경이 자네를 몇 번이나 관통했는가?"

우리는 성경지식을 연마할 수 있다. 이것이 분명 중요하다. 그러나 더 중요한 것은 성경지식이 우리 삶을 변화시키는 것이다. 그러기 위해서 우리는 성경진리에 따라 우리 삶을 읽을 수 있어야 한다. 이것이 랍비가 묻는 것이다. 신학과 성경적 영성의 차이는 보다 구체적으로 성경공부와 말씀묵상의 차이로 설명할 수도 있다. 영성수련의 기본 훈련인 말씀 묵상에서 R. J. 포스트(Foster)는 성경공부와 말씀 묵상의 차이를 이렇게 설명한다.

> 성경공부는 주석을 중심으로 하는 반면, 성경 묵상은 본문을 내면화하고 개별화하는데 초점을 둔다. 기록된 말씀이 당신에게 말하는 살아 있는 말씀이 되는 것이다. 이 시간은 전문적인 연구나 분석, 또는 다른 사람과 나눌 자료를 얻는 시간이 아니다.[3]

성경도 다른 책들처럼 오래 읽으면 눈이 아프고 피곤하다. 그러나 성경 말씀이 마음에 새겨져서 그 말씀으로 나를 읽고 세상을 읽으면 기쁨을 느낀다. 우리가 우리 삶에 대한 깊은 성찰 없이 성경지식만을

---

3) R. J. 포스터, 권달천 외 『영적훈련과 성장』,(생명의 말씀사, 2005), 50

추구할 때 이 지식은 우리의 의를 세우면서 하나님의 의를 거스리는 근거가 될 수 있다.(롬10:2-3)

그래서 영성은 신학이나 교훈이 우리들의 삶속에서 어떻게 실현되는가를 묻는다. 신약성경의 영성이란, 간단히 말하면, 우리들의 구체적인 삶속에서 신약성경 말씀의 체험이다. 그렇게 보면 요한의 영성이란 우리들의 구체적인 삶속에서 요한복음, 요한서신, 그리고 요한계시록의 말씀들이 체험되는 것을 말한다. 요한신학은, 많은 성서학자들이 주장하듯이, 말씀이 육신이 된 예수 그리스도 즉 기독론이 중심이다: "말씀이 육신이 되어 우리 가운데 거하시매 우리가 그의 영광을 보니 아버지의 독생자의 영광이요 은혜와 진리가 충만하더라"(1:14) 요한 영성의 목표는 말씀안에 있는 생명을 얻고 빛 가운데 사는 것이다: "그 안에 생명이 있었으니 이 생명은 사람들의 빛이라."(1:4) 요한 영성은 요한 신학과 불가분의 관계를 가진다. 왜냐하면, 생명과 빛은 말씀인 예수 그리스도안에 있기 때문이다.

그러면, 우리가 어떻게 성경 말씀을 우리의 삶속에서 살아 움직이게 할 수 있는가? 이 질문의 답을 찾기 위해서 우리가 오늘 우리와 함께 하시고 우리 속에 거하시는 성령님에 대한 지식과 체험이 필수적이다. 다른 말로 하면, 성령의 도우심이 없으면 성경 지식은 지식으로 끝나고 삶은 변화가 되지 않는 것이다. 우리는 성령께서 '동행하자'고 하시는 권유를 뿌리치고 홀로 방향없이 열심히 뛰다가 지쳐서 주저앉아 있을 때가 많다.

오늘날 우리들에게 성경이 어렵고 딱딱하고 지루하게 느껴지는 것은 성령의 조명이 없기 때문이다. 우리가 성령의 조명을 받게 될 때 성경말씀이 우리의 삶을 성찰케하고 하나님 앞에서 자신의 모습을 발견할 수 있다. 이것이 영성수련의 시작이라고 할 수 있다. 우리는 성령안에서 성경의 말씀을 읽고 묵상하는 습관을 길러야 한다.(부록 참조) 성경시대 히브리 사람들은 성경구절을 작은 목소리로 읊조리는 방식으로 묵상했다. S. 찬(Chan)에 의하면 묵상은 세 단계를 거친다.

> 첫째, 진리가 지성 혹은 이해에 의해서 읽히고 흡수된다. 그 다음 그것은 마음에 영향을 미친다. 혹은 전통적인 표현을 사용하면, '감정을 불러 일으킨다.' 마지막으로 마음에 깊히 영향을 미친 진리는 의지를 감동시켜 결단을 내리게 한다. 그러므로 묵상은 신학과 실천 사이의 주요 연결 고리이다. 그것은 지성에서 마음으로, 그리고 매일의 생활로 나아가기 때문에 진리를 살아있게 만드는 방법이다.[4)]

포스트는 성경 묵상을 위해서 구체적으로 이런 제안을 한다. "많은 본문을 피상적으로 읽고 넘어가려는 유혹을 이겨야 한다. 우리가 서두르는 것은 내적 상태를 반영하는 것이므로 내적 상태가 변화되어야 한다. 본 회퍼는 한 본문을 가지고 일주일 전체를 묵상할 것을 권면했다"[5)] 우리 속담에도 "바쁘면 돌아가라"는 말이 있다.

그런데 우리는 묵상의 첫 단계에서 둘째 단계로 넘어가기가 쉽지 않다. 많은 경우 묵상이 지적 이해 수준에서 끝날 수 있다. 첫째 단계에서 둘째 단계로 넘어가는 것을 도와주는 성경 읽기 방식이 여러 가지가 있는데 그 중에서 서사적 성경읽기(narrative reading) 방식이 있다. 이 방식은 서사적 성경 본문을 이야기체로 읽음으로 마음이 움

---

4) 사이몬 찬, 김병오역, 『영성신학』 (IVP, 2002), .237-8
5) R. 포스트, 앞의 책, 51

직이는 체험을 이끌어 낸다.[6] 이 책에서는 요한복음을 서사적으로 읽음으로 마음이 움직이는 경험을 해 보고자 한다. 이 읽기 방식은 본문이 서사일 경우 해당되지만, 본문이 시나 서신일 경우 시적으로, 서신체로 읽으면 유사한 경험을 할 수 있다. 이 읽기 방식은 본문의 문학적 장르의 특징을 살려서 읽는 읽기 체험이다.

포스터는 말씀 묵상외에 다른 묵상에 대해서도 이렇게 언급한다: 회상, 자연 묵상, 세상 묵상. 회상은 지나온 삶을 돌아보면서 긍정적인 것은 감사하고 부정적인 것은 회개와 교정을 하는 것이다. 자연 묵상은 피조 세계안에서 하나님의 능력과 신성을 찾는 것이다. 세상 묵상은 이 시대의 상황을 말씀 안에서 재해석하는 것이다.[7]

느린 독서로서 묵상이 중요한것 처럼 구체적인 삶속에서 암송이 필요하다. S. 찬은 암송의 중요성을 강조한다; "예수 기도가 복음 전체를 요약한다고 말할 수 있듯이, 한 암송 구절은 기독교 전통에서 가장 본질적인 것을 포착한다....우리가 정원에서 모으는 작은 '꽃다발'과 같이, 묵상 구절들은 우리에게 성경이라는 더 큰 정원을 상기시켜준다.... 성경 암송은 현대 교회의 생존을 위해서는 아니더라도, 현대 교회의 행복을 위해 아주 중요한 것이다." 그는 계속해서 이렇게 말한다. "오늘날 그리스도인들 사이에서 성경 암송이 거의 계속되지 않는 사실은 경건 생활의 습관들의 변화보다 더 많은 것을 의미한다. 그것은 전통화 과정의 근본적인 실패의 조짐이다"[8] 성경 암송은 예수님의 짧은 말씀으로 시작해 보는 것이 바람직하다. 예를 들면, 7개의

---

6) 김춘이 외, 『성경서사읽기의 이론과 실제』(계명대학교출판부, 2013) 참조
7) R. 포스트, 앞의 책, 52-54
8) 사이몬 찬, 앞의 책, 235-236

"나는 ... 이다" 같은 말씀들이다.(p.235 참조)

서구의 개신교도 그렇고 우리 교회도 묵상에 대한 오랜 전통을 가지고 있다. 칼빈은 그의『기독교 강요』에서 천국생활에 대한 묵상을 1장에 걸쳐서 기술하고 있다. 이제까지 우리는 바쁜가운데 외적 활동 중심으로 신앙생활을 해왔다. 그래서 성경을 읽어도 급하고 형식적으로 읽다보니 말씀에 대한 깊은 묵상이 부족하였다. 신앙생활에서 외적 활동도 필요하나 이제 우리는 말씀으로 깊이 자신을 성찰해 봐야 할 때가 된듯하다. 이런 이유로 해서 21세기의 신학은 역사와 문학뿐 아니라 영성에도 관심을 가져야 한다. 이 시대는 교인 개개인의 영적 자질이 성경적 원리에 근거해서 훈련되고 배양되지 않으면 건전한 신앙인으로 살아남기가 어렵다. 이를 위해서 신학과 영성 연구가 필요하다. 신학이라는 것은 일종의 학문적인 영역으로써 지성 즉 우리의 지적인 역량을 요구한다.

기독교 영성 분야는 지적인 능력을 배양하는 것 뿐만 아니라 이 지식이 어떻게 삶의 전체에 관련되어 있는지를 밝힌다. 영성은 지적인 능력, 감성적인 능력, 의지, 훈련(경험), 더 나아가 성령의 도움을 받아야 된다. 영성은 영, 정신과 신체를 통합하는 영역이다. 영성은 하나님에 대한 예배와 기도, 찬양, 그리고 말씀에 대한 연구, 봉사, 전도, 구제, 신앙의 삶을 아우른다. 그래서 신학과 영성은 분리할 수 없는 관계이다. 신학을 공부하고 영성을 쌓게 되면 신앙의 성숙을 도모할 수 있다.

영성신학은 여러 측면에서 접근할 수 있다. 성서신학적 분야에서 본문을 영성함양의 목적으로 해석하거나, 조직신학의 이론을 근거로 해서 접근하거나, 교회사적으로 접근할 수도 있다. 또한, 실천신학의 영역에서도 영성의 이론적 체계를 세울 수 있다. 다양한 방법중에서,

성경본문의 문학적인 특징인 내러티브 형식을 살려서 본문을 삶에 적용함으로서 영성함양을 추구하는 것이 이 책의 시도이다.

성경적 영성의 궁극적 목적은 우리의 삶속에서 예수의 형상이 구현되는 것이다. 이것이 이루어지기 위해서는 우리가 성령의 조명을 받아 말씀을 깊이 깨닫고 이 말씀이 우리의 삶을 변화시켜야 한다. 그런데 이 일은 단시간에 이루어질 수 있는 성질의 것이 아니다. 우리는 우리의 부족함을 고백하며 일생 끊임없이 주님안에서 성숙의 과정을 거쳐야 한다. 어거스틴 같은 성인도 이 생을 살아가는 한 완전하게 변화된 삶을 살 수 없다고 고백한다.(Cont.Jul.I 26외)[9] 사도 바울이 이것을 잘 표현하고 있다: “형제들아 나는 아직 내가 잡은 줄로 여기지 아니하고 오직 한 일 즉 뒤에 있는 것은 잊어버리고 앞에 있는 것을 잡으려고 푯대를 향하여 그리스도 예수안에서 하나님이 위에서 부르신 부름의 상을 위하여 달려가노라”(빌3:13-14)

우리는 일생동안 성화의 과정을 거쳐야 하기 때문에 사도 바울이 말하는 “푯대” 즉 목표가 중요하다. 바울은 “죽은 자 가운데서 부활에 이르는 것”(빌3:11)을 목표로 삼았다. 요한은 어떤 것을 목표로 삼았을까? 저자의 견해로는, 요한은 말씀이신 예수를 그리스도로 믿고 생명을 얻어(20:31) 주님의 유일한 새 계명 “서로 사랑하라”(13:34)를 지키는 삶을 목표로 삼았다. 요즘은 사랑이라는 말이 흔하다 보니 이것이 쉬운 계명인 것 처럼 보이지만, 예수께서 말씀하신 것처럼, “내가 너희를 사랑한 것 같이”(13:34) 서로 사랑하기는 쉽지 않다. 이런 맥락에서 바울은 “사랑은 율법의 완성”(롬13:30)이라고

---

9) 오우성, 『바울의 갈등과 회심』(대한기독교서회, 1992), 63-64에서 재인용

까지 말했다. 이 사랑의 보다 구체적인 내용은 우리가 잘 아는 사랑장(고전13장)에 나타나 있다. 우리가 어떻게 주님의 이런 희생적인 사랑을 할 수 있을까? 우리는 무엇보다도 죄인들을 사랑하셔서 외아들까지 주신 하나님을 알아야 한다.

호세아 선지자는 B. C. 8세기 여로보암 2세 치하에서 북 이스라엘이 경제적으로 번성하여 많은 사람들이 형식적인 제사를 드릴 때 이렇게 하나님의 뜻을 밝혔다: "나는 인애를 원하고 제사를 원치 아니하며 번제보다 하나님을 아는 것을 원하노라"(호6:6) 그리고 그는 "우리가 여호와를 알자 힘써 여호와를 알자"(호6:3)고 외친다. 말씀을 깊이 묵상하는 가운데 성령의 도우심이 있으면 지금까지 경험하지 못했던 하나님의 임재를 체험할 수 있다. 하나님이 우리와 함께 하실 때 말로 표현할 수 없는 깊은 평화가 잠잠하게 우리들 마음을 가다듬어 주실 것이다. 그 깊은 평화를 맛본 사람들은 말할 수 없는 영적인 충족감을 느낀다. 예수께서는 이것을 "세상이 주는 것과는 다른 평안"(요14:27)이라고 하셨고 사도 바울은 "우리가 이해할 수 없는 하나님의 평강"(빌4:7)이라고 표현했다. 주님께서 우리가운데 임하실 때는 말로 표현할 수 없는 평화와 기쁨을 체험할 수 있다.

오늘날 우리는 세상의 일도 바쁘고, 교회 일도 바빠서 다른 사람들은 고사하고 나 자신도 만날 시간이 없다고 한다. 그러니 하나님 만날 시간이 있을까 싶다. 그러나 우리는 하나님을 말씀 안에서 만나야 한다. 다양한 신앙활동도 필요하지만 말씀을 통해서 하나님과 깊은 만남을 가져야 한다. 이것이 우리가 이 시대 겪어야 할 어려운 투쟁이고 갈등이다.

신앙체험은 초월적이고 신비스러운 면도 있지만 그 핵심에는 반드시 말씀체험이 있어야 한다. 영적인 체험이나 현상에도 말씀에 기초한 신학이 꼭 필요하다. 말씀도 없이 진리도 없이 기도만, 금식만, 환상만, 수련만 한다는 것은 굉장히 위험할 수 있다. 이 모든 활동의 중심에 하나님의 진리가 자리잡고 있어야 한다. 말씀체험, 그것이 우리 신앙과 삶을 성숙하게 하는 출발점이다. 준비 되지 않은 사람들에게 요한복음은 난해하다. 그러나, 예수님의 말씀을 깊이 묵상하게 되면 그 속에서 우리가 설명할 수 없는 놀라운 깨달음과 평화를 얻을 수 있다. 이 진리와 평안은 우리의 삶과 신앙속에서 깊이 깨닫지 못했던 영혼의 질병을 치유해준다. 우리 안에 깊이 자리잡고 있던 갖가지 죄악들이 드러나면서 우리 영혼을 불안케하고 두렵게 하며 고통스럽게 했던 죄악의 뿌리를 느낄 수 있다.

그런데, 우리가 영성을 추구하면서 경계해야 할 것이 있다. J. 로더(Loder)가 잘 지적한 것처럼, "신앙적 열정은 있지만 교리적 타당성"이 결여된 영성은 여러 가지 문제들을 야기시킨다. 우리 한국 교회의 현실에서는 선풍적인 인기를 끄는 특별한 은사들 중심의 영성이 대표적인 경우이다. 로더의 말처럼, "성령을 단지 인간 의식의 변화를 통해 나타나는 은사로만 한정하게 될 때 발생하게 되는 문제는, 일상적 삶과 정상적인 의식 속에서는 성령의 역사가 나타나지 않는 것으로 오해한다는 것이다."[10] 이 지적은 곰곰이 생각해 볼 필요가 있다. 오늘 우리 교회가 겪고 있는 중대한 문제는 "일상적 삶과 정상적인 의식 속에서는" 성령의 역사를 경험하지 못한다는 것이다. 이런 상황에서 성령의 도우심 없이 높은 윤리적 기준을 실천하려고 하다보면 자

10) J. 로더, 이규민 역, 『성령의 관계적 논리와 기독교교육 인식론』(대한기독교서회, 2009), 59

칫 바리새적 형식주의 신앙으로 전락할 위험을 안고 있다. 이 문제는 사도 바울이 로마서 7:14-25에서 고뇌하고 있듯이 성령의 인도함이 없는 율법적인 신앙의 결과이다. 율법과의 이러한 갈등은 유대인이나 그리스도인들이나 성령의 인도함이 없을 때 똑같이 겪는 문제이다.[11)]

오늘날 우리 교회에서는 성령 현상과 은사에 대한 교인들의 이해가 초보적이고 편파적이다. 최근까지 방언이 논쟁의 주제가 되고 있다는 사실은 성령이해가 초보적인 수준에 머물러 있다는 것을 보여준다. 방언의 남용과 은사적 오해와 교만은 은사 중지론을 불러오는 악순환이 계속 되고 있다. G. D. 피(Fee)의 분석에 의하면, "이러한 성령운동은 개인의 영성을 강조하는 경향이 있었다. 그래서 성령의 실체는 때때로 단순히 개인의 경험을 통해 체험되는 것으로 인식되었다. 그런 식의 경건은 종종 건전한 성경해석의 토대를 잃어버리거나 그릇된 사고로 기울었다."[12)] 결국, 로더의 지적처럼, 바른 영성은 "생기는 없지만 논리적으로 정교한 교리만을 부여잡는 것과 역동적이긴 하지만 교리적으로 혼동된 신앙적 열정을 부여잡는 양 극단을 피하는 것"[13)]이다. 그래서 성경적 영성에서는 균형과 절제와 질서가 중요한 것이다. 오늘 우리 교회의 문제는 이 양 극단가운데 "생기는 없지만 논리적으로 정교한 교리만을 부여잡는" 쪽으로 기울어져 있다는 것이다. 우리 교회는 이제 건전한 교리에다 신앙의 열정을 되살려 생명력 있는 영성을 갖추어야 할 때이다.

---

11) 오우성, 『바울의 갈등과 회심』(대한기독교서회, 1992), 190-198 참조
12) G. D. 피, 바울, 『성령 그리고 하나님의 백성』(좋은씨앗, 2007), 19
13) 로더, 앞의 책, 59

2. 요한의 영성

성경의 모든 책들이 다 그러하겠지만 특히 요한문헌은 우리가 이런 영성수련을 하기에 적합하게 구성된 책이다. 그런데 요한문헌은 분량이 많고 내용이 복잡하기 때문에 우리는 이 책에서 요한복음을 중심으로 하고 요한서신과 요한계시록을 연계시켜 요한의 영성을 깊이있게 탐구해 본다.(여기서 요한서신은 요한 1서, 2서, 3서를 말한다.)

요한복음서는 초대교회 때부터 영적 복음서로 알려져 왔다. 요한복음서의 저자는 예수의 삶과 메시지에 대한 사실적 역사적 신학적 묘사를 영적으로 해석했다는 것이다. 이렇게 보면, 요한복음서 자체를 충실히 해석하는 것이 요한의 영성을 바로 이해하는 길이다. 요한의 영성은 논리적으로 생각하면 모순이 되는 것 같은 메시지나 상징들의 의미를 성령의 조명으로 깊은 의미를 찾는 것이다. 여기에 요한복음의 묘미가 있다. 듣고 보는 그 당시에는 이해할 수 없는 것이 성령이 오셔서 인도하심으로 그 깊은 의미를 깨닫게 된다. 요한은 성령께서 깨닫게 해주신 예수의 말씀을 상징이나 은유를 사용하여 묘사하고 있는 셈이다.

예수의 삶과 메시지가 내러티브 형식과 상징, 은유, 환상, 문학적 기법들을 통해서 이미지화 되기 위해서는 무엇보다도 성령의 도우심이 필요하다. 최초의 교회에서는 성령께서 환상, 이미지, 꿈을 통해서 복음의 메시지를 듣는 이들에게 경험하게 해주셨다. 사도행전을 보면 교회 역사상 중요한 사건들 배경에는 환상과 꿈이 있었다. 바울의 다메섹 도상의 환상(행 9장), 베드로의 하늘 보자기 환상(행10:9-23). 유럽 선교의 길을 열었던 드로아의 환상(행16:8-10) 등이 그것이다. 무엇보다도 요엘 선지자를 통해서 이것이 예언되어 있다(행2:17) 이런 생각도 해 볼 수 있다. 세상에서 교회가 뒤지는 이유 중의 하나는 세상이 영상, 이미지, 환상 등을 훨씬 더 심오하고 양적으로 많이 생산해 내기 때문이다. 이 영상, 이미지와 환상 속에는 메시지가 담겨져 있고 이 메시지는 의식적으로나 무의식적으로 청자의 심령을 사로잡는다. 최초의 교회를 보면 성령께서 영상, 이미지와 환상을 제작하셨으며 이것들을 통해서 구원의 메시지를 심어주셨다.

요한은 특별히 그의 고별담화에서 성령을 보혜사라 칭하고 이 보혜사의 본성과 사역을 설명하고 있다. 요한이 강조하는 것은 떠나시는 예수와 오시는 성령과의 불가분의 관계성이다. 성령께서는 예수 그리스도의 사역을 제자들을 통해서 이어나가고 온전히 이루시는 분이다. 예를 들면, 베드로의 발을 씻기시려는 주님이 베드로에게 "내가 하는 것을 네가 지금은 알지 못하나 이후에는 알리라"(요13:7)고 말씀하셨다. 또한, 제자들에게 주님은 "내가 아직도 너희에게 이를 것이 많으나 지금은 너희가 감당하지 못하리라. 그러나 진리의 성령이 오시면 그가 너희를 모든 진리가운데로 인도하시리니"(요16:12-13a)라고 말씀하셨다. 성령께서 모든 진리가운데로 인도하신다는 것은 그가 "모든 것을 가르치고" 예수께서 제자들에게 "말한 모든 것을 생각나게"하는 것이다.(요 14:26) 그래서 성령과 예수의 관계는 분리될 수 없다. 이렇게 보면, 요한의 영성은 기억과 회상의 영성이다. 요한은 이 진리를 강조하는데, 초대교회부터 이 관계를 모르거나 오해함으로 영지주의나 몬타니즘 같은 이단들과 사이비집단들이 생겨났다. 이런 문제들로 인해서 요한은 성령의 본성과 사역을 분명하게 가르치고 있다.

이제까지 요한복음서는 신학과 교리 중심으로 해석되어져 왔다. 요한의 진정한 메시지는 지적인 영역에서뿐 아니라 정서적이며 영적인 측면을 포괄하는 통전적인 측면에서만 바로 이해될 수 있다. 요한은 처음부터 이 시도를 했는데, 이 시도란 예수의 삶과 메시지를 이야기 형식으로 서술했다는 것이다. 이야기 형식(내러티브)은 예수의 삶과 교훈을 지적인 면과 정서적이며 영적인 면을 통합하여 조명할 수 있게 한다. 그런 면에서 내러티브는 영성연구에서 중요한 연구 대상이다. 성경이야기는 성경영성과 불가분의 관계를 가진다. M. A. 포웰(Powell)은 이런 맥락에서 "서사비평은 기독교의 성령론을 강조한다"[14)]고 말한다.

성경이야기는 성경적 영성을 표현하는 도구이며 성경영성의 수련의 장이 된다. 신학에는 교리와 사상이 있지만 이야기에는 등장인물, 사건, 배경과 메시지가 한데 어우러져 나타난다. 요한은 공관복음서 저자들과 같이 처음부터 이 통찰을 공유하고 복음을 내러티브로 기록했다. R. A, 컬페퍼(Culpepper)는 처음으로 1980년대에 요한복음을 서사비평적 관점에서 해석했다.(그의 책은 『요한복음 해부』라는 제목으로 번역되어 있다) 그의 이 시도는 다른 복음서의 이야기 형식에 대한 연구에 도움을 받은 것이다. 그의 연구는, 그러나, 전문적인 서사비평의 지식을 요구하기 때문에 다소 난해한 감이 없지 않다. 저자의

14) M. A. 포웰, 이종록 역, 『서사비평이란 무엇인가』(대한예수교장로회총회교육부, 2002), 150

시도는 요한복음의 이야기를 보다 평이하게 접근하고자 한다. 이 책은 요한복음의 이야기를 성경적 묵상 형식으로 풀어나갈 것이다. 요한이 전하는 메시지가 깊은 영적인 진리를 담고 있는 것은 이유가 있다. 하나님의 품속에 계시면서 깊은 비밀을 알고 있는 분이 예수님인데(요1:18) 그 예수의 품에 안겨 있던 사람이 바로 요한이다(요13:23).

요한의 영성은 성령안에서 말씀이신 예수 그리스도를 알고 믿음으로 영생을 얻는 것이다. 요한은 신비적 체험을 강조하는 대신 말씀과 성령의 불가분의 관계를 잘 묘사하고 있다. 그래서 말씀은 성령의 도우심이 없이는 바로 해석될 수 없다. 칼빈은 성경주석가와 성령과의 관계를 중요시 했는데 이것은 초대교회부터 계승되어온 성경해석상의 중요한 진리이다. 말씀과 성령은 성도들의 하나됨을 지향한다. 말씀은 개인적으로 묵상하고 연구할 수 있으나 반드시 공동체안에서 해석되어져야 한다. 초대교부들은 교회를 떠나서는 성경이 바로 해석될 수 없음을 강조했는데 이 원리는 성경해석의 기본적인 틀이다.

요한복음을 공관복음과 비교해보면 몇가지 독특한 점들이 나타난다. 그것들은 전통적인 성전 개념의 급진적 수정, 12 사도들의 공식적인 명단이 없는 점, 성만찬의 역사적 사건이 은유화된 점, 선한 목자 비유와 삯군 목자, 교권, 교리, 전통 등에 기초한 유대교 공동체와 대비되는 새 계명 공동체의 창설, 주님과 제자들의 관계가 포도나무로 비유된 점 등이다. 이런 차이점들을 살펴보면, 요한은 제도나 조직. 교권, 의식 전통보다는 신앙의 핵심과 본질을 더 중요하게 생각한다는 사실을 알 수 있다. 예를 들면, 사마리아 여인과 이야기 할 때 예수께서 고정된 장소와 건물의 성전이 필요 없다고 하신 말씀을 요한은 전해주고 있다. 예배 장소가 중요한 것이 아니라 영과 진리로 예배 하는 것이 더 중요하기 때문이다. 어느 곳에 있든지 성령께서 함께 하시고 그리스도께서 함께 하실 때 그것이 진정한 예배인 것이다. 또 공관복음에서는 예수께서 잡히시기전 성만찬 장면이 묘사되어 있지만, 요한복음에서는 성만찬의 고정된 의식보다는 예수님의 말씀을 먹고 마시면서 그 분의 고통과 소망을 함께 나누는 것이 성만찬이다. 요한은 또한 예수의 세례장면에서 세례의 직접적인 묘사를 생략하고 있다. 그렇게 함으로 요한은 세례를 이차적인 것으로 간주했음을 보여주고 있다. 요한은 의식과 제도의 무의미한 반복은 피해야 한다고 주장한다. 요한의 관점에서 보면, 성만찬, 예배 등이 무엇을 위해 하는 것인가를 깨닫지 못하면 그것들이 종교 활동에 불과하다는 것이다. 교회가 공동체 형태에서 제도화 되면서 교회가 담지하고 있는 복음의 본질이 왜곡되거나 변질될 위험을 안고 있다. 요한은 말씀이 육신이 된 예수그리스도 안에 있는 생명, 진리와 사랑을 회복시키고자 하였다. 그래서 요한복음은 기존의 종교적 제도와 의식과 틀을 초월한 영적이며 관조적인 복음이며 이 시대 우리 교회가 감당해야 할 개혁의 영성을 가르치고 있다. 결국, 요한의 영성이란 요한이 전한 예수 그리스도의 진리를 알고 이 세상에서 그 진리에 따라 사는 것이라고 할 수 있다. 글을 못 읽는 사람들이 많았던 시절에는 복음서를 그림으로 표시해서 구별하기 쉽게 하였다. 마태복음은 사자, 마가복음은 송아지, 누가복음은 사람이 표지 그림이었고, 요한복음은 독수리가 표지 그림이었다. 하늘 높은 곳에서 먼 지역까지 투시할 수 있는 독수리와 같이 요한복음은 하늘 높은 곳에서 내려본 것과 같은 높고 심원한 관점을 가지고 있다. 요한은 독수리같이 높이 날아서 태초를 보고 또 역사의 끝날을 볼 수 있었다. 요한의 영성은 마치 태풍이 지나가고 난 뒤의 고요함과 평화스러운 마음으로 세상과 교회를 넓게 멀리 바라보는 영성이라고 할 수 있다. 교회안에서 말씀안에 있는 생명, 진리와 사랑을 지키고 회복시키고자 오늘도 애쓰고 수고하는 분들앞에서 요한이 그 길을 인도할 것이다.

3. 요한의 교회와 우리 교회

요한계시록을 읽어보면 당시 요한의 교회에도 여러 가지 문제들이 있었다는 사실을 알 수 있다. 그 문제들 중에 특히 박해, 세속화와 이단 문제들이 두드러진다. 요한은 주님께서 주신 말씀을 통해서 이 문제들에 대한 해결책을 제시하고 있다.

오늘날 우리 교회도 여러 가지 문제들을 안고 있다. 60년대 이후 교회의 급성장은 여러 가지 부작용을 동반하고 있는데 그 중에서 뚜렷하게 드러나는 문제가 교회의 세속화이다. 1세기 말에 기록된 요한계시록을 보면 초대교회에서도 이미 세속화의 조짐이 나타나고 있음을 알 수 있다. 특히 에베소 교회와 라오디게아 교회가 대표적인 경우이다. C. 윌리암스(Williams)는 이 상황을 이렇게 표현했다.

> 종교처럼 세월로 인해 고통당하는 제도는 없다. 한 세대 전체가 이제 이론과 실천에 대해 무언가 배웠다고 조금이라도 생각하는 순간이 되면, 그 학습자들과 그들이 학습한 내용이 죽음으로 끝난다. 그러면 교회가 모든 것을 처음부터 다시 시작해야 할 상황에 직면한다. 인류를 중생시키려는 노고를 30여 년마다 다시 시작해야 한다

는 말이다.[15)]

교회 세속화의 결과로 우리 교회는 정체성을 잃고 공신력이 하락하고 있다. G. D. 피(Fee)는 세속화가 만연한 서구 교회의 비관적 자화상을 이렇게 묘사하고 있다.

> 세상에서 오늘날의 교회는 잘해야 부적합한 것으로, 최악의 경우 구시대의 유물 정도로 간주되고 있다는 점이다. 솔직히 말해서 그렇게까지 된 많은 잘못은 교회에 있다. ... 혹은 점 점 더 이성을 잃어가는 세계속에서 그른 길로 접어든 합리주의에 밀려 무기력해지고 말았다."[16)]

피의 견해를 들으면서 저자는 이중적 느낌을 갖는다. 한편으로는, 적어도 우리 한국 교회는 아직 이렇게 비관적이 아니다라는 생각이 든다. 우리 교회는 아직 건전하고 개혁하려는 지도자들이 많이 있다고 생각된다. 다른 한편으로는, 급속하게 서구 교회를 닮아가서 머지않은 장래에 이런 서구 교회의 현상이 닥치지 않을까하는 우려감도 크다.

세속화는 여러 가지 요인들로 부터 나타난다. 요한은 성경적 성령론의 부재나 빈약과 부활과 내세 신앙의 약화를 중요한 요인들로 지적하고 있다. 이 요인들을 좀 더 자세히 살펴보자.

---

15) E. 피터슨, 홍병룡 역, 『묵시: 현실을 새롭게 하는 영성』(IVP, 2012), 86 재인용
16) G. D. 피 길성남 역, 『바울, 성령, 그리고 하나님의 백성』(좋은 씨앗, 2007), 17

첫째, 세속화는 제도가 성령의 인도에서 벗어나서 교인들의 신앙이 제도와 조직 중심으로 변질될 때 나타난다. 교회는 두 측면이 있다. 현실적으로 보면, 교회는 제도, 조직, 교권, 교리, 의식, 전통 등이 필요하다. 영적으로 보면, 교회는 그리스도의 몸이요 성령께서 거주하는 처소이다. 진정한 교회는 영적인 측면이 중심이 되고 제도적인 측면은 부차적이 되어야 한다. 그런데 제도적인 측면이 강화되고 영적인 측면이 약화되면 세속화의 현상이 생기고 이단과 사이비 교회들이 난립하게 된다. 이때 이러한 현상에 대한 반작용으로 성령을 추구한다는 시도가 결과적으로 다른 영들을 추구하게 되는 경향도 부수적으로 발생한다. 성령의 인도함이 약해지면 조직과 제도가 경직되고 교인들의 관계가 피상적이 되고 교리가 복잡해진다. 성령이 소멸되면 교인들은 주님과의 1:1 만남과 대화가 없어지고 신앙은 타성에 젖어 율법적이 되기 쉽다. L. 고펠트(Goppelt)는 이 주제와 관련하여 적절한 견해를 제시하였다:

> 사람들에게 믿음 안에서의 순종을 요구하였던 말씀의 권위는 제도적으로 확립된 직임의 권위, 신비종교들의 경우와 비슷한 기능을 하였던 성례전들, 회개의 체계에 종속되었다. 그들은 성령의 인도하심을 받아 제도들을 창설하였다고 믿었으나 사실은 성령을 제도에 종속시켜 버린 것이었다. 그러므로 초기 카톨릭 사상의 발전은 하나의 "일탈"(falling away)이었다.... 실제로 영적으로 활발한 활동을 하던 교사들은 성격상 신령한 자들로서 그 상당수가 영지주의에 빠져서 시대의 영에 메시지를 팔아 넘겼다."17)

---

17) L. 고펠트 박문재 역, 『사도시대』(크리스챤 다이제스트, 1998), 203

초대교회는 그릇된 성령관에 입각해서 막강한 세력을 형성했던 영지주의자들과 몬타니스트들에 대항해서 성부와 성자의 신성과 능력을 강조하는 방향으로 교리를 발전시켰다. 특히 성자의 신성이 확립되지 못했던 초대교회의 상황에서는 이런 현상을 충분히 이해할 수 있다. 그러나 삼위일체의 교리가 확립된 이후의 교회 시대에서는 올바른 성령론을 더 연구하고 발전시켰어야 했었다. 이 일을 해낸 사람들이 종교개혁자들, 특히 루터와 칼빈이었다. 그러나 종교개혁 이후 시대가 변화하면서 개혁자들의 성령관도 합리주의, 제도와 그리고 교권에 밀려 약화되었다. 이런 문제들을 해결하기 위해, G. D. 피(Fee)는 교회가 단지 신학으로 성령께 입술로만 경배하는 것을 떠나서 신학과 신조의 굴레에서 성령의 역사를 해방시켜 교인들과 교회의 실제 삶속에서 그것을 체험할 수 있도록 해야 한다고 주장한다.[18)]

둘째, 세속화는 종말과 역사간의 긴장이 해소되면서 종말이 역사속에 함몰되어 증발되어 버릴 때 나타난다. 이럴 때 신앙의 목표는 오직 이 세상에서의 안녕과 번영이다. 내세 소망의 부재나 약화는 성경적 종말론의 부재를 말해준다. 요한은 이 문제를 계시록에서 명확하게 지적하고 있다.[19)]

이 세속화 현상으로 말미암아 교인들의 신앙과 삶이 분리되어 교회와 교인들의 삶속에서 여러 가지 문제들이 발생한다. 요한문헌에

---

18) G. D. Fee, *God's Empowering Presence*(Hendrickson, 1994), 902

19) 이 주제는 저자의 최근 저서 『요한계시록 이야기』(대한기독교서회, 2013), 제1장 참조.

근거해 볼 때 큰 문제는 "서로 사랑하라"는 주님의 유일한 새 계명이 교회 안에서 잘 지켜지지 않는다는 것이다. 참된 교회의 중요한 지표로서 '서로 사랑함'이 없으므로 사회적으로는 교회의 공신력이 하락하고 교인들은 신앙에 대한 회의와 권태를 느낀다. 일부 교인들, 특히 젊은 세대 교인들은, 이를 탈피하고자 새로운 신앙 양태인 다양한 영성(spirituality)에 관심을 가지게 되는데 자칫 잘못된 신앙으로 빠질 우려가 있고 영성운동이 도덕적, 영적 공로주의로 나갈 우려도 높다.

신앙을 삶에 구현시키는 일은 말씀을 통한 성령의 사역이다. 편파적이며 왜곡된 성령이해는 신앙과 삶을 분리시키는 원인이 된다. 또한, 성경적 종말 신앙의 약화는 신앙과 삶에서 목표가 불분명해지거나 그릇된 목표, 즉 현세적 기복신앙을 추구하게 만든다. 이렇게 볼 때, 저자의 견해로는, 성경적 성령론과 성경적 종말 신앙을 회복하는 것이 성경적 영성의 시작이요 끝이다.

우리 교회는 전통적으로 '오직 성경'이라는 모토하에서 성경적 진리를 강조해왔으나 성경해석학의 분야에서 역사비평적 성경해석이 주를 이룸으로 성경의 권위가 약화되었다. 역사비평은 성경본문보다는 성경의 배경이나 성경형성의 과정에 더 많은 관심을 가진다. 이에 비해 서사비평은 성경의 배경이나 형성 과정보다는 최종형태인 성경본문을 중심으로 한다는 점에서 연구의 중심이 성경본문으로 돌아왔다고 할 수 있다. 서사비평이 역사비평의 한계를 보완하지만 이것도 나름대로의 한계가 있다. 그래서 성경해석에서 역사, 문학, 철학 등 학문적 접근도 필요하지만 그것 위에 성령의 조명이 강조되어야 한다. 우리 교회는 사경회 중심으로 말씀의 선포와 교육을 강조하여 성장해왔으나 60년대 이후부터 사회환경의 급속한 변화로 말미암아 그 중심이 편파적 은사활용이나 찬양쪽으로 옮겨가고 있다. 이제는 우리 교회가 성장의 원동력이 된 말씀 중심의 신앙으로 돌아가야 될 때이다.

카톨릭교회가 교권, 전통, 교리중심으로 조직되면서 성경을 벗어난 것처럼 개신교도 교리, 신학과 교권중심으로 발전하면서 성경을 벗어나고 있다. 교권, 교리, 신학이나 전통이 필요하지만 성경중심이어야 하는 개신교가 그 중심을 이탈하고 있는 것이 아닌지 우려의 목소리가 높다. 일례로, 교회는 성령에 대한 성경의 진리를 잘 가르치지 않는다. G. D. 피는 이 점을 잘 지적하고 있다: "우리는 예수 그리스도께(올바르게) 중심을 맞추어왔으나 성령에 대해서는 자신하지 못한다. 우리의 신조와 찬송에 성령에 대한 확실한 고백이 포함되어 있고 대화를 나누는 중에도 성령이 언급되기는 하지만, 학자들과 믿음의 공동체인 교회에서는 사실상 성령이 무시되어 왔다."[20] 바른 교리를 형성하는 것도 쉬운 일은 아니지만 그 교리에 파묻혀 하나님과의 생명력있는 관계를 가지지 못하는 것이 문제이다.

개신교 영성은 개혁적이어야 한다. 우리는 개신교 영성의 본질인 개혁적 영성을 요한복음으로부터 배울 수 있다. 성경의 문자적 역사적 의미를 넘어 성령의 조명을 받은 영감된 의미를 찾고 그러기 위해서 성령과 성경과의 관계를 정확히 이해하는 것이 필요하다. 우리는 제도가 필요한지만 제도의 장점과 한계성을 인식하고 하나님과의 1:1의 관계를 회복함(coram Deo)으로 개혁하는 영성을 가져야 한다. 오늘날 우리들의 신앙양태는 예수께서 가르치신 씨뿌리는 비유에서 세 번째 유형의 신앙, 즉 '가시떨기에 뿌려진' 신앙이다. 이 신앙은 "말씀을

---

20) 피, 『바울, 성령, 그리고 하나님의 백성』, 18

들으나 세상의 염려와 재물의 유혹에 말씀이 막혀 결실하지 못하는" 신앙이다. 예수께서는 산상보훈에서 형식적 종교의 문제를 잘 지적하고 있다(마6:1-24). 우리는 신앙생활을 하면서 외적 활동이나 공동체의 인간 관계도 중요하지만 우리 신앙의 중심에 항시 주님이 계셔야 할 것이다: "사람에게 보이려고 그들 앞에서 너희 의를 행하지 않도록 주의하라 그리하지 아니하면 하늘에 계신 너희 아버지께 상을 받지 못하느니라"(마6:1) 예수께서는 신앙 생활에서 중요한 구제, 기도, 금식, 헌금 등의 행위에서 "은밀한 중에 보시는 너희 아버지께서 갚으시리라"(마6:4, 6, 18)라는 말씀을 반복하고 있다.

요한은 예수 그리스도를 태초부터 계신 말씀이 성육신한 분으로 보았다. 예수는 말씀이 육신이 된 분이기에 말씀으로 새롭게 창조하신다: "항아리에 물을 채우라"(2:7); "가라 네 아들이 살아있다"(4:50); "일어나 네 자리를 들고 걸어가라"(5:8); "실로암 물에 가서 씻어라"(9:7); "나사로야 나오라"(11:43); "그물을 배 오른 편에 던지라"(21:6) 등등. 이것은 창세기에서 하나님이 오직 말씀으로 모든 것을 창조하신 것과 같다; "빛이 있으라"(창1:3); "물 가운데 궁창이 있어 물과 물로 나뉘게 하리라"(1:6); "우리의 형상을 따라 우리의 모양대로 우리가 사람을 만들고.... 다스리게 하자"(1:26) 등등. 요한은 그의 첫 번째 편지 서두에서 말씀이 육신이 된 예수의 제자요 목격자로서 이렇게 구체적으로 증언한다: "태초부터 있는 생명의 말씀에 관하여는 우리가 들은 바요 눈으로 본 바요 자세히 보고 우리의 손으로 만진바라"(요일1:1) 그리고, 그는 계시록에서도 예수 그리스도를 말씀으로 칭한다. 일곱 대접 심판후 두 짐승들과 그의 군대를 멸하기 위해서 예수 그리스도께서 백마를 타고 그의 군대와 함께 나타난다.

그는 "피 뿌린 옷을 입었는데 그 이름은 하나님의 말씀이라 칭하더라."(계19:13) "피 뿌린 옷"은 예수의 피흘림을 상징하고 그의 입에서 예리한 검이 나와서 만국들을 친다고 하였는데(19:15) 이 검은 예수의 말씀이다. 이 장면은 예수의 지상 사역당시 하신 말씀을 기억나게 한다: "나를 저버리고 내 말을 받지 아니하는 자를 심판할 이가 있으니 곧 내가 한 그 말이 마지막 날에 그를 심판하리라"(요12:48)

요한의 영성에서 흥미로운 사실은 요한이 말씀의 영역을 넓혀서 말씀을 말해지거나 기록된 언어적 분야뿐 아니라 비 언어적 행위와 인물의 분야까지 포함시킨다는 것이다. 예를 들면, 그에게 있어서 예수의 성전 청결행위는 단순히 하나의 행위가 아니라 행해진 말씀이다. 말하자면, 성만찬이 행해진 말씀인 것과 같다. 요한은 행위로서의 사실성보다는 그 행위의 의미에 더 관심을 둔다. 그래서 그에게 이 성전 청결사건은 역사적 순서보다도 의미의 순서가 더 중요하여 그는 이 사건을 예수 사역의 초두(2장)에 배치하였다. 요한은 교회 청결이 시급하고도 중요하다고 말하고 있는 셈이다. 요한계시록에서도 주님은 세상을 심판하시기 전에 먼저 교회를 청결케 하신다.(2-3장) 그리고, 예수라는 인물이 말씀이기 때문에 그의 살을 먹고 피를 마시는 은유적 표현이(6장) 가능한 것이다. 그래서 요한은 우리가 성령안에서 일상적으로, 즉 매일의 양식처럼, 말씀 묵상과 자기 성찰을 해야됨을 암시한다.

예수의 말씀 사역은 유대교의 제도, 전통, 교권과 교리의 격심한 반대를 불러온다. 그러나 십자가와 부활을 거쳐 예수께서는 궁극적으로 그 뜻을 이루신다. 이 말은 예수님이 말씀이기 때문에 말씀이 궁극적으로 그 뜻을 이룬다는 것이다. 이 확실한 진리를 요한은 계시록에서 이미지와 상징들을 사용하여 인상깊게 전하고 있다. 예수 그리스도는 승리를 상징하는 백마를 타고 오시는데(계19:11) 말씀으로 짐승들의 군대를 멸하고(계19:21) 세속화와 박해의 주체인 두 짐승들을 사로잡아 유황 불못에 던진다.(계19:20) 오늘날 우리 교회는 유사한 문제에 봉착해 있지만 하나님의 말씀은 궁극적으로 우리 교회를 변화시킬 것이다. 우리가 교회 정체성이 혼란한 시대를 살지만 승리하시는 예수 그리스도의 백마 탄 이미지를 깊이 묵상하면 말씀의 능력을 체험하고 비전을 새롭게 할 수 있을 것이다.

4. 요한문헌의 역사적 배경

마태, 마가, 누가의 복음서는 공통적인 관점에서 바라보는 복음서라고 해서 공관(共觀)복음서라고 한다. 마태, 마가, 누가복음을 연구해 보면 세 복음서가 서로 차이점이 있지만 그래도 요한복음과 비교해보면 상대적으로 비슷하다.

공관복음과 요한복음은 공통점도 있지만 차이점도 많다. 공통점은 예수 그리스도의 사역, 말씀, 죽음과 부활을 다루고 있다는 것이다. 예수의 사역은 갈릴리에서 예루살렘으로, 그리고 예루살렘에서 수난받으시고 죽으심과 부활의 순서도 거의 같다. 양자는 유사하게 예수의 말씀과 기적과 수난 사건들을 포함하고 있다. 그럼에도 불구하고 양자사이에는 차이점이 있다. 공관복음과 요한복음은 무엇보다도 관점의 차이가 있다.

공관복음은 예수님을 묘사하는데 역사적 예수, 즉 실제로 이땅에 발을 붙이고 살다가신 예수님을 묘사한다. 그래서 공관복음은 예수님을 사실적, 구체적으로 묘사하는데 비해서 요한복음은 그 분을 우주적이고 무시간적인 예배의 대상으로 묘사한다. 예를 들면, 마태와 누가는 동정녀 탄생의 이야기를 역사적 시점을 가지고 이야기 하는데 비해 요한복음에서는 태초부터 계신 말씀이 예수님으로 태어나셨다고 한다. 예수로 오시기 전에 그는 말씀으로 태초부터 하나님과 함께 계셨다. 즉 말씀으로 계셨는데 그 분이 이 땅에 태어나셨을 때 주어진 이름이 예수다. 태초의 말씀은 지혜로서 하나님의 창조 질서를 구축하신 분이다. 그 분을 통해서 만물이 생겼다. 말씀이 하나님과 함께 계셔서 세상이 창조되고 질서가 부여되었다. 그것을 우리는 성육신이라고 한다. 말씀이 성육신해서 예수로 우리 가운데 거하시매 은혜와 진리가 충만하다.(요1:14) 여기서 주목해야 할 개념은 말씀(로고스)이다. 로고스는 1세기의 스토아 학파에서 주로 사용하던 용어로서 우주의 법칙이나 자연의 질서를 일컫는 말이다. 요한은 그것을 영원하고 신비스러운 말씀으로 이해했다.

또한, 요한복음에서는 예수와 성령의 불가분의 관계를 강조한다. 예수와 성령은 상호 협력적 관계에서 사역하는 것이다. 이것은 고별담화(요13-17장)에 분명하게 나타났다. 요한계시록에서는 예수께서 교회들에게 말씀하시고 성령께서 그 말씀을 듣도록 하신다.(2-3장)

초대교회부터 요한이 왜 요한복음을 썼는가 하는 질문이 있었다. 왜 요한이 새로운 복음서를 썼는가에 대한 연구가 많이 있었고 그에 대한 대답이 여러 가지가 나왔다. 그 중 하나는 요한이 공관복음을 읽고 부족한 부분을 보충하기 위해서 요한복음을 기록했다는 '보충설'이다. 또 하나의 설은 '영적 해석설'이다. 이 설에 의하면, 공관복음은 주로 예수의 역사적이고 사실적인 이야기들을 기록한데 비해, 요한복음은 예수의 삶에 대한 영적인 해석을 기록했다는 것이다. 공관복음에는 예수의 사건이나 활동을 역사적, 사실적으로 표현하고 있지만 요한복음에는 영적, 상징적, 은유적인 용어들로 묘사가 되어 있다. 그동안 '영적 해석설'이 인기가 있었다. 그래서 공관복음은 역사적인 복음이고 요한복음은 영적 복음이라고 이해해왔다. 공관복음은 예수의 역사적인 사실들을 기록했고 요한복음은 예수의 역사적 사역을 영적으로 해석했다고 보았다.

그런데, 최근의 연구를 보면 요한이 공관복음서를 읽었는지 안읽었는지를 모르겠지만, 자신만의 독특한 자료가 있어서 독자적으로 이 복음서를 기록했다는 설도 있다. 19세기까지의 전통적인 견해로는 요한복음서가 공관 복음서를 사용했다고 본다. 그러나 20세기 초의 가드너-스미스(Gardner-Smith)의 주장을 기점으로 하여 요한복음서의 저자는 공관복음서에 의존하지 않고 자신의 고유한 자료를 가지고 자신의 신학적인 관점에 따라 그 자료를 편집했다고 본다.[21] 저자의 이런 시도는 그의 독자들이 주로 이방인 기독교인이던지 아니면 헬라계의 유대 기독교인들이었기 때문에 이루어진 것으로 보인다. 이러한 추정은 저자가 그의 복음서에서 일반적인 유대 관습들이나 용어들을 설명하고 있는 것으로 볼 때 충분히 가능성이 있는 것이다(1:38, 41, 42 등).

결국, 기록목적에 대해서는, 보완을 위해서, 또는 영적 해석을 위해서, 요한만의 고유한 자료가 있어서 요한복음을 기록했다고 보는 여러 가지 시각이 있다. 그러나. 저자의 견해로는, 요한이 자신의 복음서를 독자적으로 기록한 목적은 공관복음의 보완이나 영적해석 또는 독자적 자료에 의존했기 때문이기도 하지만, 무엇보다도, 한편에서는

---

21) S. S. 스몰리, 김경신 역, 『요한 신학』(도서출판 풍만, 1987), 125-128.

조직, 제도 및 교권의 세속화와 다른 한편으로는 성령의 오해와 남용으로 인한 문제들에 직면하고 있는 공동체의 상황에서 복음의 진리를 수호하고자 한 것이다. 그래서 그는 예수의 본성을 말씀으로 이해하고 이 말씀은 성령의 사역으로만 온전하게 그 의미를 드러낼 수 있다고 믿었다. 그리고 그는 성령께서 조명한 말씀만이 복음의 진리를 지켜나갈 수 있음을 증언한 것이다.

요한복음의 기록 장소는 에베소, 지금의 터키 지역이라는 설이 유력하다. 요한 계시록과 서신들도 이 지역에서 기록되었다고 본다. 소아시아의 에베소는 기독교의 역사에서 중요한 역할을 했다. 바울 사도가 에베소에서 두란노 서원을 만들었다. 그래서 요한과 바울간에는 유사점이 많다. 그 이유는 바울도 에베소, 요한도 에베소에서 가르치는 사역을 많이 했기 때문이다. 요한이 있었던 에베소는 다신교의 지역으로, 요한의 공동체는 다른 종교를 배경으로 했던 이들이 많았다. 이 지역은 종교적으로 혼란스러워 이단과 사이비 종교들이 많이 발생했던 곳이었다. 이 점은 21세기 포스트모던 시대와 그 양상이 유사하다.

요한복음의 저자는 요한이라고 알려져 왔는데 이 요한이 누구인가? 요한이라는 이름은 그 당시 흔한 이름이었다. 전통적으로 세배대의 아들 요한이 기록했다고 본다. 초대 교회 문서를 보면 장로 요한이 있었지만 그가 저자일 가능성은 희박하다. 사도 요한은 예수의 제자로서 다른 어떤 사도보다도 오래 살았다. 성지 순례 길에 에베소를 들러보면 요한이 예수의 어머니 마리아를 모시고 살았던 집이 보존되어 있다. 주후 70년에 성전이 함락되는 바람에 많은 유대인들이 소아시아(터키)로 이주했기 때문에 에베소를 중심으로 하는 지역에서 요한이 주축이 된 기독교 공동체가 만들어졌다. 그 공동체에서 요한복음이 기록되었다고 볼 수 있다. 요한복음서의 저자에 관한 문제는, S. S. 스몰리(Smally)의 관점과 같이, 사도 요한이 이 복음서 전승의 궁극적인 원천으로 보는 견해가 충분히 가능하다. 요한계시록과 서신들의 저자에 관해서도 동일한 견해를 주장할 수 있다.

복음서의 저작 년대는 20세기에 이집트에서 발견된 라일란드(Ryland) 사본으로 인해서 전통적인 견해인 80년대 말이나 90년대 초를 적절한 연대로 볼 수 있게 한다. 계시록은 일반적으로 90년대 중반 도미티안 황제때 기록되었다고 본다. 요한 서신들은 복음서가 기록된 후, 그리고 90년대 중반 계시록이 기록되기 전에 기록되었다고 본다.

Chapter 2

요한복음의 문학적 배경

1. 언어적 독특성
2. 이야기체 본문
3. 요한복음 이야기
    1) 요한복음의 전체적 흐름
    2) 이야기 구성요소
        (1) 등장인물
        (2) 사건
        (3) 배경
        (4) 플롯(구성)

이야기들은 의식적으로 '삶의 양태'(the shape of life)를

구체화하기 때문에 삶을 형성시키는 힘을 갖고 있다.

L. 클리버(Kliever)

Chapter 2

요한복음의 문학적 배경

요한복음의 문학적 배경은 간략하게 2가지 측면에서 살펴 볼 수 있다. 첫째는 언어적 독특성(암시적 언어)이고 둘째는 예수의 삶과 메시지를 담고 있는 이야기체의 문학양식(서사성)이다. 이 책에서는 두 번째 주제를 중점적으로 살펴본다.

1. 언어적 독특성

요한복음은 그 문체나 표현법이 독특하다. 이 복음서는 은유적인 표현이나 영적인 표현을 많이 쓰고 있다. 요한복음을 알려고 하면 요한의 상징과 문학적인 기법들을 알아야 한다. 이율배반적이고 뭔가 뒤틀려있는 아이러니와 비유, 상징들을 이해할 수 있어야 한다. 언어는 여러 가지 차원을 가지고 있다. 언어는 과학, 수학적인 사실을 표현하는 차원도 있고, 시적이고 감성적인 차원도 있으며, 종교적인 차원도 있다. 종교적인 표현은 사람을 사로 잡는 카리스마적인 힘이 있다.

언어의 은유적이며 종교적인 측면을 이해하지 못하면 어처구니 없는 낭패를 당할 수 있다. 존경받고 학식있는 니고데모가 후세에 두고두고 비웃음을 산 사건이 있었다.

"사람이 거듭나지 아니하면 하나님의 나라를 볼 수 없느니라"는 예수의 말씀을 듣고 니고데모는 당황했다. 그는 '사람이 어머니 뱃 속에 들어갔다가 어떻게 다시 태어나느냐?'고 질문했다가 예수께로부터 '네가 유대인의 선생으로써 어떻게 이렇게 무식할 수 있냐?'고 책망을 당했다.(요3:1-10)

또 예수께서 제자들한테 '나사로가 잠들었다.'고 하시니 제자들은 '잠이 들었다니 좀 있다가 나으려나보네요.' 했다. 예수께서는 나사로가 죽은 것을 잠들었다고 표현하셨는데, 제자들이 해석을 잘못한 것이었다.(요11:11-12) 요한복음을 보면 등장인물들 간에 동문서답 하는 장면이 많이 있다. 유대인은 자유하라는 예수의 말씀에 '종된 일이 없는데요' 하지만, 예수께서는 '너희가 죄의 종이다'라고 말씀하신다.(요8:31-34) 요한복음의 용어들이 상징과 은유적인 것이 많아서 그것들의 영적인 의미들을 알지 못하면 동문서답하는 낭패를 당할 수 있다. 예수 당시 사람들은 '성전을 헐어라. 사흘 만에 세울 것이다'는 예수의 말씀을 듣고 '46년 걸려 지은 것을 어떻게 3일 만에 일으키겠느냐'고 대꾸를 했다.(요2:19-20) 예수께서는 하나님의 영이 임하시는 곳이 성전이면 예수 자신 속에 하나님의 영이 임하시기 때문에 자신이 성전임을 말씀하신 것이었다.

우리가 요한복음의 상징적이며 은유적인 언어를 이해하지 못하면 딴 이야기를 할 수 밖에 없다. 언어의 문자적이며 역사적인 이해에 머물러 있으면 요한복음에 나오는 진리를 깨닫기 어렵다. R. A. 컬페퍼(Culpepper)는 이것을 오해(misunderstanding)라는 주제로 설명하고 있다:

> 일반적인 표현으로 말하자면, 이러한 오해는 다음과 같은 요소로 특징지울 수 있다. (1) 예수는 모호하고 은유적이거나 이중적 의미가 담긴 말씀을 하신다. (2) 예수의 대화 상대는 예수가 하신 말씀을 문자적 의미로만 이해하거나 또는 예수 말씀의 깊은 의미를 그가 이해하지 못하고 있음을 드러내는 질문이나 항의로 반응한다. (3) 그런 다음 대부분의 경우 예수나 화자(이 경우는 많지 않지만)에 의해 설명이 제시되고 있다. 그러므로 오해는 예수가 하신 말씀의 의미를 설명하고, 중요한 주제를 더 깊이 발전시킬 수 있는 기회를 제공한다. 하지만 오해가 하는 역할은 그 이상이며, 그러한 오해가 독자에게 끼치는 효과는 처음부터 독자에게 의미를 쉽게 설명해 주고 끝내는 것보다 훨씬 더 크다.[22)]

컬페퍼는 그의 책에서 오해외에 아이러니(irony)와 상징을 암시적 해설로 보고 자세하게 설명하고 있다.[23)]

우리는 요한 특유의 언어 사용에 대한 감각을 쌓아야 한다. 그 감각을 쌓고 영적인 깊이를 통달하게 되면 사실적, 역사적인 말씀만으로 깨달을 수 없는 깊은 영적인 세계를 체험할 수 있는 기회가 주어진다. 이것은 말씀을 묵상하는 차원이다.

---

22) R. A. 컬페퍼, 권종선 역, 『요한복음 해부』(요단출판사, 2000), 243-4
23) 위의 책, 243-320

2. 이야기체 본문

구약성경은 모세오경과 역사서, 신약성경은 복음서와 사도행전 그리고 요한계시록이 이야기체, 곧 서사(narrative)로 기록되어 있다. 최근 성경의 이야기체 본문에 대한 관심이 높아지고 있다. 성경이야기는 성경안에 있기 때문에 성경 본문으로서의 권위를 가진다. 성경이야기는 인류의 구원과 심판을 다루는 거룩한 이야기이다. 동시에 성경이야기는 이야기이기 때문에 이야기의 속성을 가지고 있다. R. A. 나이미어(Neimeyer)는 이야기에 대해서 이렇게 말한다: "사람은 이야기에 의해 자기 자신과 삶을 만들어가고, 이야기의 성숙과 함께 성장해 가는 삶을 살아간다. 사람은 이야기를 만들기도 하지만 자기가 하는 이야기에 의해 만들어지기도 한다. 그래서 사람은 이야기적인 삶을 살아가게 된다."[24)]

M. A. 포웰(Powell)에 의하면 모든 이야기는 사건, 등장인물, 배경이라는 세 가지 요소를 갖고 있다. 사람들은 무엇인가를 누군가에게 그리고 어떤 장소, 어떤 시간에 행하게 된다. 여기서 그 사람이 행하는 무엇인가는 사건이고, 행하는 사람은 등장인물이며, 장소와 시간은 배경이다.[25)]

요한복음을, 최초에 저자가 의도했던 데로, 이야기로 읽으면 쉽고 재미있게 읽어나갈 수 있다. 이것을 서사적 읽기라고 한다. 이렇게 읽

---

24) R. A. Neimeyer, "An Appraisal of Constructivist Psychotherapies," *Journal of Consulting and Clinical Psychology* 61(2): 226.

25) M. A. 포웰, 이종록 역 『서사비평이란 무엇인가?』(한국장로교출판사, 2002), 71.

으면 그 이야기는 오랫동안 기억에 남기도 한다. 물론 요한복음 이야기는 단순하게 읽어도 그 내용을 이해하고 즐길 수 있지만, 그것을 좀 더 깊이 체계적으로 연구하면 보다 깊은 의미와 재미를 발견할 수 있다. 요한복음을 서사적으로 읽기 위해서 아래 3가지 사항을 유의해야 한다.

(1) 본문을 단편 단편 끊어서 읽지 말고 이야기로 연결해서 전체적 흐름을 파악하고 그 흐름 가운데서 개별적 이야기를 읽어야 한다. 현존하는 성경의 장절의 구분 없이 읽는다. 성경의 원본은 장절의 구분 없이 기록되었다. 현재의 성경 장절은 12세기에 만들어졌다. 이 장절의 구분은 때로 도움이 될 수도 있으나 원저자가 저작했을 때의 의도를 왜곡시키는 경우도 많다. 특히 서사형식인 복음서와 사도행전은 더욱 그러하다. 다시 말하면 원저자는 현재의 복음서를 한권의 계속되는 이야기로 기록했기 때문에 독자는 전체적인 흐름을 기억하면서 읽어 나가야 한다.

(2) 독자는 이야기의 요소인 인물, 사건, 배경, 및 구상을 분석함으로 이야기의 역동성을 체험할 수 있어야 한다. 서사는 일정한 구조를 가지고 있고 그 구조에 따라 읽을 때 역동성을 나타낸다. T. 롱맨 3세는 서사의 구조를 다음과 같이 그리고 있다.[26]

26) T. 롱맨. 3세, 유은식 역, 『문학적 성경해석』(솔로몬, 2002), 132.

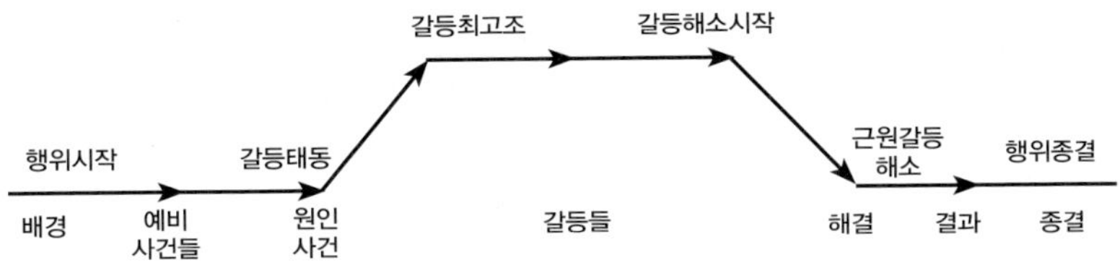

서사의 구조

(3) 본문에서 신학적 주제나 메시지를 이끌어내기 이전에 상상력을 최대로 발휘해서 본문의 이야기 세계에 들어가서 공감이나 감정이입의 경험을 한다. 이것에 대해서 R. 포스터는 이런 권면을 한다: "바다의 냄새를 맡으라. 해변의 파도 소리를 들으라. 무리들을 보라. 머리에 비치는 태양과 뱃속의 굶주림을 느끼라. 공기속의 소금기를 맛보라. 그의 옷자락을 만지라."[27] 그는 A. 화이트의 말을 인용한다: ".... 당신은 신약을 편다.....그 순간 당신은 상상을 통하여 그 현장에 있는 그리스도의 제자들 가운데 하나가 된다. 그리고 그의 발아래 앉는다."[28]

본문 읽기에서 중요한 것은 틈 메우기(filling gaps)이다. 이것은 본문에서 모호한 부분을 독자가 어떻게 읽느냐하는 것이다. 이 틈은 독자가 본문에서 얻은 내부지식과 본문 밖에서 얻은 외부지식에 의해서 메워질 수 있다. 요한복음 이야기는 일반 이야기와 마찬가지로 그 이야기를 통해서 독자들에게 의미와 재미를 느끼게 하기 위한 것이다. 하나의 이야기는 전달하고자 하는 메시지가 있지만 그 메시지

27) R. 포스터, 앞의 책, 51
28) 위의 책, 51에서 재인용

이전에 독자로 하여금 지성과 감성, 그리고 영성을 통해서 경험하는 새로운 세계를 전하고자 하는 것이다.

문학비평이 문학세계에서 일어나는 모든 일들을 수용하는 것처럼 서사비평은 성경에서 일어나고 있는 모든 초자연적 사건들과 영적 현상을 수용한다. 이 점이 종전의 역사비평적 해석방식과 크게 다른 점이다. M. A. 포웰은 서사비평이 본문의 초역사적, 계시적 기능을 중요시하기 때문에 영적 현상이나 성령의 사역을 이해하는데 큰 도움을 준다고 본다: "서사비평은 기독교의 성령론을 강조한다. 계시는 독자와 텍스트의 상호작용을 통하여 지금 일어나는 사건으로 생각되어지기 때문에 성령의 능동적인 역할은 해석의 과정에 핵심적이다."[29] 성경이야기 해석에서 성령의 사역이 강조되는 것은 성경 해석에서 성령의 도움이 있어야 되는 것과 같다. 이런 점에서 성경이야기 해석과 성령은 불가분의 관계에 있다.

서사이야기는 이야기를 담론(discourse)으로 전개해 나간 것이다. 담론에는 해설자와 수화자가 있고, 상징이나 아이러니, 반복, 대조, 비교 등과 같은 수사학적 기법과 일관된 관점이 들어 있다. 요한복음서에는 곳곳에 해설자가 등장하여 난해하거나 생소한 부분을 설명해 준다. 예를 들면, 표적을 요구하는 유대인들에게 예수는 "너희가 이 성전을 헐라, 내가 사흘 동안에 일으키리라"라고 말씀하신다(2:19). 이 말씀의 뜻을 몰라 오해한 유대인들은 46년 동안 지은 성전을 어떻게 사흘 만에 세울 수 있느냐고 반문한다. 이에 해설자가 등장하여 그 뜻을 풀이해 준다: "예수는 성전 된 자기육체를 가리켜 말씀하신 것

29) M. A. 포웰, 앞의 책, 150.

이다."(2:21f)

3. 요한복음 이야기

요한복음을 더 자세히 살펴보기 위해서 요한복음의 전체적인 그림을 먼저 살피려고 한다. 요한복음은 이야기 형식, 즉 내러티브로 되어있다. 요한복음 전체 21장을 하나의 일관된 이야기 형식의 작품으로 인식하고 전체적인 흐름을 파악하는 것이 중요하다. 이 점을 강조하는 이유는 설교나 교육에서 본문을 단편으로 자르다 보니까 전체적인 흐름에 대해서는 들을 기회가 별로 없기 때문이다. 우리는 요한복음이 어떻게 시작하고 어떤 과정을 거쳐 어떻게 끝을 맺는 지를 잘 모른다. 우리는 설교에서 많이 듣는 내용은 단편적으로 알고 있지만 요한복음이 전체적으로 하나의 흐름을 갖고 있다는 사실을 잘 모른다. 그런데 저자는 복음서를 단편적으로 쓴 것이 아니라 그것을 시작-- 중간-- 끝이라는 흐름에 따라서 읽도록 저작하였다. 독자가 저자의 의도를 읽어내기 위해서는 복음서를 전체적으로 읽을 수 있어야 된다.

1) 요한복음의 전체적인 흐름

요한복음을 두 부분으로 나누어본다면 보통 1-12장, 13장-21장으로 나눈다. 1·12장까지는 예수께서 주로 일반 사람들을 대상으로 사역을 하시고, 13장을 넘어가서는 제자들과 담론한 후 수난을 당하시고 부활하시는 내용으로 구성되어있다. 전체 흐름을 보면 12장까지는 무리들과 공공적인 사역을 하시다가 13장 이후는 사역의 방향이 제자들 중심으로 바뀌면서 죽음을 준비하시고, 십자가로 나가는 사역들이 이루어진다. 이것을 기간으로 따져보면 12장까지가 주로 예수님의 3년 동안의 행적이다. 예수의 공생애가 3년이라는 근거가 요한복음에서 나온다. 공관복음서에는 예수께서 유월절에 올라가신 이야기가 한번 밖에 안 나온다. 그러나 요한복음에서는 예수께서 유월절에 예루살렘에 올라가신 이야기가 적어도 3번 나오기 때문에 공생애 기간이 최소한 3년은 됐을 것이라고 보고있다. 전반부에는 예수의 대중적인 사역을 이야기 하고, 후반부에는 고별담론과 마지막 1주일의 수난과 부활이후의 나타나심이 기록되어 있다. 특히 18장 이후의 체포, 재판, 십자가와 장사까지의 이야기를 수난설화라고 한다.

전반부를 시작하는 1:1-18절까지를 서문(서언)이라고 한다. 서문의 우리 말 번역에서는 잘 느껴지지 않지만 원문은 시 형태로 되어 있어서 이 부분을 로고스 찬양시라고도 한다. 이 부분은 운율, 리듬, 시의 형식을 가지고 있기 때문에 노래나 시처럼 읽을 수 있다.

예수님은 말씀으로 계셨다가, 빛으로 이 세상에 왔는데 어둠이 빛을 깨닫지 못하더라. …… 그리고 그 분이 우리 가운데 거하시니까 은혜와 진리가 충만하더라.

1장 19절부터 세례 요한이 등장해서 예수가 빛임을 증언하고 유대인들과 논쟁한다. 그후 예수께서 제자들을 모으시고, 가나에 가셔서 혼인 잔치에서 기적을 일으키시고 성전을 청결하게 하시는 등 이야기가 본격적으로 펼쳐진다. 예수께서는 니고데모와 구원에 대해서, 그리고 사마리아 여인과 예배의 주제를 가지고 대화하는 가운데 자신이 메시야임을 밝힌다. 그후 두 번째 표적이 되는 왕의 신하의 아들을 고치시고, 예수께서 38년된 병자를 안식일에 고치심으로 유대인들과의 기나긴 논쟁에 들어간다. 이런 가운데 예수께서 오병이어 표적을 일으키심으로 대중적 인기가 절정에 이른다. 그후 예수께서 날 때부터 소경된 자를 고치시고, 자신이 하나님의 아들이심을 주장하면서 유대인들과의 논쟁이 돌이킬 수 없는 지경에 이른다. 예수께서는 자신이 하나님의 아들로서 아버지의 권능을 가진 것을 보여주기 위해서 죽은 나사로를 살리신다. 그러나 유대인들과의 극한적인 대립으로 예수께서는 자신의 죽음을 예감하고 예루살렘으로 올라 가신다. 여기까지가 전반부의 대략적인 이야기 흐름이다.

이야기의 구성요소를 다룰 때 다시 이야기하게 되겠지만, 요한복음 이야기의 특성중 하나는 예수께서 개별적으로 사람들을 만나서 대화를 한다는 것이다. 제일 먼저 나다나엘부터 니고데모, 사마리아 여자, 왕의 신하, 38년된 병자, 간음한 여인, 소경 등을 한 사람, 한 사람씩 만나면서, 여러가지 사건이 일어난다. 또 요한복음에는 표적의 이야기가 일곱 개 나온다: 가나 혼인잔치의 이적, 왕의 신하 아들을 고치는 사건, 38년 된 병자 치유, 오병이어의 기적, 소경을 고치는 것, 나사로를 고치는 표적, 153마리 고기를 잡는 표적. 학자에 따라서는, 예수께서 물 위를 걸으신 사건(6:16-21)을 하나의 표적으로 보고, 21장은 후에 기록된 것으로 보아 21장의 표적은 제외한다. 그러나, 저자는 요한복음의 현재 본문을 최종 본문으로 보고(서사비평) 21장의 사건을 일곱 개의 표적에 포함시켜 교차대칭구조로 암기하는 것이 더 효과적이라고 본다(독자반응비평). 예수께서 물 위를 걸었던 사건은 마태복음(14:13-33)과 마가복음(6:30-52)과 같이 요한복음에서도 오병이어 사건과 연계되어 있다. 그래서 이 두 사건들은 하나의 이야기로 전승되어 왔다고 볼 수 있다. 이 일곱 개의 표적 중에 마지막을 제외한 여섯 개가 초반 12장안에 다 나타나 있다. 요한복음의 표적은 단순히 기적의 사건이 아니라 그 기적의 의미에 대해서 예수께서 이야기하는 쪽에 더 무게가 실려 있다. 그래서 기적도 표적이라는 단어로 바꾸어 사용하고 있고 기적의 영적인 의미가 무엇인가가 더 중요하게 다루어진다.

기적의 영적인 의미를 설명하는 부분을 일컬어서 담론이라고 한다. 담론은 앞에 일어난 표적이 우리의 영생과 구원에 어떤 의미가 있는가를 설명하는 것이다. 공관복음에서는 기적의 내용을 묘사하는데 많은 분량을 할애했다면 요한복음은 기적의 의미에 대해서 더 많은 페이지를 할애하고 있다. 이 의미를 다루는 담론을 이해하는 것이 요한복음을 이해하는 데 있어서 중요하고 오늘날 우리의 신앙에서도 중요하다. 12장까지 여러 사건들과 그에 대한 담론이 이루어진 후 예수께서 예루살렘에 들어오신다.

13장부터는 예루살렘에서 일어난 이야기이다. 여기서 중요한 부분은 예수께서 제자들을 교육하시는 고별담화 부분이다. 13장을 보면 파격적인 사건이 나오는데 그것이 세족식이다. 예수께서 마지막 만찬의 자리에서 제자들의 발을 한 사람씩 씻기신다. 예수의 입장에서 살펴보면 그 다음날 십자가를 지고, 3년동안 함께 했던 제자들과 이별해야 하고, 제자들이 자신의 죽음으로 인해 고통을 당하게 될 것을 알고 계시는 시점이다. 세족식은 그 당시 관습으로 보면 이례적인 사건이다. 주인이나 스승이 종이나 제자들의 발을 씻기는 것은 파격적이다. 그 파격적인 행동의 이면에는 제자들을 두고 가야 하는 영적인 고통, 이별해야 하는 아픔이 담겨져 있다. 이 부분이 고별담론이다.

여기서 예수께서는 자기가 떠나고 난 이후에 제자 공동체가 어떻게 살아야 하는지를 자세하게 이야기하고 있다. 13-17장까지를 고별담화라고 하는데 이 고별담화 내용 중에 성령에 관한 예수의 말씀이 들어가 있다. 우리가 성령님을 보혜사라고 하는데 이 고별담화 중에 보혜사라는 단어가 처음 나타난다. 보혜사는 예수의 제2의 실존이라고 말할 수 있다. 예수께서 사랑하는 제자들을 떠나면서 자신을 대신할 성령님에 관해 말씀하신다: 자신이 떠나면 성령께서 오시는데 그분이 너희를 지키고, 보호하고, 인도하실 것이다. 성령이 오심으로, 예수께서 떠나시지만 예수께서 항상 제자들과 계시는 것과 같다: "예수님 없이 예수님과 함께".

예수께서 떠났는데 어떻게 제자들이 예수와 함께 있을수 있을까? 예수께서 가셨음에도 불구하고 예수께서 거기 있는 것처럼 해 줄 수 있는 분이 보혜사 성령이다. 예수의 말씀과 십자가의 사역에 대해서 성령께서 마치 예수께서 그 자리에 있는 것처럼 가르쳐주실 것이다. 성령께서 함께 하시지 않으면 말씀은 말씀으로만 있지 그 말씀이 예수의 현존이 될 수 없다. 말씀을 기록된 것만으로만 이해한다면 문자에 불과한 것인데, 떠나가신 예수의 임재 효과를 나타내게 하시는 분이 성령님이다. 성령께서 우리의 심령에 예수의 말씀을 심어 주시고 우리를 인도해 주신다. 고별담론에는 예수께서 떠나가셨는데도 불구하고 그 분의 동행과 임재를 느끼게 하시는 성령의 사역이 설명되어 있다.

그후, 마지막으로 예수께서 기도를 길게 하시고, 체포되고, 재판을 받으신다. 18-19장에서는 재판 과정을 상세하게 기록하고 있다. 특히 빌라도 앞에서 재판을 받는데 그 장면에서 중요한 내용은 재판을 하실 분이 재판을 받는 그 과정을 통해서 진정한 권세를 가진 분이 누구신가를 드러내는 점이다. 그 장면을 통해서 요한 저자가 나타내고 있는 것은 빌라도가 재판을 하고 있지만 진정한 재판관은 주님이시라는 것이다. 빌라도는 주님을 석방할려고 했지만 유대인들의 완강한 반대에 부딪친다. 결국, 유대인들의 주장대로 예수께서는 십자가에 달리신다. 예수께서 십자가 상에서 고통을 당하시고 "다 이루었다"는 말씀과 함께 숨을 거두신다. 아리마대 요셉과 니고데모가 장례를 치른다.

안식일후 첫날 예수께서 막달라 마리아와 제자들에게 나타나고, 그후 도마와 베드로에게 나타나신 부활의 장면이 나온다. 예수께서 갈릴리 호수에서 베드로와 제자들에게 나타나셔서 일곱 번째 표적을 행하신다. 잡힌 물고기가 153마리라는 것은 무엇을 나타내는 것일까? 요한시대 당시 세계의 나라수가 153이라는 설이 있다. 그렇게 되면 마태복음에는 모든 나라라고 기록한 것을 요한복음에서는 수의 상징을 사용하여 세계선교의 의미를 담아내고 있다고 하겠다. 이 표적후에 예수께서 베드로와의 깨어진 사랑의 관계를 회복시켜주시면서 그의 양떼를 그에게 맡기신다. 마지막에 저자의 간략한 결어가 나온다. 이렇게 해서 요한복음의 대략적인 전체 이야기가 마무리된다.

2) 이야기 구성요소

요한복음의 이야기 형식을 이해하기 위해서 두 번째로 살펴보아야 할 것은 그 이야기의 구성 요소를 파악하는 것이다. 하나의 이야기를 만들어 나가는 요소로서 등장인물, 사건, 배경, 플롯 또는 구상이라는 요소들이 있다. 그런 요소들이 합쳐져서 하나의 이야기가 만들어진다.

(1) 등장인물

이야기가 구성되기 위해서는 등장인물이 필요하다. 등장인물은 이야기 속에 등장하는 사람들로서 이야기에서 중요한 의미를 가진다. 등장인물은 이야기에서 행위자인데 이야기 줄거리의 여러 가지 행동들을 수행하는 자이다. 등장인물은 또한 특정한 성격을 가지고 있는데 이 성격은 작품에서 일관되고 특징적으로 묘사되는 부분이다.

등장인물들과 독자들 간에는 정서, 사고, 행위의 측면에서 상호 작용이 일어나는데 이것을 감정이입(empathy), 공감(sympathy), 혹은 반감(antipathy)이라고 한다. 감정이입은 독자가 등장인물들과 자신을 동일시하는 현상을 말한다. 흔히 독서의 과정에서 독자는 등장인물에 몰입하게 되어 자신과 등장인물을 동일시하는 경험을 하게 되는데 이것을 감정이입이라고 한다. 공감은 감정이입보다는 그 심도가 약하기는 하지만 독자가 등장인물의 처지나 정서를 충분히 이해하고 받아들이는 것을 말한다. 이에 비해서 반감은 독자가 등장인물을 경시하거나 싫어하는 현상을 말한다.[30)]

요한복음에서는 주님이 다른 등장인물들과 만난 후에 긴 담론을 하신다. 등장인물들과의 만남은 담론을 하기 위한 배경이라는 느낌을 준다. 그런 의미에서 요한복음에는 예수님외에 다른 인물이 주인공이 되는 이야기가 날때부터 소경된 자를 빼고는 거의 없다. 공관복음에서는 가끔 제자들이나, 병자들, 또는 귀신들린 자들이 길게 묘사되어 있다. 이 부분이 공관복음과 차이나는 점이다. 요한복음에 등장

30) 포웰, 앞의 책, 102–105.

하는 예수님 외의 인물들의 역할은 모두 조역이나 단역들이다. 그리고 예수께서는 한꺼번에 많은 사람들과 만나는 것이 아니라 각각의 인물 한 사람과 만나 이야기가 진행된다. 공관복음에서 사건의 중심이 되는 인물은 예수님을 제외하면 주로 12제자들이고 그 중에서도 베드로가 많은데, 요한복음에는 12제자들의 공식적인 명단이 없다. 요한복음에는 등장인물들이 예수님과 1대1로 만나 비교적 길게 이야기를 나누게 되는데 대표적으로 니고데모와 사마리아 여인의 경우가 그렇다. 또 나다나엘, 왕의 신하, 38년된 병자, 날 때부터 소경된 자, 마르다와 마리아와의 대화가 이어진다. 나중에 빌라도와 대제사장하고도 이야기를 한다. 이렇게 요한복음은 한 사람씩 만나서 대담하는 형식을 하고 있다. 어떻게 보면 예수께서 개개인에게 상담이나 영성지도를 하고 계신다고 할 수 있다. 예수께서 신체적인 문제를 가진 사람이든 영적인 문제를 가진 사람이든 일대일로 만나시고 있다.

예수님과의 만남은 등장인물들의 삶에 변화를 가져온다. 그와의 만남이 항상 긍정적인 변화를 가져오는 것은 아니다. 예수님과의 만남을 보면 3부류의 사람들을 보게 된다. 긍정적인 결말을 맞는 사람들과 비극적으로 끝나는 사람들, 만나서 아무런 관련을 갖지 못하고 평행선으로 헤어지는 사람들이다.

예수님과 만나서 비극적인 사람들이 누구일까? 가룟유다, 유대인들, 대제사장들, 빌라도 등이 그들이다. 이들이 예수님을 만났는데 비극적인 결말을 맞게 된 이유는 무엇일까? 그들은 예수의 진리를 깨닫지 못할 뿐 아니라 그에게 대적하기 때문이다.

또 예수의 말씀을 듣고 아무런 변화를 받지 못하고 떠나간 사람들이 있다. 가버나움 회당에서 '내 살을 먹고, 내 피를 마시지 않으면 생명이 없다'고 하신 강론을 듣고 많은 제자들이 떠나갔다. 상징과 아이러니를 듣고 이해하지 못하면 말씀의 깊은 의미를 깨닫지 못하고 떠나가게 된다. 말씀 속에 있는 진리와 생명을 맛보지 못하면 예수님을 따르다가 중간에 그만두게 되는 경우가 많다.

큰 변화를 경험한 사람들은 제자들과 소경된 자와 사마리아 여인 등이다. 제자들도 처음에는 큰 갈등을 겪었지만 끝까지 따라갔던 제자들이 예수님을 세계에 전파하는 주역들이 되었다. 예수님을 만나 질병과 장애에서 벗어난 사람들도 행복한 결말을 맞은 이들이다. 아이러니칼한 것은, 치유를 받은 소경은 예수의 제자가 되었고, 치유를 받은 38년 된 병자는 바리새인들에게 고자질 함으로 예수께서 박해를 받게 되었다.

요한복음의 인물에 대해 상세하게 연구하려면 그 인물의 행동, 말, 생각, 정서와 영성을 분석해 보면 된다. 상담자라면 예수께서 사마리아 여인과 나누는 대화의 방식이 눈길을 끌 것이다. 사마리아 여인과 대화를 나누는 예수님에게서 상담자나 영성지도자의 모습을 발견할 수 있다. 예수님을 찾아갔던 니고데모는 사회적 지위가 높은 사람이어서 밤에 살짝 찾아갔지만 그도 큰 변화를 경험했다. 요한복음에는 예수님과 인물들의 일대일 만남이 많이 기록되어 있어서 각각의 인물에 자신을 대입시켜볼 수 있다. 예수님은 한 사람씩 만나면서 깊은 영적인 문제를 다루신다. 우리가 가진 세상적인 문제뿐 아니라 영적인 문제까지도 자세히 다루고 있는 책이 요한복음이다. 신분이 높은 니고데모뿐 아니라 비천하여 이름도 없는 사마리아 여인에 이르기까지 주님은 우리를 1:1로 만나시고 있다.

(2) 사건

사건은 이야기 속에서 일어나는 해프닝(happening)인데 사건 없이 이야기가 꾸며질 수는 없다. 사건에는 핵심사건과 주변사건이 있는데 핵심사건은 매우 중요해서 그것이 빠지면 이야기의 논리가 파괴되어 버린다. 하지만 주변사건들은 생략되어도 이야기의 기본 구조는 파괴되지 않는다.[31] 따라서 이야기에 있어서 무엇이 핵심적이고 무엇이 주변적인 것인가를 파악하는 것이 중요하다.

이야기가 구성되기 위해서는 사건들이 의미 있는 형태로 서로 연결되어야만 한다. 항상 그런 것은 아니지만, 대체로 이것은 인과관계의 요소를 사용함으로써 가능해진다. 인과관계는 많은 경우 갈등에 의해서 발생한다. 갈등은 행동, 사상, 배경, 또는 성격의 불일치라고 할 수 있다. 갈등은 다양한 차원에서 일어난다. 대부분의 경우 갈등은 등장인물들 사이에서 일어나는데, 그것은 관점의 불일치나 등장인물들의 서로 다른 성격적인 특징으로 인해서 야기된다. 갈등 요소가 전체 스토리를 이끌어 나가는 사건을 유발하고, 힘을 부여한다.

로고스 찬양시에 갈등의 근원적 요소가 나타난다. 1:4절에 보면 말씀 안에 생명이 있고 그 생명이 사람들의 빛이다. 그런데 이 빛이 어둠에 비추었는데 어둠이 깨닫지 못했다. 요한복음 전체에 흐르고 있는 동기를 제공하는 것은 예수께서 말씀이시고 빛이신데 이 세상이 빛을 받아들이지 못했다는 점이다. 이 빛이 세상에 왔는데 세상이 그를 알지 못하였고, 자기 땅에 왔는데 자기 백성이 그를 영접하지 아니하였다.(1:10-11) 이 사실이 갈등의 근본적인 원인을 제공하고 있

31) 포웰, 앞의 책, 72-73.

다. 사건은 '발단-전개-절정-해소'라는 일정한 구도를 가진다.

2장에서는 갈등의 원인중 하나로 오해라는 요소가 나타난다. 성전 청결 사건에서 유대인들과의 갈등이 시작되는데, 예수께서 그 때 유대인들에게 하신 '이 성전을 헐어라 내가 사흘만에 짓겠다'는 말씀이 유대인들에게는 이해가 되지 않는 말이었다. 예수께서 니고데모에게 '네가 거듭나야 한다'고 하시니 니고데모는 '모태에 들어갔다가 날 수가 있는가?'하고 반문한다. 사마리아 여인에게 하신 '내가 주는 물은 영원히 목 마르지 아니한다'는 말씀에서도 오해의 요소가 발생한다. 유대인들과의 대화에서는 점점 오해의 요소가 커지다가 아주 심각한 지경까지 이르러 서로 대립의 관계로까지 발전한다. 주님과 그 관계가 심각하게 된 상대는 바리새인들이다. 이런 갈등의 요소가 최대로 커졌을 때 유대인들이 죽이려는 생각과 행동까지 하게 된다. 유대인들과의 갈등이 심각해지는 이유는 주로 3가지가 있다.

첫째, 유대인들과의 가장 큰 문제는 율법의 문제이다. 율법 중에서 사도 바울과 유대인들과의 경우는 할례문제인데, 예수님과 유대인들과의 관계에서는 주로 안식일에 관한 것이다. 예수께서 38년된 병자를 안식일에 고치면서 유대인들과 모세의 율법을 두고 갈등을 하게 된다. 안식일에 예수님은 유대인들이 해서는 안 될 일을 하신 것이다. 38년 된 병자라도 안식일에는 고쳐서는 안 된다. 그렇게 긴 시간 고통받는 사람을 안식일에 고친 것이 왜 문제가 되는가? 유대인들이 생각하는 율법과 예수님이 생각하는 율법이 달랐다. 유대인들은 안식일을 범하는 사람이 메시야가 될 수 없다고 생각한다.

둘째, 죄의 문제이다. 율법은 죄와 관계가 있는데, 사도 바울의 경우도 율법-죄-사망은 불가분의 관계를 가진다. 죄의 문제가 처음 부각되는 사건은 예수께서 간음한 여자를 데리고 온 사람들에게 "죄

없는 자가 먼저 돌로 쳐라"고 말씀하신 사건이다. 예수께서 유대인들에게 죄의 궁극적인 원인을 알게 하신다. 예수의 말씀은 '너희가 진리에 거하지 않으면 궁극적으로 죄에서부터 해방될 수 없다'는 것이다. 유대인들은 아브라함의 자손으로써 남의 종이 된 적이 없다고 반박한다. 그런데 예수께서 말씀하신 자유는 죄에서부터 자유이다. 죄를 짓는 사람들마다 죄의 노예가 된다. 말씀 속에 있는 그리스도의 생명을 깊이 누리지 못하면 그에게는 참된 자유가 없다. 유대인들이 아무리 아브라함의 자손이고 율법 가운데 거한다고 하더라도 말씀 속에 있는 진리를 깨닫지 못하면 참 자유를 누릴 수가 없다. 그래서 예수께서 "진리를 알지니 진리가 너희를 자유케 할찌라"고 말씀하셨다.(요8:32) 우리가 진리를 모르면 참 자유를 누릴 수 없다.

죄의 문제를 두고 예수님과 유대인들간의 대립이 심각했다. 예수께서는 바리새인을 보고 차라리 그들이 소경이 되었더라면 죄가 없을 수도 있었다고 말씀하셨다. 우리가 안다고 생각하기 때문에 죄에서 벗어날 수 없다. 우리가 본다고 하고, 안다고 생각하기 때문에 궁극적으로 하나님의 진리를 받아들일 수가 없다. 신앙 생활을 오래 하다보면 제도, 교리, 의식, 인간관계, 조직에 얽매이기 쉽다. 그것들이 필요하긴 하지만 그리스도안에서 진리를 알고 참된 자유를 누리는 것이 우선이다. 그렇지 않으면 유대인들과 같이 되기 쉽다. 말씀 안에 있는 진리를 깨닫지 못하면 우리가 참 된 자유를 누릴 수 없다.

셋째는 기독론의 문제이다. 유대인들은 예수께서 행하신 기적들을 보고 예수가 그리스도인가 아닌가를 두고 자기들끼리 논쟁을 벌인다. 그러나 예수께서는 자신이 하나님의 아들인 것과 아들로서 하나님 아버지의 권능을 행할 수 있음을 주장하고 또 죽은 나사로를 살리심으로 그것을 보이신다. 예수께서 이런 표적들을 행하셨지만 유대인들과의 논쟁은 더욱 심각해졌다.

유대인들과 대립의 결과는 예수의 죽음으로 이어진다. 선한 목자 비유에서 예수께서는 자신의 죽음을 예감하고 있다. 선한 목자는 자기 양을 위해서 목숨을 버린다고 이야기 하신다. 죽음이 이미 가까이 왔다는 사실을 느끼고 있으신 것이다. 예수께서는 죽음과 부활 사건을 예고하면서 죽음의 단계를 하나씩 밟아간다. 예수께서 죽음의 장소인 예루살렘으로 들어가시고, 마지막 만찬에서 구체적으로 죽을 준비를 하시면서 그 죽음 너머에 있는 부활을 말씀한다.

여기까지가 요한복음의 전체적인 사건 구도라고 볼 수 있겠다. 예수께서는 율법과 죄와 기독론의 문제에서 유대인들과 갈등을 했고 그 결과 예수 자신의 죽음이 닥쳤지만 그는 죽음 이후에 부활하신 몸으로 나타나셨다.

(3) 배경

배경은 사건이 언제, 어디서 일어나는지를 말해 준다. 그리고 배경은 다양한 기능을 수행한다. 배경의 주요한 기능은 이야기의 분위기를 형성하는데 기여한다는 것이다. 특히 우리는 공간적, 시간적 그리고 사회적 배경 유형을 고려해야 한다. 공간적 배경은 이야기의 등장인물이 생활하는 물리적인 환경을 가리킨다. 시간적 배경은 이야기를 구성하는 핵심 요소 중 하나이며 시간의 중심축은 과거, 현재, 미래로 이루어져 있다. 이야기에서는 인간경험의 시간적 특성을 다룬다. 사회적 배경은 이야기에 영향을 미치는 것으로 보이는 종교와 정치제도, 계층구조, 경제체제, 사회관습 그리고 일반적인 문화적 상황을 포함

한다.[32] 사회적인 배경은 그 사람이 태어나서 살아가고 있는 사회적인 환경, 특성, 제도 등 사회 전반적인 것을 의미한다.

우리는 주님의 공생애 기간을 일반적으로 3년이라고 알고 있다. 이 3년이라는 기간은 요한복음에서 주님이 유월절에 예루살렘에 적어도 3차례 올라가셨다는 기록에 근거하고 있다. 시간적으로 볼 때, 요한복음에서는 공생애의 긴 기간을 주님은 유대지방과 예루살렘에서 주로 보냈다. 요한복음에는 예루살렘에서 있었던 일이 많이 기록되어 있다. 특히 제자들과의 마지막 날의 일이 고별담론(13-17장)에 상세하게 기록되어 있다. 공관복음은 지리적 배경이 주로 갈릴리와 가버나움이다. 그래서 공관복음을 북부복음이라고 하고 요한복음은 배경이 주로 유대와 예루살렘이기 때문에 남부복음이라고도 한다.

(4) 플롯(구상)

플롯(구상)은 인물들과 사건들이 일정한 배경하에서 하나의 단일 이야기로 만들어져 가는 주체적 발상을 말한다. 즉, 플롯은 이야기의 줄거리요 뼈대에 관한 구상이라고 할 수 있다. 플롯은 단순히 강제로 부여되는 것이 아니라 사건들이 함께 맞추어지고 앞뒤로 조정되면서 생산되는 것이다.[33] 플롯은 이야기를 완성해 나가는 틀이고 구조라고 할 수 있다. 컬페퍼에 의하면, 플롯은 4개의 구성요소로 이루어져 있다: 서사의 순서, 인과성, 통일성, 감화력.[34]

32) 포웰, 앞의 책, 129.
33) 고미영, 『이야기 치료와 이야기의 세계』(청목출판사, 2004) 38.
34) 컬페퍼, 앞의 책, 129.

이야기에는 사건들이 일정한 순서로 배열되어 있는데, 이 순서는 원인과 결과 관계로 통일성 있게 결정된다. 그리고 이야기는 독자들의 정서적 감화를 불러일으키도록 구성되어 있다.

요한은 요한복음의 전체 흐름을 독자들이 쉽게 이해할 수 있도록 여러 가지 구상을 하고 있다. 요한복음은 많은 부분이 에피소드, 즉 삽화나 개별 장면 중심으로 엮어져 있어서 인과성이 약하게 보인다. 그러나, 전체적으로 볼 때 교차대칭구조란 수사학적인 통일성을 갖추고 있다. 요한은 전체 이야기 구조를 일곱 개의 표적중심으로 엮어 둔 것이다. 이 일곱 개의 표적들은 교차대칭구조라는 문학적 기법으로 배열되어 있다.

교차대칭구조는 성경에서 많이 나타난다. 교차대칭구조란 이렇게 간단히 설명할 수 있다. 예를 들어 다섯가지 사건이 A-B-C-D-E 순으로 배열되어 있다면 중간에 있는 C가 중심의 역할을 하고, A와 E, B와 D가 대조가 되도록 배열하는 것이다.

요한복음에 있는 표적의 정의나 수에 있어서 여러 학설들이 있다. 학자에 따라서는 예수께서 물위를 걸으신 사건(6:16-21)을 하나의 표적으로 보고, 153마리 물고기 잡은 사건(21:1-11)을 제외하는 경우도 있다. 그러나, 저자는 예수께서 물위를 걸었던 사건은 오병이어 이야기에 포함시켜 일곱 개의 표적들이 다음의 순으로 배열되었다고 본다: 가나 혼인잔치에서 물로 포도주를 만든 표적, 왕의 신하의 아들을 고친 표적, 38년 된 병자를 치유하신 표적, 오병이어의 표적, 날 때부터 소경 된 자를 치유하신 표적, 죽은 나사로를 다시 살리신 표적, 153마리 고기를 잡은 표적.(사실, 요한은 두 번째 표적이후의 기적들에게는 표적이라는 용어를 붙이지 않았지만 독자들의 이해를 위해서 이 용어를 사용한다.)

이 일곱 개의 표적들은 다음과 같이 배열되어 있다.

가나 혼인잔치에서 물로 포도주를 만듬	1	a
왕의 신하의 아들을 고침	2	b
38년 된 병자를 고치심	3	c
오병이어의 표적	4	d
날 때부터 소경된 자를 고치심	5	c`
죽은 나사로를 다시 살리심	6	b`
153마리 물고기를 잡음	7	a`

네 번째 이야기인 오병이어 표적을 중심으로 첫째-일곱째 표적들이 유사하고 둘째-여섯째, 셋째-다섯째 표적들이 유사하다.

첫째-일곱째 이야기의 유사점은 무엇인가? 혼인잔치에서는 포도주가 떨어져 낭패였고, 153마리 물고기를 잡는 사건에서는 밤새 고기를 잡으려고 하였으나 한 마리도 못 잡아 낭패였다. 혼인잔치에서는 예수께서 독에 물을 채우라고 명령하셨고 153마리 물고기 표적에서는 배 오른쪽에 그물을 던지라고 말씀하셨다. 두 경우 모두 주인공이 실패를 경험하고 그 실패로 인해 곤경에 처하게 되었는데 예수님 덕분에 해결이 되는 사건이다. 왕의 신하의 아들과 나사로 이야기의 공통점은 죽음이다. 왕의 신하의 아들도 거의 죽게 되었는데 예수님 덕분에 낫게 됐다. 나사로도 병으로 죽었는데 다시 살게 됐다. 둘 다 죽음의 위기를 맞이하였다가 예수님 때문에 살아난다. 38년 된 병자와 날 때부터 소경은 고질적인 질병에서 나음을 입은 것이 비슷하다.

교차대칭구조란 이렇게 서로 비슷한 주제들을 대칭 구도로 나열해서 기억하기 좋도록 하는 기법이다. 교차대칭구조에서 저자가 가장 강조하고 싶은 메시지를 제일 가운데 배치한다. 오병이어 표적은 4복음서에서 공통으로 나타나는 유일한 기적사건이고 보니 예수 사역에서 중요한 사건이다. 네 번째 오병이어의 표적은 요한 저자가 주고자 하는 중요한 메시지를 갖고 있다. 즉 너희는 썩을 양식을 위해서 일하지 말고 영생하게 하는 양식을 위해서 일하라는 것이다. 이 영생의 양식은 말씀인데 이 말씀은 곧 성육신한 예수 그리스도시다.

요한복음 이야기를 통해서 요한 저자가 우리에게 무엇을 말해주고자 하는가? 20:31을 보면 저자가 이 복음을 기록한 목적이 분명히 밝혀져 있다: "오직 이것을 기록함은 너희로 예수께서 하나님의 아들 그리스도이심을 믿게 하려 함이요 또 너희로 믿고 그 이름을 힘입어 생명을 얻게 하려 함이니라". 이 생명 안에 우리의 빛이 있는데 이 생명은 말씀 속에 있다. 그래서 빛 가운데 살고자 하는 사람은 생명이 넘치는 말씀 가운데서 그것을 찾아야 한다.

예수께서 '내 살을 먹고 내 피를 마시는 자는 생명이 있다'고 했는데, '예수 = 말씀'이라고 하면 예수의 말씀을 먹고 예수의 말씀을 마시는 사람에게 생명이 있다고 바꾸어 말할 수 있다. 예수께서 하신 말씀대로 살아가려면, 말씀을 먹고 말씀을 마셔야 한다. 사람이 떡으로만 살 것이 아니라 말씀으로 살아야 한다. 말씀이 곧 양식이다. 우리가 육신의 양식을 매일 먹는 것처럼 영혼의 양식을 매일 먹고 마실 때 예수의 생명이 우리 속에 풍성하게 될 것이다. 이 생명은 말씀 속에 있는 생명이다. 말씀 속에 있는 생명을 통해서 참 자유를 누리고 영생을 소유하라는 것이 저자가 전하고자 하는 메시지이다.

Chapter 3

이야기 흐름으로 살펴본 요한의 영성

1. 말씀이 육신이 되어(1:1–18)
2. 예수사역의 증언과 시작(1:19–2:25)
3. 영혼의 갈급함(3–4장)
4. 왜곡된 말씀과 생명의 말씀(5–6장)
5. 성부와 성자, 그리고 죄의 문제(7–9장)
6. 성자의 신성과 권능(10–12장)
7. 새 계명 공동체와 성령의 약속(13–15장)
8. 성자와 성령, 그리고 주님의 기도(16–17장)
9. 재판과 십자가(18–19장)
10. 부활과 믿음(20장)
11. 사랑의 회복과 결어(21장)
12. 주요 메시지

말씀이 육신이 되어 우리 가운데 거하시매 우리가 그의 영광을
보니 아버지의 독생자의 영광이요 은혜와 진리가 충만하더라
(요1:14)

Chapter 3

이야기 흐름으로 살펴본 요한의 영성

요한복음 21장 전체를 하나의 드라마로 본다면 1:1-18이 서막, 1:19부터 12장까지가 일 막, 13장-20장까지가 이 막, 그리고 21장은 종결 막으로 볼 수 있다.

서막은 태초부터 계신 말씀이 인간 예수로 태어나는 신비스럽고 우주적인 사건으로 시작한다. 일 막에서는 예수께서 무리들과 일반 사람들을 상대로 사역을 하셨고 이 막부터는 제자들 중심으로 사역을 하셨다. 종결 막에서는 예수께서 베드로와 사랑의 관계를 회복하시고 간단한 결어로 끝맺는다. 우리가 개별 장을 읽을 때도 이렇게 전체 내러티브를 염두에 두고 있어야 한다.

1. 말씀이 육신이 되어(1:1-18)

1:1-18절은 서언으로서 해설자가 요한복음 전체의 의미를 시의 형식으로 소개해 준다. 이 단락은 요한복음의 시작 부분으로 요한복음 전체 맥을 잡아가는 핵심적인 주제가 담겨져 있다.

한글 성경으로 이 구절을 읽으면 운율이나 리듬이 느껴지지 않지만, 원문의 1:1-18절은 시의 형태로 시의 운율을 따라서 지어진 것이다. 4 복음서의 시작하는 부분은 각 복음서 저자의 관점을 보여준다. 마태는 족보로 이야기를 시작하고, 마가는 이사야의 예언으로 시작하고, 누가는 데오빌로 각하에게 신앙에 대해서 변호하면서 이야기를 시작한다. 족보, 예언, 신앙변증과 다르게 요한복음은 하나의 시 형태로 말씀이 성육신한 예수님을 찬양함으로 시작한다.

요한이 복음서를 쓴 것은 우리 신앙에 대해서 변호하려고 하거나 단지 메시지를 지식으로 전하기 위해서가 아니라 하나님이 주신 은혜, 진리, 생명을 깨달을 때 느껴지는 신비스러움과 기쁨을 알고 느끼게 해주기 위해서이다. 감성적이고 영적인 차원의 눈이 열릴 때, 이제까지 어둠 속에 있다가 밝은 빛을 보는 것 같은 체험이 있을 때, 자기도 모르게 찬양하고 싶고 감사하고 싶은 마음이 우러난다. 요한복음의 저자는 하나님의 놀라운 은혜와 진리를 깨달았던 것을 찬양하면서 시작한다. 살아있음 자체가 너무나 감사하고, 기쁘고, 말로 표현할 수 없는 은혜를 느낄 때, 놀라운 감격과 사랑이 느껴질 때 시가 나오고 찬양이 흘러나온다. 저자가 요한복음서를 쓰게 된 동기는 예수 그리스도로 말미암아 말로 표현할 수 없는 은혜를 경험하고 그것을 나누고 싶다는 것이었다.

태초에 말씀이 계시니라 이 말씀이 하나님과 함께 계셨으니 이 말씀은 곧 하나님이시니라 그가 태초에 하나님과 함께 계셨고 만물이 그로 말미암아 지은 바 되었으니 지은 것이 하나도 그가 없이는 된 것이 없느니라 그 안에 생명이 있었으니 이 생명은 사람들의 빛이라 빛이 어둠에 비치되 어둠이 깨닫지 못하더라

말씀이 육신이 되어 우리 가운데 거하시매 우리가
그의 영광을 보니 아버지의 독생자의 영광이요
은혜와 진리가 충만하더라(1:1-5, 14)

1장에 나오는 로고스(Logos)라는 말은 헬라어(그리스어)이다. 영어로는 Word, 히브리어로는 다바르(dabar)이다. 로고스 외에 말씀을 의미하는 단어로 레마가 있다. 로고스는 '기록된 말씀', 레마는 '내 마음속에 꽂힌 말씀'이라고 하는데 이 구분은 정확하지 않다.

로고스는 헬라의 스토아 철학자 제노가 자주 쓰는 용어였다. 온 우주를 관찰한 결과, 이 광대한 우주 속에는 인간이 도저히 언어로 표현할 수 없는 신비로운 어떤 법칙이 있다는 것을 알 수 있는데 그는 그것을 로고스라고 표현하였다.

봄이 되면 죽은 것같던 나무 가지에서 어떻게 새싹이 나는지 신기하다. 한 살쯤 된 아이가 자기 몸도 제대로 가누지 못하면서 자기 생각이 분명하게 있다는 것도 너무 신기하다. 무지하면 모든 것이 신비스럽게 느껴진다고 한다. 그러나 조금 알고 난 후에도 만물이 신비스러운 것은 마찬가지다. 요한은 "만물이 그로 말미암아 지은 바 되었으니"라고 하면서 말씀의 창조 능력을 찬양하고 있다. 우리가 광

대하고 세밀한 우주만물을 보면 신비스러움을 느낄 수 있다. 요한은 그 어떤 신비보다도 태초부터 계시던 말씀이 육신을 입어서 우리 가운데 거하시는 신비를 노래하고 있다. 요한의 성육신 사상은 공관복음과 외경에 나타난 탄생이야기들을 새롭게 재해석한 것이라 볼 수 있다.

이 성육신의 신비를 초대교인들은 또 다른 시로써 찬양했다.

> 그는 근본 하나님의 본체시나 하나님과 동등됨을 취할 것으로 여기지 아니하시고 오히려 자기를 비워 종의 형체를 가지사 사람들과 같이 되셨고(빌 2:6-7)

> 그는 보이지 아니하는 하나님의 형상이시요 모든 피조물보다 먼저 나신 이시니 만물이 그에게서 창조되되 하늘과 땅에서 보이는 것들과 보이지 않는 것들과 혹은 왕권들이나 주권들이나 통치자들이나 권세들이나 만물이 그로 말미암고 그를 위하여 창조되었고 또한 그가 만물보다 먼저 계시고 만물이 그 안에서 함께 섰느니라(골 1:15-17)

이 아름다운 찬양 가사들에는 창조의 신비와 우주적 장대함이 그리스도 예수 탄생의 감격과 함께 어우러져 울린다. S. 찬(Chan)이 잘 말했듯이 진정한 신학에는 찬양이 따라야 한다.[35)]

잠언 8:21-32에서 히브리인들은 하나님의 창조 능력을 지혜(소피아)로 표현했다. 창조된 만물에는 거역할 수 없는 우주의 질서와 놀

---

35) 찬, 앞의 책, 19

라운 신비스러움이 있다. 각각 다른 피조물들이 다 자기가 살아갈 신비한 생명력이 있고, 그것들이 모두 조화로운 질서속에 존재하고 있다. 그것을 스토아 학파가 로고스라고 이름을 붙였는데 히브리 사람들에게는 그것이 하나님이 가지신 지혜였다.

히브리 백성들이 깨달은 것은 "태초부터 하나님이 지혜로 온 세상을 창조하셨다"는 것이다. 하나님이 말씀으로 세계를 창조하셨는데 그 말씀이 지혜다. 그래서 지혜가 태초부터 하나님과 함께 계셨다.

로고스 자체를 믿든지 안 믿든지, 하나님에 대해서 알든지 모르든지, 이 피조 세계에는 설명할 수 없는 질서와 법칙이 있다. 이 신비로운 생명력을 깨닫는 사람이 지혜로운 사람이다.

우리가 태어나기 전부터 이 세상에 존재하는 창조의 신비를 깨닫지 못한다면 우리는 우리의 존재의미를 알 수 없다. 성경은 이것을 '어둠 속에서 살아간다'라고 표현했다. 어떻게 빛 속에서 살 수 있을까? 요한은 이렇게 답한다. 말씀 안에는 생명이 있고 우리가 이 생명을 찾았을 때 빛 속에서 살아갈 수 있다.(1:4) 그런데 이 것이 현실세계에서 어떻게 일어나며 구체적으로 무엇을 의미하는가?

성 어거스틴에게 일어났던 유명한 한 사건을 살펴보자. 젊은 시절 어거스틴은 죄로 인한 고뇌에 쌓여 있었다. 이 때 그에게 말씀이 왔고 그 안에 있는 생명을 발견하게 되었고 빛을 찾아 인생이 바뀌게 되었다. 그의 이야기를 직접 들어보자.

> 이 무렵 이웃 집에서 성별을 알수 없는 어린 아이의 "집어서 읽어라. 집어서 읽어라" 노랫소리가 들려 왔습니다. 그 순간 나는 안색이 달라져서 곰곰이 생각해 보았습니다.

어린 아이들이 무슨 놀이를 하면서 저런 노래를 부를까 하고. 그러나 어디서고 그런 노래를 들어 본 기억이 없었습니다. 나는 쏟아지는 눈물을 참고 그 자리에서 일어섰습니다. 그것은 성서를 펴놓고 최초로 눈에 뜬 대목을 읽으라는 하느님의 명령임에 틀림없다고 해석한 것입니다.

그리하여 나는 급히 알리피우스가 앉아 있는 곳으로 돌아갔습니다. 거기에 사도 바울의 서간을 두고 왔기 때문입니다. 나는 말없이 그것을 집어들고는 첫 눈에 들어오는 대목을 말없이 읽었습니다. '폭식과 폭음과 음탕과 방종과 쟁론과 질투에 나아가지 말고 오직 주 예수 그리스도로 옷 입을지어다. 또한 정욕을 위하여 육체를 섬기지 말지어다'[36)]
나는 더 읽으려 하지 않았으며, 읽을 필요도 없었습니다. 왜냐하면 이 말을 읽고 난 순간 내 가득한 슬픔에 가슴속으로 하나의 빛과 같은 확실성이 흘러 들어와서 내 마음을 환히 밝혔기 때문입니다.[37)]

이 이야기는 다소 드라마틱하여 일상적으로 우리가 경험할 수 있는 것은 아니지만, 말씀안에 있는 생명과 빛에 대한 좋은 예가 될 수 있다. 죄로 인해서 슬픔과 어둠속에 있었던 어거스틴의 마음속에 로마서 13장 13절의 말씀이 들어가는 순간 이 말씀안에 있던 생명을--그는 이것을 "하나의 빛과 같은 확실성"이라 묘사했는데--얻게 되고 삶이 온전히 바뀌게 되었다.

---

36) 로마서 13장 13절
37) 어거스틴, 최정선 역 『참회록』(지성문화사, 2011), 181-182

우리 속에 생명과 빛이 있으면 어둠과 죽음이 물러간다. 하나님이 제일 처음 만드신 것이 빛이다. 우리는 태양, 달, 등불과 전기가 있으니까 빛이 있다고 생각하는데 여기에 나오는 빛은 태양과 달과는 다른 빛을 말한다. 창세기에서 하나님이 처음에 만드신 빛은 참 빛이다.

계시록 21장을 보면 새 예루살렘 성에서는 해와 달이 필요 없는데 그 이유는 거기에 하나님과 어린양의 빛이 있기 때문이다.(계21:22-23) 그 빛은 창세기에 나오는 빛과 같은 빛이다. 이 빛은 우리 영혼 속에 비춰지는 놀라운 빛이다. 진리를 찾았을 때, 생명을 찾았을 때의 빛이다. 예수께서는 우리 속에 있는 이 빛에 대해서 말씀하셨다: "눈이 나쁘면 온 몸이 어두울 것이니 그러므로 네게 있는 빛이 어두우면 그 어둠이 얼마나 더 하겠느냐"(마 6:23) 우리가 하나님 말씀을 깨닫게 될 때 우리 안에 그 빛이 비취고 우리는 기쁨을 누리게 된다. 태초부터 계셨던 이 말씀은 어둠속에서 빛을 주시고 죽음 속에서 생명을 주신다. 창세기에서는 하나님 말씀만으로 빛, 생명과 우주 만상이 창조된다.

그런데 이 빛에 대조되는 어둠이 있다. 이 어둠은 빛을 깨닫지도 못하고 받아들이지도 못한다. 여기서 요한복음의 주요 플롯으로 빛과 어둠의 갈등이 나타난다. 이 가운데서 태어난 우리가 말씀을 모르게 될 때 우리의 삶은 어둠 속에 있게 되고 우리의 삶은 죽음이라는 공포와 허무 속에서 살 수 밖에 없다. 우리 안에 참 빛이 없으면 우리는 환한 대낮에도 소경처럼 더듬거리며 산다. 우리 안에 참 빛이 없으면, 괴테의 말처럼, 우리는 무엇을 추구하는 순간부터 방황하기 시작한다. 하나님이 자신이 지은 땅에 오셨지만 그의 백성이 그를 알지 못하였다.(1:11) 그런데 이 가운데서 요한이 이 진리를 깨달았을 때 그에게 얼마나 큰 감사와 기쁨이 있었을까? 요한이 느꼈던 것과 같은 감사와 기쁨을 체험한 구상 시인은 그 놀라운 사실을 이렇게 노래한다.

말씀의 실상(實相)

영혼의 눈에 끼었던 무명(無名)의 백태가 벗겨지며
나를 에워 싼 만유일체(萬有一體)가 말씀임을 깨닫습니다.

노상 무심히 보아오던 손가락이 열 개인 것도
이적(異蹟)에나 접하듯 새삼 놀라웁고

창밖 울타리 한구석 새로 피는 개나리 꽃도
부활의 시범을 보듯 사뭇 황홀합니다
창창한 우주, 허막(虛莫)의 바다에 모래 알보다도 작은 내가
말씀의 신령한 그 은혜로 이렇게 오물거리고 있음을

상상도 아니요, 상징(象徵)도 아닌 실상(實相)으로 깨닫습니다.[38)]

요한이 볼 때 예수의 오심은 어둠 속에 있는 사람들에게 빛으로, 죽음가운데 사는 사람들한테는 영생으로 오심이었다. 그래서 말씀이 빛으로 생명으로 오신 분이 예수님이고 이것을 성육신(incarnation)이라고 한다. 요한이 볼 때 예수께서는 말씀을 하신 분일 뿐만 아니

38) 구 상, 『구 상』(문학사상사, 2002), 198

라 말씀 그 자체이시다. 이 말씀이 성육신 하신 분이 예수님이다. 요한은 그의 첫 번째 편지에서 성육신하신 주님의 제자로서 이 사실을 보다 구체적으로 전하고 있다:

> 태초부터 있는 생명의 말씀에 관하여는 우리가 들은 바요 눈으로 본 바요 자세히 보고 우리의 손으로 만진 바라 이 생명이 나타내신 바 된지라 이 영원한 생명을 우리가 보았고 증언하여 너희에게 전하노니 이는 아버지와 함께 계시다가 우리에게 나타내신 바 된 이시니라(요일1:1-2)

하나님을 본 사람이 없는데 예수께서는 하나님의 품 안에 계셨고(1:18) 그 예수의 품안에 있던 제자 요한이(13:23) 말씀이신 예수님을 우리에게 알려주신 것이다. 요한의 이러한 증언에도 불구하고 세상에는 그 분을 받아들이지 않는 사람들이 있다. 요한복음 전체의 중요한 맥은 그분과 그분을 받아들이지 못하는 사람들간의 갈등이다. 예수께서는 빛을 알아보지 못하는 사람들과 끊임없이 갈등을 겪는다.

2. 예수사역의 증언과 시작(1:19-2:25)

해설자는 세례 요한이 하나님으로부터 보내심을 받은 사람으로서 이 빛을 증언하러 왔다고 밝힌다. 해설자는 요한의 정체성을 분명하게 설명하고 난뒤 요한을 이야기에서 처음으로 등장시켜 참 빛 곧 예수 그리스도를 증언하게 한다.(1:15) 세례 요한의 이 증언은 예루살렘 유대인들의 즉각적인 반응을 불러온다.

> 유대인들이 예루살렘에서 제사장들과 레위인들을 요한에게 보내어 네가 누구냐 물을 때에 요한의 증언이 이러하니라 요한이 드러내어 말하고 숨기지 아니하니 드러내어 하는 말이 나는 그리스도가 아니라 한대 또 묻되 그러면 누구냐 네가 엘리야냐 이르되 나는 아니라 또 묻되 네가 그 선지자냐 대답하되 아니라 또 말하되 누구냐 우리를 보낸 이들에게 대답하게 하라 너는 네게 대하여 무엇이라 하느냐 이르되 나는 선지자 이사야의 말과 같이 주의 길을 곧게 하라고 광야에서 외치는 자의 소리로라 하니라 그들은 바리새인들이 보낸 자라 또 물어 이르되 네가 만일 그리스도도 아니요 엘리야도 아니요 그 선지자도 아닐진대 어찌하여 세례를 베푸느냐 요한이 대답하되 나는 물로 세례를 베풀거니와 너희 가운데 너희가 알지 못하는 한 사람이 섰으니 곧 내 뒤에 오시는 그이라 나는 그의 신발끈을 풀기도 감당하지 못하겠노라 하더라 이 일은 요한이 세례 베풀던 곳 요단 강 건너편 베다니에서 일어난 일이니라(1:19-28)

이 장면(1:19-28)에는 제사장들과 레위인들이 나타나고 앞에서 소개 된 세례 요한이 등장인물로 다시 나타나서 그들간의 논쟁이 시작된다. 태초와 광활한 우주를 배경으로 하여 시작된 드라마는 이 세상 한 곳에서 들리는 작은 언쟁을 시작으로 하여 전개되는 셈이다. 이 언쟁은 서막에 이미 암시되어 있다: "빛이 어둠에 비치되 어둠이 깨닫지 못하더라"(1:5); "세상은 그로 말미암아 지은 바 되었으되 세상이 그를 알지 못하였고"(1:10); "자기 땅에 오매 자기 백성이 영접하지 아니하였으니"(1:11). 컬페퍼는 이것을 아이러니(irony)로 표현했다. 아이러니의 사전적 의미는 풍자, 비꼬기, 빈정대기, 반어법, 뜻밖의 결과 등이다. 이스라엘 백성들은 메시야를 학수고대하고 있었는데 막상 그가 오셨는데도 그를 받아 들이지 않았다. 컬페퍼는 D. G. 무에크(Muecke)의 글을 인용하여 아이러니를 다음과 같이 설명한다.

> 우리는 이제 모든 아이러니의 기본 특징으로 다음과 같은 것들을 제시하고자 한다. (i) 외형과 실체의 대조 (ii) 외형은 단지 외형에 불과하다는 것을 확실하게 깨닫지 못하는 것(아이러니 작가는 모르는 척 할 뿐이지만, 아이러니의 희생자는 실제로 모르고 있음) (iii) 외형과 실체의 대조를 깨닫지 못함으로 발생하는 희극적 효과[39]

컬페퍼는 요한복음에서 메시야를 거부하는 것외에, 유대인들이 그렇게 성경을 많이 알고 있음에도 메시야의 기원과 정체를 모르는 것과 메시야의 죽음과 참된 제자도의 의미를 모르는 아이러니를 찾아 설명하고 있다.[40]

이 단락에서의 세례 요한과 유대인들간의 논쟁은 이야기의 주인공인 예수 그리스도를 등장시키는 계기가 된다. 제사장들과 레위인들은 세례 요한에게 그의 정체성을 꼬치꼬치 묻는다: "네가 누구냐?" 이에 대해 세례 요한은 자신이 메시야가 아니고 메시야는 뒤에 오신다고 단호하게 대답한다.

> 이튿날 요한이 예수께서 자기에게 나아오심을 보고 이르되 보라 세상 죄를 지고 가는 하나님의 어린 양이로다 내가 전에 말하기를 내

---

39) 컬페러, 앞의 책, 265
40) 위의 책, 264-288

> 뒤에 오는 사람이 있는데 나보다 앞선 것은 그가 나보다 먼저 계심이라 한 것이 이 사람을 가리킴이라 나도 그를 알지 못하였으나 내가 와서 물로 세례를 베푸는 것은 그를 이스라엘에 나타내려 함이라 하니라 요한이 또 증언하여 이르되 내가 보매 성령이 비둘기 같이 하늘로부터 내려와서 그의 위에 머물렀더라 나도 그를 알지 못하였으나 나를 보내어 물로 세례를 베풀라 하신 그이가 나에게 말씀하시되 성령이 내려서 누구 위에든지 머무는 것을 보거든 그가 곧 성령으로 세례를 베푸는 이인 줄 알라 하셨기에 내가 보고 그가 하나님의 아들이심을 증언하였노라 하니라(1:29-34)

세례 요한은 이 장면에서 예수의 정체성을 분명하게 밝히고 있다. "보라 세상 죄를 지고가는 하나님의 어린 양이로다"(1:29); "... 성령이 내려서 누구 위에든지 머무는 것을 보거든 그가 곧 성령으로 세례를 베푸는 이인 줄 알라 하셨기에 내가 보고 그가 하나님의 아들이심을 증언하였노라 하니라"(1:33-34) '세상 죄를 지고가는 하나님의 어린 양'은 구약시대 대 속죄일에 이스라엘 백성들의 죄를 지고 광야로 보내진 염소인 아사셀(Azazel)의 원형이다. 이 아사셀은 이스라엘 백성들의 죄를 지고 갔지만 어린 양은 세상 죄를 지고 갔다. 그래서 그는 후에, 요한계시록 5장에서 보여지듯이, 세상을 심판하게 되는 권세를 받게 된다.(계5:6-7)

흥미로운 사실은 세례 요한이 세례를 베푸는 목적은 공관복음에서 보듯이 죄사함을 위한 것이 아니라 오직 한가지 목적, 곧 예수님을 하나님의 아들로서 세상에 드러내기 위함이다. 이것을 보면 저자 요한은 세례의식 자체를 부차적인 것으로 간주한다는 것을 알 수 있다. 여기서 우리는 요한복음의 반-성례전적 특징을 읽을 수 있다. 참고로 마가복음의 세례장면을 보자.

> 그때에 예수께서 갈릴리 나사렛으로 부터 와서 요단강에서 요한에게 세례를 받으시고 곧 물에서 올라오실새 하늘이 갈라짐과 성령이 비둘기 같이 자기에게 내려오심을 보시더니(막1:9-10)

요한은 그 후 예수께서 세례요한보다 제자삼고 세례 베푸시는 것이 더 많다고 하는 보도에서 이것을 분명하게 언급하고 있다: "(예수께서 친히 세례를 베푸신 것이 아니요 제자들이 베푼것이라)"(4:2) 세례의식에 대한 요한의 이런 관점은 사도 바울에게서도 발견된다: "그리스도께서 나를 보내심은 세례를 베풀게 하려 하심이 아니요 오직 복음을 전하게 하려 하심이로되..."(고전1:17)

성령이 예수님 위에 머문다는 것은 하나님께서 예수께 "성령을 한량없이 주심"이다.(3:34) 성령이 예수님위에 머문다는 것은 말씀과 성령의 긴밀한 관계를 말해준다. 왜냐하면 예수님은 말씀이 육신이 된 분이기 때문이다. 예수님은 온전히 영감된 말씀을 하신다. 이런 맥락에서 예수의 이 말씀을 이해할 수 있다: "... 내가 너희에게 이른 말은 영이요 생명이라"(6:63) 영감도 부분적이거나 한시적인 영감이 있다. 구약시대의 선지자들이나 우리들에게 임하는 영감은 부분적이고 한시적이다. 이에 비해 주님의 영감은 온전하고 항구적이다. 그래서 예수님은 완전한 계시자이다. 이것을 히브리서 기자가 잘 표현하고 있다: "옛적에 선지자들을 통하여 여러 부분과 여러 모양으로 우리 조상들에게 말씀하신 하나님이 이 모든 날 마지막에는 아들을 통하여 우리에게 말씀하셨으니 이 아들을 만유의 상속자로 세우시고 또 그로 말미암아 모든 세계를 지으셨느니라"(히1:1-2)

연극으로 보자면 찬양이 울려 퍼지면서 무대가 열리고, 이어 등장하는 인물이 세례 요한과 제사장들과 레위인, 그리고 예수님과 그의 제자들이다. 2장에 들어가면 예수께서 처음에는 자신의 때가 아니라고 주저하시기는 했지만 가나 혼인잔치에서 처음 표적을 행하시는 것과 성전 청결 사건이 나타난다. 해설자가 전체 요한복음을 해설하고, 등장인물들이 나타나고 주님의 사역이 시작되는 내러티브의 흐름에서 1-2장의 내용을 읽으면 될 것이다.

예수께서 요한의 두 제자를 시작으로 하여 사역준비를 위한 제자들을 부르신다. 세례요한의 두 제자 중 하나인 안드레가 그의 형제 시몬 베드로를 불러온다. 예수께서 빌립을 부르시고, 이 빌립은 나다나엘을 불러온다. 예수의 첫 제자가 세례요한의 두 제자라는 사실은 세례요한의 증언사역과 예수의 사역이 연결되어 있음을 보여준다.

예수께서 제자들을 부르시는 장면을 보면 다소 의아스러운 느낌이 드는 부분이 있다. 예수께서는 수제자인 베드로에게는 한 말씀만 하시고 대화가 없으시다. 그런데 빌립이 데려온 나다나엘은 "나사렛에서 무슨 선한 것이 날 수 있느냐"고 하는데도 예수께서는 그를 가리켜 "보라, 이는 참으로 이스라엘 사람이라, 그 속에 간사한 것이 없도도다"하시고 칭찬하신다.

나다나엘은 다른 어느 제자들보다 먼저 "당신은 하나님의 아들이시요 당신은 이스라엘의 임금"이라는 신앙고백을 한다. 그의 이런 고백이 나온 것은 예수께서 그에게 "네가 무화과 나무 아래 있음을 보았노라"고 말씀하셨기 때문이다. 무화과 나무 아래 있다는 것은 무슨 뜻인가? 당시 랍비나 서기관들은 무화과 나무 아래에서 율법을 가르치거나 연구했고 경건한 사람들은 그 나무 아래에서 율법을 묵상하고 기도하였다. 이렇게 보면, 예수께서 나다나엘을 칭찬하고 제자 삼으신 것은 나다나엘이 말씀을 늘 묵상하며 기도하는 사람이라는 것을 아셨기 때문이었다. 이 이야기를 통해서 저자 요한은 말씀 묵상과 기도를 은근히 강조하고 있다.

1장에서는 무대 세트가 세워지고 등장인물들이 나타난다면 2장에서는 본격적으로 공연이 시작된다. 이 첫 번째 공연을 관람해보자.

> 사흘째 되던 날 갈릴리 가나에 혼례가 있어 예수의 어머니도 거기 계시고 예수와 그 제자들도 혼례에 청함을 받았더니 포도주가 떨어진지라 예수의 어머니가 예수에게 이르되 저들에게 포도주가 없다 하니 예수께서 이르시되 여자여 나와 무슨 상관이 있나이까 내 때가 아직 이르지 아니하였나이다 그의 어머니가 하인들에게 이르되 너희에게 무슨 말씀을 하시든지 그대로 하라 하니라 거기에 유대인의 정결 예식을 따라 두세 통 드는 돌항아리 여섯이 놓였는지라 예수께서 그들에게 이르시되 항아리에 물을 채우라 하신즉 아귀까지 채우니 이제는 떠서 연회장에게 갖다 주라 하시매 갖다 주었더니 연회장은 물로 된 포도주를 맛보고도 어디서 났는지 알지 못하되 물 떠온 하인들은 알더라 연회장이 신랑을 불러 말하되 사람마다 먼저 좋은 포도주를 내고 취한 후에 낮은 것을 내거늘 그대는 지금까지 좋은 포도주를 두었도다 하니라 예수께서 이 첫 표적을 갈릴리 가나에서 행하여 그의 영광을 나타내시매 제자들이 그를 믿으니라 그 후에 예수께서 그 어머니와 형제들과 제자들과 함께 가버나움으로 내려가셨으나 거기에 여러 날 계시지는 아니하시니라(2:1-12)

제일 막의 첫 무대가 화기애애하고 행복한 혼인잔치로 시작된다는 것이 의미심장하다. 앞서 예수님은 말씀, 생명, 빛이시고 우리 삶에 말씀, 생명, 빛이 있으면 기쁨이 있고 비전이 생긴다고 했다. 감격과 기쁨은 결혼식이라는 비주얼로 표현이 된다. 유대인들은 결혼식을 1주일 내내 한다고 한다. 우리도 시골에서 하면 3-4일 정도 계속된다. 요즈음은 먹을 것이 옛날보다 풍성하고 다양한데 비해 기쁘고 함께 어울리는 정서는 옛날보다 메마른 것 같다. 요즈음 세상의 기쁨이 어디에 있을까? 우리가 조급하고 마음이 거친 것은 건전한 기쁨을 놓치고, 다른 곳에서 기쁨을 찾으려고 하기 때문인 것 같다. 기쁨을 마음껏 표현하고 누리는 때가 혼인잔치이다. 1주일 동안 평소에 잘 먹지 못하는 맛있는 음식을 먹고 포도주를 마시고 헛소리를 해도 기쁘다.

어쨌든, 잔치가 한참 무르익는데 큰 사건이 생긴다. 떡이나 밥이 아니라 기쁨의 상징인 포도주가 떨어졌다. 잔치자리에 포도주가 떨어지면 뜨겁고 흥겹던 잔치 분위기가 썰렁해진다.

포도주는 유대인의 절기에서 기쁨과 감사를 상징한다. 우리가 살아가는 목적이 기쁨이고 생명이다. 그래서 삶 속에 기쁨이 빠지고 감사가 빠지면 포도주가 떨어진 잔치자리 같다. 예수께서 오신 목적은 기쁨과 감사가 떨어진 삶의 자리를 회복시키기 위함이라고 말 할 수 있다. 연회장이 물로 만든 포도주를 맛보고 '어디서 이런 포도주가 났느냐, 잔치가 끝날 때쯤 싼 포도주가 나오는데 어디서 이 고급 포도주를 가져왔냐?'고 묻는다. 이 세상에서 일어나는 일과는 다른 일이 일어난 것이다.

혼인 잔치에서의 이적은 첫 번째 표적으로서 예수의 신성을 드러낸다. 요한복음에서는 표적(sign)이란 용어를 사용하는데 이것은 공관복음의 기적(miracle)을 해석한 것이다. 표적은 기적과는 의미가 다르다. 표적은 무언가를 가리키는 것이다. 혼인잔치에서의 기적을 표적이라고 부른 이유는 이 기적이 예수의 본성을 드러내는 사건이기 때문이다. 공관복음에서 기적이라고 표현한 것을 요한복음에서 표적이라고 한 이유를 알기 위해서는 요한복음 세계를 이해할 필요가 있다. 표적이란 그 자체는 의미가 없고 표시하는 것을 봐야 의미가 있다. 이 기적은 예수의 신성을 표시하는 표적이다. 하나님이 천지를 창조하실 때 말씀만 하니까 그대로 되었다. 예수님이 "항아리에 물을 채워라" 말씀하시고 "이제는 떠서 연회장에게 갖다주라"고 말씀하신다. 그런데 물이 포도주가 되었다. 왕의 신하가 멀리서 아들이 아파 죽어간다고 찾아왔는데 "네 아들이 살아있다" 말씀만 하신다. 그 아들이 나았다. 38년된 병자보고 "네 자리를 들고 걸어가라" 말씀만 하신다. 그는 나았다. 소경에게는 침을 바르고 "실로암 못에 가서 씻어라"고 말씀하셨고, 가장 놀라운 것은 나사로에게 "나사로야 나오라"고 말씀하시니 죽었던 나사로가 살아서 걸어 나왔다. 그리고, 고기를 밤새도록 못 잡았는데 "그물을 배 오른편에 던져라 그리하면 잡으리라"고 말씀하셨는데 그대로 하니 물고기가 153마리나 잡혔다.

기적을 보면 기적 그 자체보다 그 기적을 일으키는 예수님이 어떤 분이신가를 생각해야 한다. 사람들은 오병이어의 기적을 보면서 빵만 생각하기 쉽다. 그래서 예수께서 다소 실망스러운 어조로 이렇게 말씀하셨다: "너희가 나를 찾는 것은 표적을 본 까닭이 아니요 떡을 먹고 배부른 까닭이로다"(요6:26) 그후 예수께서 우리에게 잘 알려진 말씀을 하셨다: "썩을 양식을 위하여 일하지 말고 영생하도록 있는 양식을 위하여 하라"(6:27)

사실, 우리는 배고프면 먹을 것 밖에 생각이 안난다. 음식을 받아 먹고 난 후에는 그 음식을 주신 분이 누구인지를 잊기가 쉽다. 나의 자녀가 잘 되고, 사업이 잘 되는 것도 필요하지만 그보다 더 중요한 것은 그 축복과 형통함을 주신 분이 누구인지를 생각해야 한다. 하나님이 우리에게 선물을 주시면 그 선물만 보지 말고 그 선물을 주신 그 분을 봐야 한다. 선물도 자꾸 받으면 감사하다는 말도 안한다. 더 큰 것을 기대하게 된다. 오늘과 같은 시대에는 우리가 세끼 밥 먹는 것에 대해서 감사하다는 생각이 안 든다. 예수께서 우리에게 주신 선물만 보는 것이 아니라 예수님을 봐야 한다. 예수님이 말씀이시니 말씀을 찾으라는 것이다. 그 말씀 안에 진리와 생명과 빛이 있기 때문이다. 축복과 선물에 대한 감사라는 것은 한계가 있다. 우리가 아플 때는 건강을 위해 기도하지만 건강하면 감사를 잊게 된다.

요한복음이 공관복음과 다른 점은 선물이나 기적보다는 말씀이신 주님을 기억하라는 메시지를 강조한다. 그 말씀 안에서 참빛을 찾고 생명을 찾아라. 요한복음에서 말하는 빛이나 기쁨은 발광체를 통한 빛이 아니라 말씀 안에 있다.

빛-혼인잔치로 이어진 흐름에 이어 그 다음 장면은 성전을 청결하게 하신 사건이다. 성전에서 예수께서 장사꾼들을 쫓아내고 "내 아버지의 집으로 장사하는 집으로 만들지 말라"고 분노하신 것이다. 이 사건이 기쁨이 충만한 스토리와 어떻게 연결이 될 것인가? 요한이 볼 때에 예수님이 빛으로 오시고, 생명으로 오셨는데 이 빛과 생명의 근원이 되는 처소가 사실은 성전이 되어야 했다.

하나님이 머무시는 그곳이 성전이고 하나님의 영이 함께 하시는 깊은 곳이 지성소이니 성전이 빛과 기쁨의 근원이다. 예수 당시 성전의 모습이 그러하지 못했기 때문에 예수께서 노하시고 성전을 청결케 하신 것이다. 장엄하고 까다로운 의식과 절차, 엄격한 위계 질서와 정죄의 두려움으로 서있는 성전, 이 성전이 기쁨을 가리는 모습은 빛-혼인잔치와는 아주 대조적인 이미지이다. 어둠과 빛의 대조이다. 성전은 당연히 하나님의 빛을 발하고 사람들이 말씀을 받아야 하는 곳인데 이 성전이 하나님의 뜻을 이루지 못하는 타락한 모습을 보이고 있다.

성전의 타락은 성전제도를 책임지고 있었던 대제사장(대사제)의 타락으로부터 연유된다. J. 예레미아스는 대제사장의 영향력이 감소된 원인을 다음과 같이 밝힌다; "친척을 등용시키고 대사제의 결혼 규정들을 위반하고 성전 광장에서 장사를 하며 대사제가 갖추어야 할 박식한 성경 지식도 없는 등"[41] 그러니까 성전에서 장사하는 행위는 성전제도의 타락상의 한 단면에 불과한 것이다. 대제사장의 영향력이 줄어든 데에는 여러 가지 원인이 있었지만 그 중에서 정치 권력자들의 간섭과 개입이 중요한 요인이었다. 전통적으로 대제사장직은 평생직이며 세습직이었는데 정치 권력자들이 이를 무시하고 자기의 뜻대로 대제사장을 선임한 것이었다. 이런 현상은 로마 식민지시대에 심했다. 특히 헤롯 왕의 폭정이 대표적인 경우라고 할 수 있다. 예레미아스의 말을 들어보자. "헤로데가 대사제직의 중요성을 제거하기 위해 대사제를 자의적으로 임명하고 또한 대사제 귀족들이 과거에 가지고 있었던 특권들을 무시하면서 평범한 사제가문 출신의 사제들 가운데 아무나 대사제로 임명하였다는 것은 그야말로 대사제의 권위를 뿌리 채 흔들어 버리는 조치였음이 틀림없다"[42] 전통적으로 솔로

41) J. 예레미아스, 한국신학연구소번역실, 『예수시대의 예루살렘』(한국신학연구소, 1990), 211

42) 위의 책, 200

몬 왕조이후부터 대제사장은 사독 가문이 세습하였다. 예수의 사역 중에서 그가 가장 분노하고 예외적인 감정을 표출한 사건이 성전청결 사건이다.

> 유대인의 유월절이 가까운지라 예수께서 예루살렘으로 올라가셨더니 성전 안에서 소와 양과 비둘기 파는 사람들과 돈 바꾸는 사람들이 앉아 있는 것을 보시고 노끈으로 채찍을 만드사 양이나 소를 다 성전에서 내쫓으시고 돈 바꾸는 사람들의 돈을 쏟으시며 상을 엎으시고 비둘기 파는 사람들에게 이르시되 이것을 여기서 가져가라 내 아버지의 집으로 장사하는 집을 만들지 말라 하시니 제자들이 성경 말씀에 주의 전을 사모하는 열심이 나를 삼키리라 한 것을 기억하더라 (2:13-17)

공관복음서를 보게 되면 예수께서 마지막으로 예루살렘에 올라가셨을 때 이 사건이 있었는데 왜 여기서는 이야기 초반에 나오는가? 이런 일이 초반과 후반 두번 있었던 것인가? 같은 일을 두 번 하셨다기 보다는 요한이 예수의 삶과 사역의 여러 일들을 배치하면서 이 사건을 처음에 배치하고 영적인 의미를 두었기 때문이다. 이렇게 보면 요한복음은 사건의 역사적인 순서보다는 영적인 의미에 더 관심한다고 볼 수 있다.

요한은 대조적으로 혼인잔치의 기쁨과 더럽혀진 성전에서의 분노를 배치하였다. 예수께서 이례적으로 분노하신 것은 성전에서 장사하는 것을 넘어서 성전제도 자체에 대한 것이었다. 성전 청결 사건은 성전 개혁의 의미를 넘어서 보다 더 중요한 진리로 나아간다. 그것은 성령께서 머무시는 예수 자신이 성전이라는 것이다. 이런 배경에서 예수의 다음 말씀을 이해해야 할 것이다.

> 이에 유대인들이 대답하여 예수께 말하기를 네가 이런 일을 행하니 무슨 표적을 우리에게 보이겠느냐 예수께서 대답하여 이르시되 너희가 이 성전을 헐라 내가 사흘 동안에 일으키리라 유대인들이 이르되 이 성전은 사십육 년 동안에 지었거늘 네가 삼 일 동안에 일으키겠느냐 하더라 그러나 예수는 성전된 자기 육체를 가리켜 말씀하신 것이라 죽은 자 가운데서 살아나신 후에야 제자들이 이 말씀하신 것을 기억하고 성경과 예수께서 하신 말씀을 믿었더라(2:18-22)

예수께서 "너희가 이 성전을 헐라. 내가 사흘 동안에 일으키리라" 고 하시니 46년 동안 지었는데 사흘만에 세울 수 있는가 하고, 사람들이 의문을 가졌다. 해설자가 예수께서는 성령께서 머무는 부활하실 몸을 성전으로 보셨음을 설명해준다. 성전의 의미는 하나님의 영이 거하시는 곳이다. 장소가 성전이라는 개념에서 성령께서 거하시는 곳이 성전이라는 개념으로 의미가 바뀌는데 이것은 획기적인 새로운 계시다. 2000년이 지난 지금도 많은 교인들은 교회건물이 성전이라고 믿고 있다. 예수께서 십자가에서 죽으실 때 상징적인 사건이 발생한다: "이에 성소 휘장이 위로부터 아래까지 찢어져 둘이 되고...."(마 27:51) 지성소의 휘장이 찢어진 것은 하나님의 영이 지성소에만 계시지 않겠다는 의미이다. 건물로서의 성전에 하나님의 영이 계신 것이 아니라 영이 우리 개개인에게 임하셨다. 이는 요엘 선지자의 예언이 오순절에 실현된 것이다: "하나님이 말씀하시기를 말세에 내가 내 영을 모든 육체에 부어주리니 너희 자녀들은 예언할 것이요 너희 젊은 이들은 환상을 보고 너희의 늙은 이들은 꿈을 꾸리라"(행2:17) 예수께서 하신 말씀은 건물 성전을 무너뜨리고 진짜 성전을 짓는다는 것이다. 성령께서 함께 하시는 곳이 성전이다. 사도 바울이 이것을 정확하게 표현하고 있다: "너희가 성전인 것과 하나님의 성령이 너희 안에 계시는 것을 알지 못하느냐"(고전3:16) 성전청결 사건은 유대교의 개혁을 넘어서서 새로운 계시의 세계가 열림을 말해준다.

예수께서 유대인들과의 논쟁에서 성전이 자신의 육체임을 가리켜 말씀하셨지만 제자들은 그 당시 그 말씀을 이해하지 못했다. 그런데 예수께서 "죽은 자 가운데서 살아나신 후에야 제자들이 이 말씀하신 것을 기억하고 성경과 예수께서 하신 말씀을 믿었더라"(요2:22) 여기서 요한은 제자들이 주님의 행위와 말씀을 그 당시에는 이해하지 못했음을 분명히 밝히고 있다. 요한은 이 사실을 복음서 전체에서 반복해서 언급하고 있다. 제자들의 이 무지는 진리의 성령이 오심으로 비로소 해결된다. "내가 아직도 너희에게 이를 것이 많으나 지금은 너희가 감당하지 못하리라 그러나 진리의 성령이 오시면 그가 너희를 모든 진리 가운데로 인도하시리니 ..."(16:12-13) 요한은 진리의 성령이 주님의 행위와 말씀을 깨닫게 하시며 기억나게 하신다는 사실을 강조하고 있다.

빛과 생명이 왔을 때 어둠이 떠나는데 빛과 생명으로 오신 예수께서는 그 어둠이 짙게 나타나는 성전을 청소하셨다. 성전은 하나님의 빛을 비춰야 되는 곳이기 때문이다. 계시록에서도 주님께서 세상을 심판하시기 전에 먼저 교회로 오신다. 그는 세상에 대해서 말씀하시기 전에 교회에 꾸중과 칭찬의 말씀을 하신다. 그 이유는 교회가 마땅히 세상에 빛을 비춰야 하기 때문이다. "너희는 세상의 빛이라 산위에 있는 동네가 숨기지 못할 것이요"(마5:14) 이런 의미에서 요한의 영성은 이 시대 주님께서 우리 교회에 요구하는 개혁의 영성이다. 요한은 후에 환상중에서 성전이 더 이상 필요없고 오직 하나님과 어린 양이 성전이 되는 새 예루살렘 성의 놀라운 광경을 보게 된다:

> 성 안에서 내가 성전을 보지 못하였으니 이는 주 하나님 곧 전능하신 이와 및 어린 양이 그 성전이심이라 그 성은 해나 달의 비침이 쓸데 없으니 이는 하나님의 영광이 비치고 어린 양이 그 등불이 되심이라(계21:22-23)

마지막 때에 완전한 성전이 나타날 것이기 때문에 우리는 그 때를 기다리며 산다.

요약하면, 태초에 하나님과 함께 계신 말씀에 대한 찬양이 흘러 나오고 무대가 열리면서 세례 요한, 유대인들, 육신이된 예수와 그의 제자들이 등장한다. 예수께서 혼인잔치에서의 표적을 통하여 기쁨을 회복시키는 반면 대조적으로 빛이 되어야하는데 어둠 속에 있는 성전을 제일 먼저 청결하게 하시는 것이 1-2장의 그림이다.

전체 드라마를 마음 속에 깊이 새겨두면 그 이미지가 머리 속에 오래 기억된다. 구체적인 대사와 말씀은 기억이 안되어도 이미지는 오래 가기 때문에 요한복음의 내러티브를 이미지화 하는 것이 중요하다.

태초의 말씀이 육신이 된 신비, 물로 된 포도주를 맛보고 놀라워하는 혼주, 성전에서 이익을 많이 챙기려고 열심히 장사하는 사람들. 분노하시는 예수님의 이미지를 마음속에 심어두면 때때로 요한복음을 가까이 하고 싶은 마음이 생기게 될 것이다.

성전이 어두워지면 영혼의 갈급함을 느끼는 사람들이 많아진다. 많은 사람들 중에서 니고데모와 사마리아 여인의 이야기를 들어보자. 니고데모는 유대인의 관원으로 늘 성전을 드나들었던 사람이고 사마리아 여인은 성전 가까이 가기도 어려운 사람이었다.

3. 영혼의 갈급함(3-4장)

2장의 성전 청결은, 영적으로 해석하면, 결국 우리 자신들의 삶의 방식을 바꾸라는 회개를 의미한다. 주님은 세상의 논리와 가치관에 근거한 삶의 방식에서 하나님의 말씀에 근거한 삶의 방식으로의 변화를 요구하고 계신다. 그런데 이것이 쉽지 않다. 이것이 쉽지 않지만 사람들이 이것을 찾도록 만드는 것이 영적 갈급함이다. 우리는 하나님의 형상으로 지음을 받았지만 이 형상이 훼손되었기 때문에 이 세상 그 무엇으로도 해결할 수 없는 깊은 고뇌와 외로움에 시달린다.

존 번연은 그의 「천로역정」의 서두에서 이런 사람의 모습을 풍유적으로 잘 묘사하고 있다.

> 세상의 황폐한 광야지대를 두루 다니다가 어떤 곳에 이르니 거기에는 굴이 있었다. 나는 그 굴 안에 들어가 잠을 자다가 꿈을 꾸었다. 꿈 속에서 나는 한 남자를 보았는데, 그는 남루한 옷을 걸치고 집에서 떨어진 어떤 장소에 서 있었다. 무거운 짐을 지고 손에는 책 한 권을 들고 있던 그는 이윽고 책을 펴서 읽기 시작했는데, 읽어 내려가면서 그는 몸을 떨며 울고 있었다. 그러더니 마침내 더 이상 참을 수 없다는 듯이 슬픈 목소리로 "어찌할꼬?"라고 울부짖었다.(행

2:37)[43]

광야같은 이 세상을 두루 살다보면 세상의 삶과 문화는 끊임없이 욕구를 자극시킨다. 일부의 사람들은 그 욕구를 육신적으로나 정신적으로 충족시킨듯 하지만, 무엇인가 그 갈급함을 온전히 채울 수 없음을 느낀다. 많은 사람들은 충족시킬 수 없는 욕구를 끊임없이 자극하면서 힘들게 세상을 살아간다. 시편에 이런 구절이 있다: "하나님이여 사슴이 시냇물을 찾기에 갈급함 같이 내 영혼이 주를 찾기에 갈급하니이다"(시42:1). 3장과 4장의 주제는 영혼의 갈급함과 관련이 있다.

1세기의 복음은 글을 못 읽는 사람에게 글을 읽을 줄 아는 사람이 들려주는 형식으로 작성이 됐기 때문에 듣고 바로 외울 수 있도록 구성되었다. 어떻게 하면 청자들이 듣고 쉽게 기억을 하게 할 수 있을까? 저자는 청자의 기억력을 높이기 위해 일정한 문학적 기법을 사용하고 있다.

1장-2장에서는 대조 기법이 사용되었다. 주님의 표적으로 화기애애한 혼인 잔치와 주님이 분노로 성전을 청결케하신 장면의 대조이다. 3장-4장에서도 대조 기법이 사용된다. 3장에 나오는 니고데모와 4장에 나오는 사마리아 여인의 대조이다.

모든 사람은 하나님의 형상으로 지음받았기 때문에 지위와 신분에 관계없이 영적인 갈급함을 가지고 있다. 3장과 4장에 등장하는 니고

43) 존 번연, 유성덕 역, 『천로역정』(크리스챤다이제스트, 2012), 39

데모와 사마리아 여인의 경우 이를 잘 말해주고 있다, 니고데모는 율법에 충실한 바리새인이며 관원으로 소개되고 있다. 유대인 관원이라는 지위는 유대교 산헤드린의 회원, 즉 공회원이다. 산헤드린은 의장이 대제사장이고, 회원이 70-72명으로 구성이 되어 있는 이스라엘 최고 통치 기관이다. 그 회원이라면 종교적 경건과 율법 지식이 있고, 지체가 높고, 재산도 갖고 있을 것이다. 그는, 말하자면, 세상에서 성공한 사람이다.

사마리안 여인은 그런 부분이 전혀 없다. 사마리아 여인은 이름조차 나오지 않는다. 그녀는 그저 사마리아 여인으로 불려왔다. 사마리아 여인이 어디 한 두 사람이었을까? 한 사람은 지체가 높고, 한 사람은 이름도 없다. 니고데모는 예수님과 동족인 유대인이고 사마리아 여인은 유대인들이 천시, 경멸하는 사람이다. 한 때는 북 이스라엘의 유대인이었지만 B.C, 722년의 앗시리아의 침공을 받고 앗시리아의 잔인한 식민지 정책으로 점령지 백성들이 강제 결혼을 통하여 혈통이 섞여 버렸다. 강제 결혼 때문에 혈통이 섞여 버리니까 혈통을 중시하는 유대인들은 사마리아인들을 천하게 보았다. 사마리아인들은 유대인들과 같이 하나님을 섬기려고 사마리아 5경을 갖고 자기들 나름대로 하나님을 섬기기 위해서 그리심산에 성전을 두고 있었다.

또 성별에서 남자와 여자로 대조가 된다. 한 사람은 존경을 받는 가부장이고, 다른 한 사람은 결혼을 다섯 번 하여 윤리적, 사회적으로 멸시당하는 여인이었다. 이 여인의 경우에 보통의 사마리아 사람들과도 어울리기 힘들었다.

이런 면에서 대조적인 점들이 있기도 하지만 두 사람은 예수님과 일대 일로 만난다는 공통점도 있다. 아무도 없는 곳에서 예수님을 독

대한다! 등장인물들이 예수님과 단독으로 만나서 대화가 이루어지는 부분이 많다는 것은 요한복음의 특징이기도 하다. 어떻게 보면 상담 장면 같기도 하고, 상담이라기보다도 영성지도, 영성 인도의 현장으로 볼 수도 있다. 이 인물들은 주님을 단독으로 만나 상당히 긴 이야기를 주고받고 있다. 일대 일로 하는 영성지도, 멘토링의 특징은 두 사람이 깊이 이야기할 수 있다는 점이다.

그런데 이 대화는 시간이 지남에 따라 주님의 독백으로 발전한다. 이렇게 될 때, 대화장면에서의 등장인물, 사건, 배경은 뒤로 사라지고 예수 자신만이 남는다. 묵상형식의 이 독백에서는 심지어 예수 자신도 사라지는 듯한 느낌을 받는다. 이는 말씀이 육신이 되었다가 그 말씀이 다시 육신을 벗어나 하나님 곁에 계신 말씀으로 존재하는 것 같다. 3:16-21까지의 담론에서 예수 자신의 고유한 칭호인 '인자'에서 칭호가 '독생자'와 '그 아들'(His Son)으로 바뀐다. 인자는 예수 자신이 자신을 칭할 때 사용한 칭호나 독생자와 그 아들은 다른 사람들이 주님을 부를 때 사용하는 칭호들이다.

두 번째 공통점은 둘 다 다른 사람을 피하였다는 것이다. 니고데모는 다른 사람이 이 만남에 대해 아는 것을 꺼렸다. 사마리아 여인은 예수님을 만나려고 찾아온 것은 아니지만 어쨌든 두 사람 모두 사람을 피했다는 것은 동일하다. 니고데모는 밤에 찾아왔다. 지체 높은 분이 낮에 사람들 눈이 있는데서 예수님을 만나는 것이 상당히 부담스러웠기 때문이다. 사마리아 여인도, 제6시로 나와 있는데, 유대 방식으로 보는 시간에서는 정오 12시에 주님을 만난다. 한낮, 더워서 아무도 안 올 때 다른 여자들을 피해서 물을 길러 왔다. 다른 사람에게 알리기 어려운 문제가 있어서 누군가와 의논을 해야 한다면 우리는 어떻게 행동을 하게 될까? 남들이 보지 못할 시간, 비밀리에, 밤에 만남을 계획하게 된다.

세 번째 공통점은 두 사람다 영적인 갈급함을 가지고 있다는 것이다. 이 여인의 경우는 문제를 가지고 예수님을 찾아온 것은 아니었으나 대화를 통해 볼 때 어려운 삶을 살아왔음이 틀림없다. 사람들은 비꼬아서 다섯번 결혼했으니 능력있는 여자라고 말하기도 한다. 니고데모의 경우에도 그런 지위나 사회적 배경을 가지고 있고 학식이 있었으면 아무런 문제가 없을 것 같지만, 밤에 몰래 찾아올 때는 뭔가 해결되지 않는 문제가 있기 때문이다. 니고데모는 구원에 대한 궁금증이 있었다. 그는 많은 것을 가지고 있음에도 뭔가가 부족한 것을 느꼈다. 사마리아 여인의 경우도 지금 여섯번째 남자와 살고 있으면서도 '그리스도가 오시면 우리에게 모든 것을 말씀 하실 것이다'라고 한 것을 보면 이 세상 속에서 충족되지 않은 뭔가에 대한 갈증을 가지고 있었던 사람이다. 윤리적으로 낮은 삶의 양식을 취할 수 밖에 없는 비천한 사마리아 여인이나, 니고데모처럼 사회적으로 존경을 받는 사람들 모두 이 세상의 것으로 채울 수 없는 뭔가에 갈증이 있다는 사실이다. 그래서 3-4장에서는 '영혼의 갈급함, 삶에 있어서 충족되지 못하는 공허와 무의미'가 이 두 사람의 공통점으로 모아진다.

니고데모처럼 배움이 있는 사람이나 사마리아 여인처럼 그렇지 못한 사람이나 하나님에 대한 갈망과 하나님 지식은 큰 차이가 없다. S. 찬(Chan)은 이런 점에서 옳은 견해를 제시한 셈이다: "교육을 많이 받은 사람이 교육을 덜 받은 사람보다 신학적 지식을 더 가지고 있다고 말할 수 없기 때문에 그 가정은 또한 원리상 거짓이다. 전자가 더 가지고 있는 것은 명시적인 신학적 지식이고, 반면에 후자는 신학적 지식을 암시적으로 가지고 있는데, 이것은 교육을 더 받은 사람이 소유하고 있는 것과 잠재적으로 비슷하다. '우리가 말할 수 있는 것보다 우리가 더 안다면' 교육받지 못한 성도도 그/그녀가 말할 수 있는 것보다 훨씬 더 많이 알고 있다"[44)]

그래서 사도 바울의 말처럼 "하나님께서 세상의 미련한 것들을 택하사 지혜있는 자들을 부끄럽게 한다"고 말할 수 있다.(고전1:27)

사람들은 영적인 갈급함을 이 세상적인 것으로 채울려고 하지만 온전하게 충적시킬 수 없다. 지위를 얻고, 학식, 명예를 얻으면 충족이 될 것 같은데 그럼에도 채워지지 않는 빈 것이 있다. 그것이 니고데모가 밤에 찾아 왔던 이유이다. 당신이 하나님으로부터 오신 선생님이라며 니고데모가 말을 꺼내자마자 예수께서는 긴 이야기를 안 하시고 "사람이 거듭 나지 아니하면 하나님 나라를 볼 수 없느니라"(3;3)고 말씀하신다.

예수께서 니고데모와 대화하는 장면을 살펴보자.

> 그런데 바리새인 중에 니고데모라 하는 사람이 있으니 유대인의 지도자라 그가 밤에 예수께 와서 이르되 랍비여 우리가 당신은 하나님께로부터 오신 선생인 줄 아나이다 하나님이 함께 하시지 아니하시면 당신이 행하시는 이 표적을 아무도 할 수 없음이니이다 예수께서 대답하여 이르시되 진실로 진실로 네게 이르노니 사람이 거듭 나지 아니하면 하나님의 나라를 볼 수 없느니라 니고데모가 이르되 사람이 늙으면 어떻게 날 수 있사옵나이까 두 번째 모태에 들어갔다가 날 수 있사옵나이까 예수께서 대답하시되 진실로 진실로 네게

---

44) 찬, 『영성신학』, 235-236

이르노니 사람이 물과 성령으로 나지 아니하면 하나님의 나라에 들어갈 수 없느니라

육으로 난 것은 육이요 영으로 난 것은 영이니 내가 네게 거듭나야 하겠다 하는 말을 놀랍게 여기지 말라 바람이 임의로 불매 네가 그 소리는 들어도 어디서 와서 어디로 가는지 알지 못하나니 성령으로 난 사람도 다 그러하니라 니고데모가 대답하여 이르되 어찌 그러한 일이 있을 수 있나이까 예수께서 그에게 대답하여 이르시되 너는 이스라엘의 선생으로서 이러한 것들을 알지 못하느냐 진실로 진실로 네게 이르노니 우리는 아는 것을 말하고 본 것을 증언하노라 그러나 너희가 우리의 증언을 받지 아니하는도다 내가 땅의 일을 말하여도 너희가 믿지 아니하거든 하물며 하늘의 일을 말하면 어떻게 믿겠느냐 하늘에서 내려온 자 곧 인자 외에는 하늘에 올라간 자가 없느니라 모세가 광야에서 뱀을 든 것 같이 인자도 들려야 하리니 이는 그를 믿는 자마다 영생을 얻게 하려 하심이니라(3:1-15)

거듭 난다(born again)는 것이 무엇일까? 태어나는 과정에서 산모가 죽음을 맛보는 고통을 겪어야 한 생명이 태어난다. 그런데 예수께서는 그런 태어남을 한 번 더 경험하는 거듭남이 있어야 하나님 나라를 볼 수 있다고 하셨다. 거듭남이 무엇인가? 다시 모태에 들어갔다 나와야 되는가? 절대 우스운 이야기가 아니다. 거듭남은 쉬운 용어가 아니다. 많은 사람들은 지금도 거듭남이 무슨 말인지 모른다. 예수께서는 물과 성령으로 거듭나야 하나님 나라에 들어갈 수 있다고 말씀하셨다. 이 말씀은 세례요한의 증언과 연결된다. 세례요한은 물로 세례를 베푸나 예수께서는 성령으로 세례를 베푸신다.(1:33)

물과 성령으로 거듭나는 것이 무엇을 의미하는 것인가? 신학적으

로 언급할 때 중생이나 회심이라는 용어를 많이 사용한다. 최근 영성 분야에서는 종교 체험, 확신 체험, 하나님 체험, 영성 체험 등의 용어를 쓴다. V. J. 부어크(Bourke)에 의하면, 어거스틴은 회심을 이렇게 정의했다: "선택된 목표를 향해서 영혼의 관심이 자발적으로 전향(Versio)하는 것이다. 종교적인 회심은 하나님께 전향하는 의지다. 사람의 의지는 하나님과 신성한 것으로부터 돌아 설 수 있다. 이것이 곧 일종의 전도(Perversio)요, 하나님 뜻의 곡해요, 모든 죄의 정수다"[45)]

거듭남이란 일상적으로 하기 어려운 체험이다. 중생이나 회심 체험을 쉽게 설명할 수 있는 방법은 이런 체험을 한 사람들의 이야기를 들어보는 것이다. 이 체험에 대한 오해도 많기 때문에 정말 회심을 하였는지 아닌지 구별하는 것도 쉽지 않다. 이 체험 자체가 진실하고 참된 체험임을 알 수 있는 것은 긴 시간 뒤에 그 사람의 인생을 되돌아 봤을 때이다. 우리가 참된 중생이나 회심 체험을 이야기 할 때 역사적인 인물들의 이야기를 많이 하는 이유는 그 인물들이 끝까지 하나님 말씀 안에서 살아간 것을 볼 수 있기 때문이다.

회심이란 삶이 자기를 향하고 있다가, 그리고 세상을 향하고 있다가 하나님께로 방향을 바꾸는 것이다. 회심 당시의 현상만 봐서는 진정한 회심인지 아닌지를 구분하기 어렵다. 회심을 했는데 다른 방향으로 갈 수도 있다. 복음을 듣고 회심했다가 이단으로 빠져버린 사람들도 많이 있다.

진정한 영적 체험은 삶의 변화가 뒤따라야 한다. 그런데 삶의 변화

---

45) V. J. Bourke, *The Essential Augustine*(Indianapolis: Hackett, 1978), 259

에 대한 증거나 기준을 정하기는 어렵다. 요한의 기준은 요한복음의 기록목적, 성령의 도우심으로 예수 그리스도의 말씀을 기억하며 특히 유일한 계명인 "서로 사랑하라"를 지키는 것이다. 바울의 기준으로 말하면, "예수를 주님이라" 고백하고(고전12:3), 하나님을 예배하고 성령의 은사를 활용하여 성령의 열매가 있는 삶이 변화된 삶의 기준이 될 수 있다: "사랑, 희락, 화평, 오래참음, 자비, 양선, 충성, 온유, 절제"(갈5:22-23). 그것에 덧붙여서, 믿음의 경륜을 거치면서 신의 성품에 참여하는 지를 살펴야 한다: "... 너희 믿음에 덕을, 덕에 지식을, 지식에 절제를, 절제에 인내를, 인내에 경건을, 경건에 형제 우애를, 형제 우애에 사랑을 더하라"(벧후1:5-7)

공동체의 차원에서는 구체적인 교회 공동체에서 교회의 직임을 맡아 교회를 이끌고 나가는 사람들의 신앙적 자질들에서 나타난다: "... 감독은 책망할 것이 없으며 한 아내의 남편이 되며 절제하며 신중하며 단정하며 나그네를 대접하며 가르치기를 잘하며 술을 즐기지 아니하며 구타하지 아니하며 오직 관용하며 다투지 아니하며 돈을 사랑하지 아니하며 자기 집을 잘 다스려 자녀들로 모든 공손함으로 복종하게 하는 자라야 할지니... 외인에게서도 선한 증거를 얻은 자라야 할지니... 집사들도 정중하고 일구이언을 하지 아니하고 술에 인박히지 아니하고 더러운 이를 탐하지 아니하고 깨끗한 양심에 믿음의 비밀을 가진 자..."(딤전3:2-9)

모든 교인들이 교회의 직임을 가질 수는 없겠지만 교회의 대표직임인 감독과 집사의 직임을 맡을 사람들을 선별하는 기준은 교인들의 공동체 영성의 모범이자 목표라 할 수 있다. 바울은 "사람이 감독의 직분을 얻으려함은 선한 일을 사모하는 것이라"(딤전3:1)이라고 적고 있다.

일반적으로 회심을 이야기 할 때 급진적 회심과 점진적 회심, 참된 회심과 거짓된 회심을 말한다. 감동적인 중생체험은 급진적인 회심일 경우가 많다. 루터의 회심, 어거스틴의 회심, 감리교의 존 웨슬리의 회심과 같은 이야기를 들어보면 그 기간이 대체로 짧다. 그러나 회심은 항상 급진적이기만 한 것은 아니고 점진적인 회심도 많이 있다. 3-4장의 이야기를 보면, 니고데모는 세월을 두고 점진적으로 회심한 듯 하고 사마리아 여인은 비교적 빨리 회심을 한 것이다.

급진적인 회심스토리는 기억에 남고, 많이 회자되지만 역사를 보면 점진적으로 변화되어 위대한 신앙인이 되는 경우가 많이 있다. 지금의 구원파같은 이단은 단도직입적으로 "당신은 언제 거듭났습니까?" 라고 묻는다. 육신으로 태어난 날자는 알지만 영적으로 언제 태어났는지 확실하게 모르는 사람이 더 많다. 그렇다고 해서 아직 구원받지 못한 것인가 걱정할 필요는 없다. 한번의 급진적 회심 경험보다는 일상적인 생활속에서 주님과 동행하는 삶이 더 중요하다. R. V. 피스(Peace)가 이것을 분명히 밝힌다.

> 회심을 일회적 사건이 아닌 '과정'으로 본다면 교회에 엄청난 유익이 있으리라 본다. 영성에 관심을 보이고 기독교에 호감을 가진 수많은 사람들이 있는 바로 이 시대에, 성령님께서 일으킨 이 갈망을 잘 키워 하나님을 알고자 하는 사람들의 필요에 부응하는 것이 우리의 의무다. 사도 바울과 똑같은 경험을 하지 않으면 안 된다고 고집하는 한 우리는 이들을 도울 수 없다. 물론 갑작스런 회심은 계속 일어난다. 그러나 언제나 그랬듯이 이것은 예외적인 상황이다.[46]

---

46) 리처드 V. 피스. 김태곤 역. 『신약이 말하는 회심』(좋은씨앗, 2011), 18.

남편은 불신가정에 태어나 고등학교 때 회심하여 열심히 신앙생활을 하고 아내는 신앙가정에서 태어나 늘 하던대로 무난하게 신앙생활을 하는 부부가 있었다. 겉으로 보면 중간에 회심하고 신앙을 가진 남편이 더 열정적으로 신앙생활을 하는 것으로 보였다. 그러다 남편이 하던 사업이 망해서 부도가 나는 위기에 봉착하였는데 남편은 죽을 것 같이 괴로웠는데 아내는 태연하였다. 하나님이 우리의 삶을 인도해주시는데 뭐가 걱정이 되느냐는 것이다.

다른 사람의 겉모습을 보고 판단할 수 없는 것이 믿음이다. 점진적인 믿음은 신앙이 한 번 시작되면 하나님을 믿고, 사랑하고, 순종하며 살아가는 삶 속에서 하나님이 인도해 주신다는 것을 강조한다. 신학적으로 말하면 신앙의 여정이다. 이 신앙의 여정은 로마서 8장 29-30절에 나타난다. 하나님을 사랑하고 순종해 나가면 급진적이고 위기적인 체험이 없더라도 하나님의 말씀에 순종하면 하나님이 서서히 우리를 변화시켜 주시고 우리로 하여금 하나님의 형상을 본받게 하신다. 이것을 구원의 여정이라고 한다.

> 하나님이 미리 아신 이들을 또한 그 아들의 형상을 본받게 하기 위하여 미리 정하셨으니 이는 그로 많은 형제중에서 맏아들이 되게 하려 하심이니라 또 미리 정하신 그들을 또한 부르시고 부르신 그들을 또한 의롭다 하시고 의롭다 하신 그들을 또한 영화롭게 하셨느니라(롬8:29-30)

"예지 - 예정 - 소명 - 칭의 - 영화"의 연속적인 단계를 끊어질 수 없는 황금 사슬(Golden Chain)이라고 부른다.

예정론은 논란이 많은 교리라고 할 수 있다. 삶을 회상해 볼 때 하나님이 구원받은 사람들을 처음부터 끝까지 이끌어오셨다는 것을 찬양하기 위해 칼빈의 예정론이 만들어졌다. 예정 전에 예지가 있다. 미리 아시고 정하신다는 것이다. 정하신 사람을 부르고 부른 사람을 의롭다고 하시고 의롭다 한 사람을 영화롭다 하신다. 점진적인 회심은 계속해서 믿음으로 살면 하나님이 위의 단계대로 인도하셨음을 느낄 수 있다. 급진적인 회심도 좋고 점진적인 회심도 좋은 것이다.

중요한 것은 참된 회심이냐, 거짓된 회심이냐를 구별하는 것이다. 참된 회심은 반드시 말씀과 연결된다. 영적인 현상이나 체험은 다른 종교에도 얼마든지 있다. 참된 회심인가 거짓된 회심인가는 궁극적으로 그 사람의 전체적인 일생을 돌아보고 판단을 해야겠지만 확실한 것은 참된 회심은 성령을 통해서 말씀을 받는 경험이다. 이 책에서는 이 사실을 반복해서 강조한다. 우리는 교회 역사상 위대한 인물들이 말씀으로 회심한 사례들을 많이 알고 있다. 그러나 중요한 것은 우리 개개인이 일상의 삶속에서 말씀을 경험하며 사는 것이다. 말씀 경험은 묵상, 암송, Q,T., 성경공부, 통독 등 여러 가지 방법들이 있다. 중요한 것은 예배를 통한 말씀과의 만남이다. 예배의 일반적 순서를 보면 기도함으로 성령님을 초대하고 죄 고백과 죄사함이 있다. 그리고 기도와 찬양을 통해서 주님을 향한 마음이 열린 뒤 하나님의 말씀이 주어진다. 이 말씀은 성령께서 감동 감화시킴으로 깊은 뜻을 깨닫게 하시기 때문에 우리 마음판에 기록해야 할 말씀이다. 말씀은 변하지 않으니까 말씀에 순종하고 말씀 대로 살게 되면 끝까지 믿음으로 살 수 있고 그것은 참된 회심이 될 수 있다.

이 때 이 일을 우리가 홀로 하는 것이 아니다. 감사하게도 성령께서 우리를 도우신다: "또 새 영을 너희 속에 두고 새 마음을 너희에게 주되 너희 육신에서 굳은 마음을 제거하고 부드러운 마음을 줄 것이며 또 내 영을 너희 속에 두어 너희로 내 율례를 행하게 하리니 너희가 내 규례를 지켜 행할지라"(겔36:26-27) 아멘 성령님이여 도와주소서. 우리가 우리 의지대로 하지 말고 성령님의 도우심을 간구하자.

성령의 동행하심이 필요한 것은 긴 신앙의 여정에는 여러 가지 위험과 함정이 있기 때문이다. 존 번연의 「천로역정」을 보면 좁은 문을 거쳐 천국에 이르는 길에 여러 가지 어려운 시련과 유혹이 있음을 알게 된다. P. 투르니에는 많은 사람들에게 종교의 의미는 "(어린아이처럼) '착해지고' 금지조항은 무엇이든지 범하지 않으려고 끊임없이 노력하는 것"을 뜻한다고 말한다. 그에 의하면, "도덕주의는 자기 자신만을 추구하고 자신이 선과 악을 모두 알고 있는 것처럼 행동합니다. 도덕주의는 실수할 만한 모든 상황을 양심의 가책과 자기 억제의 힘을 동원해서 피해보려는 시도입니다. 율법주의 논리의 끝은, 하나님도 그 분의 은혜도 필요하지 않다는 것입니다"[47] 신앙 생활을 오래 하다보면 습관적인 신앙이 되어서 소위 말하는 도덕주의나 율법주의에 빠지기 쉽다. 성령의 도우심 없이 신앙의 규율을 행하고 살면 우리는 자신의 의가 강해지고 신앙의 경륜이나 직분을 자랑하기 쉽다.

그 다음의 문제는, 회심이라고 하면 말씀 보다는 초자연적 영적 현상에 관심이 더 쏠리게 되는 문제이다. 영적 현상 그 자체에 매료되면 반드시 문제가 생긴다. 요한복음에서 보여주는 표적(sign)은 예수 그리스도의 말씀으로 향하고 있다. 우리의 신앙을 기적, 환상, 신비체

47) P. 투르니에, 박명준 역, 『인생의 사계절』(아바서원, 2014), 57-58

험에 기초를 두게 되면 잘못된 길로 나가기 쉽다. 유대인들이 기적을 요구하는데 기적이 일어나도 참된 해석이 없으면 분란이 일어나는 것을 볼 수 있다. 38년 된 병자는 고침을 받고나서도 그 날이 안식일이라며 바리새인들에게 주님을 고발한다. 요한복음에서는 기적이 있으면 그 기적에 대한 설명이 길게 이어진다. 예수 그리스도의 말씀과 기적이 연결이 될 때 그 기적은 의미를 가지게 된다. 기적의 바른 의미를 모르면 참된 신앙을 잃을 수 있다.

니고데모처럼 율법 지식과 부를 가진 사람에게도, 사마리아 여인과 같이 하루하루 살기가 버거운 사람에게도 궁극적으로 해결해야 하는 영적인 문제가 있다. 그것이 중생이나 회심의 문제이다. 회심은 겉으로 보면 급진적이거나 점진적 회심이 있지만 참된 회심은 말씀에 기초를 둬야 한다. J. 로더에 의하면, 보통 영적 체험을 하게 되는 과정은 "위기- 자기 포기 - 종교 체험 - 새로운 삶"의 도식으로 진행된다.[48)]

위기는 외적으로 엄청난 사건이나 사고를 당할 때 일어날 수도 있지만 자신의 내적인 심리상태에서 스스로 위기를 느낄 때도 있다. 삶의 위기때 자기 포기나 자기 부인을 하지 않으면 영적 체험을 하기 어렵다. 예수께서 나를 따라 오려거든 자기를 부인하고 자기 십자가를 지라고 말씀하셨다. 죽음을 만나든, 위기 체험을 하든 자기 자신을 비우고 포기하면서 말씀을 전적으로 의지하는 그 순간이 영적 체험을 할 수 있는 순간이다. 궁극적으로 자신이 하나님 앞에서 개인적인 결단을 해야 한다.

그런데 중요한 것은 자기 포기를 할 때 성경의 말씀을 갖고 해야

---

48) J. E. 로더, 김성민 역, 『종교체험과 삶의 변환』(한국신학연구소, 2001), 356

한다. 말씀이 없이 환상을 보고 포기 하면 나중에 잘못된 길로 빠져들게 된다. 그래서 말씀이 중요한 것이다. 자기를 포기하되 예수의 말씀을 통해서 자기를 채울 때 성령께서 역사하신다. 영적 체험이 갈급해서 기도원에 가서 열심히 금식하고 기도하는 열정도 필요하지만 중요한 것은 그러한 갈급함을 성경의 말씀을 통해 채우는 것이다. R. V. 피스는 회심의 과정에서 "하나님에 대한 새로운 깨달음"이 중요하다고 말한다: "기독교의 회심은 하나님에 대한 새로운 깨달음, 하나님을 향한 새로운 돌아섬, 하나님께 반응하는 새로운 삶을 중심으로 펼쳐진다. 하나님의 진리의 빛 가운데서 자신을 보고, 하나님과 맺은 새로운 관계를 받아들이며, 하나님의 백성 공동체 속에서 종으로서 그리고 모든 백성을 향한 증인으로 사는 삶이다".[49] 그런데 이 깨달음은 하나님의 말씀을 통해서 온다.

자기를 포기하는 결단의 순간에 우리를 붙잡아 주시는 분이 주님이다. 이것이 진정으로 주님을 믿는 것이다. 루터, 웨슬리, 어거스틴이 다 이 체험을 했다. 주님께 자신을 걸었다. 이것이 믿음이다. 이 믿음을 가질 때 우리는 예수안에 나타난 하나님의 사랑을 알 수 있고 영생을 얻을 수 있는 것이다. 이 진리는 우리가 잘 아는 '소 복음' 안에 잘 표현되어 있다.

> 하나님이 세상을 이처럼 사랑하사 독생자를 주셨으니 이는 그를 믿는 자마다 멸망하지 않고 영생을 얻게 하려 하심이라 하나님이 그 아들을 세상에 보내신 것은 세상을 심판하려 하심이 아니요 그로 말미암아 세상이 구원을 받게 하려 하심이라 그를 믿는 자는 심판

---

49) 피스. 앞의 책. 133

을 받지 아니하는 것이요 믿지 아니하는 자는 하나님의 독생자의 이름을 믿지 아니하므로 벌써 심판을 받은 것이니라 그 정죄는 이것이니 곧 빛이 세상에 왔으되 사람들이 자기 행위가 악하므로 빛보다 어둠을 더 사랑한 것이니라 악을 행하는 자마다 빛을 미워하여 빛으로 오지 아니하나니 이는 그 행위가 드러날까 함이요 진리를 따르는 자는 빛으로 오나니 이는 그 행위가 하나님 안에서 행한 것임을 나타내려 함이라 하시니라(3:16-21)

이 단락에는 요한 문헌의 중요한 주제들, 곧, 하나님의 사랑, 믿음, 영생이란 주제가 다 포함되어 있다. 여기서 우리는 하나님 사랑의 특성을 알 수 있다. 하나님은 자신을 알지도 못하고 받아 들이지도 않는 죄많은 세상을 사랑하신다는 것이다. 요한은 후에 그의 첫 편지에서 이 사랑을 보다 자세하게 전하고 있다.

사랑하는 자들아 우리가 서로 사랑하자 사랑은 하나님께 속한 것이니 사랑하는 자마다 하나님으로부터 나서 하나님을 알고 사랑하지 아니하는 자는 하나님을 알지 못하나니 이는 하나님은 사랑이심이라 하나님의 사랑이 우리에게 이렇게 나타난 바 되었으니 하나님이 자기의 독생자를 세상에 보내심은 그로 말미암아 우리를 살리려 하심이라 사랑은 여기 있으니 우리가 하나님을 사랑한 것이 아니요 하나님이 우리를 사랑하사 우리 죄를 속하기 위하여 화목제물로 그 아들을 보내셨음이라 사랑하는 자들아 하나님이 이같이 우리를 사랑하셨은즉 우리도 서로 사랑하는 것이 마땅하도다 어느 때나 하나님을 본 사람이 없으되 만일 우리가 서로 사랑하면 하나님이 우리 안에 거하시고 그의 사랑이 우리 안에 온전히 이루어지느니라(요일4:7-12)

하나님이 세상을 사랑하지 않으셨다면 우리가 영생을 얻지 못했을 것이다. 그래서 "서로 사랑하라"는 주님의 새 계명에서 사랑은 이 하나님의 사랑이다. "사랑하는 자들아 하나님이 이같이 우리를 사랑하셨은 즉 우리도 서로 사랑하는 것이 마땅하도다"(요일4:11) 그러면 하나님을 사랑하는 것이 무엇인가? 요한은 이렇게 답한다: "하나님을 사랑하는 것은 이것이니 우리가 그의 계명들을 지키는 것이라 그의 계명들은 무거운 것이 아니로다"(요일5:3)

주님의 계명을 지킬 수 있는 길은 오직 그를 믿는 것 밖에 없다: "예수께서 하나님의 아들이심을 믿는 자가 아니면 세상을 이기는 자가 누구냐"(요일5:5) 요한복음 전체를 둘러보면 믿음이란 단어가 98회로 가장 많이 나온다. 나를 포기하고 독생자를 믿는 것, 예수 그리스도의 말씀을 믿는 것, 그것이 바로 구원을 받게 되는 길이다. 말씀을 의지하고 살아가는 삶의 끝에는 우리의 영화가 있다. 왜냐하면 말씀은 변함이 없기 때문이다.

예수께서는 학식과 지체가 높은 니고데모에게는 거듭남의 심원한 주제로 대화를 시작했다. 그러나 하루하루 힘써 물을 길러야 살 수 있는 이름없는 사마리아 여인에게는 예수께서 마시는 물로서 대화를 시작하신다: "물을 좀 달라" 사람이 마시는 이 물은 다시 목마르기 때문에 매일 어렵게 다시 물을 길러야 한다. 여기서 예수께서는 이 여인의 눈이 번쩍 뜨일 말씀을 하신다: "내가 주는 물을 마시는 자는 영원히 목 마르지 아니하니라"(4:14) 이런 물이 어디 있을까? 이런 물을 달라는 그 여인의 말에 예수께서는 엉뚱한 말씀을 하신다. "네 남편을 데려오라." 이 생수는 삶의 문제와 불가분의 관계에 있다. 그녀에게는 이것이 큰 문제였다. 이 여인에게는 남편 다섯이 있었고 지금 있는 남편도 적법한 남편이 아니니 그녀의 삶을 대략이나마 짐작할 수 있다. 그녀는 자신의 문제를 정확하게 알고 있는 예수에게서 하나님의 임재를 느꼈다: "주여 내가 보니 선지자로소이다." 그래서 그 하나님께 예배하고 싶은 마음이 생겼지만 그녀에게 공적인 예배처소는 접근하기 어려운 것이 현실이었다. 예배하고 싶어도 예배할 수 없는 그녀에게 예수께서는 두 번째 귀에 솔깃한 말씀을 하신다:

> 예수께서 이르시되 여자여 내 말을 믿으라 이 산에서도 말고 예루살렘에서도 말고 너희가 아버지께 예배할 때가 이르리라 너희는 알지 못하는 것을 예배하고 우리는 아는 것을 예배하노니 이는 구원이 유대인에게서 남이라 아버지께 참되게 예배하는 자들은 영과 진리로 예배할 때가 오나니 곧 이 때라 아버지께서는 자기에게 이렇게 예배할 자를 찾으시느니라 하나님은 영이시니 예배하는 자가 영과 진리로 예배할지니라 여자가 이르되 메시야 곧 그리스도라 하는 이가 오실 줄을 내가 아노니 그가 오시면 모든 것을 우리에게 알려 주시리이다 예수께서 이르시되 네게 말하는 내가 그라 하시니라(4:21-26)

비록 그녀는 율법을 범하여 사람들이 경멸하고 배척하여 예배의 처소로 갈 수 없지만 그녀에게도 메시야 오심에 대한 강한 기다림은 있었다: "메시야 곧 그리스도라 하는 이가 오실 줄을 내가 아노니 그가 오시면 모든 것을 우리에게 알려 주시리아다." 하나님을 만나고 싶어나 인간의 종교 제도로 말미암아 하나님께 가까이 갈 수 없는 그녀에게 예수께서 지극히 이례적으로 그녀가 찾고 있는 메시야가 자신임을 밝힌다: "네게 말하고 있는 내가 그니라"

이 이야기의 끝에서 사람들이 멸시하는 한 여인의 회심을 보고 기뻐하시는 주님의 모습이 심히 감동적이다: "내게는 너희가 알지 못하는 먹을 양식이 있느니라"(4:32)

우리의 신앙생활에서 조직, 제도, 교리, 의식과 교권은 필요한 것들이지만 그것들은 쉽게 복음의 본질을 잠식한다. 그래서 그것들은 항시 개혁되어야 한다. 이것이 개혁교회의 정신이다. 제도권 종교의 문제는 외형과 형식은 화려하고 장엄한데 비해서 복음의 진리가 빛을 잃는데 있다. 사마리아 여인처럼 구원이 진정하게 필요한 자들은 배척당하고 소외된다는 것이다. 그래서 많은 사람들은 영적 갈급함을 해소하기 위해서 잘못된 곳을 찾아서 헤메이다가 신앙과 삶을 망친다. 니고데모는 그래도 바른 상대를 찾아 온 셈이다. 그는 후에 주님을 고발하는 바리새인들 앞에서 주님을 변호하고(7:50-51), 예수의 장례를 위해서 몰약과 침향섞은 것을 가지고 왔다.(19:39)

갈급한 심령에게는 오직 주의 영이 함께 할때 만족함이 있다: "나는 목마른 자에게 물을 주며 마른 땅에 시내가 흐르게 하며 나의 영을 네 자손에게, 나의 복을 네 후손에게 부어주리니 그들이 풀가운데서 솟아나기를 시냇가의 버들같이 할 것이라"(사44:3-4)

사마리아 여인의 증언으로 사마리아인들이 예수님을 믿게 된 후 예수께서는 갈릴리로 오셨다. 그는 갈릴리에서 왕의 신하의 죽어가는 아들을 기적적으로 살림으로 두 번째 표적을 행하셨다. 그러나 예수께서는 표적과 기사에 근거한 믿음을 탐탁치 않게 여기신다: "너희는 표적과 기사를 보지 못하면 도무지 믿지 아니하리라"(4:48) 그래도 요한은 왕의 신하와 그 집안이 이 기적을 보고 다 믿었기에 "두 번째 표적"이라고 기록하고 있다. 그러나 요한도 주님의 탐탁치 않은 마음을 알았는지 예수께서 행하신 기적들이 많이 있지만 이후로는 몇 번째 표적이라는 말을 하지 않는다. 이 후에 나오는 38년된 병자 이야기를 들으면 이것을 좀 더 분명하게 알수 있을 것이다. 기적이 있었지만 믿음으로 연결되지 않는다. 즉 기적이 다 주님께 대한 믿음을 가지게 하는 것이 아니다.

4. 왜곡된 말씀과 생명의 말씀(5-6장)

요한복음의 서문에는 태초부터 계신 분이신 말씀이 육신으로 오심을 설명하고, 사역은 화기애애한 분위기의 가나 혼인잔치에서의 사역과 불호령이 떨어지는 성전 청결 사건을 대조하고 있다. 그리고 지체 높은 니고데모와의 만남과 이름도 없는 사마리아 여인과의 만남이 대조되어 있다. 이렇게 요한복음의 메시지는 청자들이 대조법을 통해서 듣고, 바로 기억을 할 수 있도록 구성되어 있다.

주님은 사역을 계속하시면서 인간 문제의 근본적인 원인에 가까이 접근하신다. 그것은 마땅이 생명을 주어야 하는 하나님의 말씀이 어떤 이유 때문인지 사람들에게 짐이 되고 하나님을 멀리 하게 하는 원인이 된다는 것이다. 요한은 38년된 병자의 사건을 통하여 우리에게 그 문제를 알게한다.

> 거기 서른여덟 해 된 병자가 있더라 예수께서 그 누운 것을 보시고 병이 벌써 오래된 줄 아시고 이르시되 네가 낫고자 하느냐 병자가 대답하되 주여 물이 움직일 때에 나를 못에 넣어 주는 사람이 없어

내가 가는 동안에 다른 사람이 먼저 내려가나이다 예수께서 이르시되 일어나 네 자리를 들고 걸어가라 하시니 그 사람이 곧 나아서 자리를 들고 걸어가니라 이 날은 안식일이니 유대인들이 병 나은 사람에게 이르되 안식일인데 네가 자리를 들고 가는 것이 옳지 아니하니라 대답하되 나를 낫게 한 그가 자리를 들고 걸어가라 하더라 하니 그들이 묻되 너에게 자리를 들고 걸어가라 한 사람이 누구냐 하되 고침을 받은 사람은 그가 누구인지 알지 못하니 이는 거기 사람이 많으므로 예수께서 이미 피하셨음이라

그 후에 예수께서 성전에서 그 사람을 만나 이르시되 보라 네가 나았으니 더 심한 것이 생기지 않게 다시는 죄를 범하지 말라 하시니 그 사람이 유대인들에게 가서 자기를 고친 이는 예수라 하니라 그러므로 안식일에 이러한 일을 행하신다 하여 유대인들이 예수를 박해하게 된지라(5:5-16)

38년 동안 투병생활을 한 사람은 어떤 상황에 처해있었을까? 그 옆에 누가 함께 있었겠는가? 그 주위에 아무도 없었을 것이다.

우리는 큰 고통 가운데 있는 사람들 곁에 서면 무력감을 느낀다. 일종의 죄의식도 느낀다. 일그러진 얼굴, 무감각한 표정을 하고 있는 그들과 우리들 사이에는 넘을 수 없는 벽이 있다. 판에 박힌 위로의 말과 충고의 말 외에 그들을 진정으로 도울 수 있는 길이 없을까? 많은 사람들은 성경적 윤리와 가르침에 동조하면서도 고통의 문제에 와서는 분노하고 하나님을 거부한다. 위대한 철학자인 B. 러셀이나 볼테르도 같은 입장이었다. 고통의 문제에 대해 명쾌한 설명을 한 C. S. 루이스(Lewis)는 자기 아내가 암에 걸려 고통당하는 모습을 보면서 자신의 이론이 무너져 가는 것을 느꼈다고 한다. 우리의 믿음은

그것이 우리에게 생사의 문제가 되기 전까지는 그 본질을 잘 모른다. 매일 아침 고통으로 눈을 떠서 고통 가운데서 잠을 이루지 못하는 사람들의 탄식을 그 같은 삶을 경험하지 못한 사람들이 그들과 같이 느끼기는 어려운 일이다.

38년된 병자는 오랜 세월동안 천사를 기다리면서 나음입기를 간구했지만 그의 소망은 전혀 예상치 못한 곳에서 이루어졌다. 그런 그를 예수께서 고쳐주셨다. 그런데 문제는 그를 예수께서 고쳐주신 날이 안식일이었다. 유대인들에게 이것이 왜 문제인지 그 배경을 이해할 필요가 있다.

38년이나 된 병자가 있었는데 그가 나음을 입었다고 하면 우리는 놀랍고 감격하여 하나님을 찬양할 것 같은데 5장의 이야기는 그렇지 않다. 왜 그럴까? 예수께서 그 병자를 고친 날이 안식일이기 때문이다. 안식일에 관한 율법은 출애굽기 20:8-11과 31:12-17에 기록되어 있다.

그 중심 내용은 출애굽기 20장 10절에 이렇게 기록되어 있다; "일곱째 날은 네 하나님 여호와의 안식일인즉 너나 네 아들이나 네 딸이나 네 남종이나 네 여종이나 네 가축이나 네 문안에 머무는 객이라도 아무 일도 하지 말라" 여기서 일을 하지 말라고 했을 때 하지 말아야 할 '일'이란 도대체 무엇인가? 성경에 낱낱이 기록되지 않은 일에 대한 정의를 누가 하는가? 율법사와 제사장과 서기관들이 그 때부터 지금까지 그 일을 해오고 있다.

민수기 15:32-36에 보면 어떤 사람이 안식일에 산에 나무를 하러 갔다가 안식일을 범하여 돌에 맞아 죽는 사건이 있다. 산에 가서 나무를 하는 것은 분명 일이다. 그러나 세상의 모든 것이 그렇게 명확하지 않다. 안식일에 먼 곳으로 여행을 가는 것은 일인가, 아닌가? 안식일에 가기 적당한 거리라는 것은 율법사들이 정한 거리를 말하는 것이다. 예를 들어 0.6 마일, 즉 1km 안에서는 왔다 갔다 해도 된다고 정해주었는데, 만약 1km 안에서 몇 번이나 왔다갔다 하는 것은 괜찮은 것인가? 안식일에 일을 하는 것은 죽임을 당할 정도로 보통 문제가 아닌데, 일에 대해서 하나 하나 다 정할려고 하니 오랜 세월 동안 별별 문제들이 다 나오게 된다. 예를 들어서, 우물가에 가서 이미 길러 놓은 물을 가져 오는 건 일이 아니고 물을 새로 길으면 일이다. 예수의 제자들도 시비가 붙었던 '곡식밭에 들어가는 문제'가 있다. 곡식이 발목까지 키가 자랄 때 밭에 들어가는 것은 일이 아니지만, 무릎까지 올 때 들어가는 것은 일이 될 수 있다. 곡식이 무릎에 닿일 정도로 자라면 열매가 맺힌 상태가 되는데 무릎에 닿아 떨어지는 것을 추수하는 것과 같다고 보기 때문이다. 예수님의 제자들이 안식일에 곡식밭에 들어가서 그 이삭을 비벼서 먹었으니 서기관과 율법학자들이 보기에는 그들이 틀림없이 안식일을 범한 것이다.

병 고치는 것에 대한 안식일 규정도 있었다. 죽을 지경이 아니면 의사에게 안식일에 병을 고치지 말라고 하였다. 종기가 난 곳에 안식일에 약을 발라도 되는가? 이 규정도 복잡하다. 종기가 곪아서 커지는 중이라면 치유가 아니라 방지를 위한 목적이므로 약을 발라도 괜찮다. 종기가 나아가는 중이라면 약을 바르는 행위가 치유행위가 되므로 약을 발라서는 안 된다.

안식일 날 여자들에게는 거울을 보지 말라는 규정도 생겨났다. 화장하는 문제가 아니라 거울을 보다가 흰 머리 난 것을 뽑는 것도 일로 규정되었다. 심지어는 이런 우스운 판례까지 나오는데, 물건을 공중으로 던졌다가 같은 손으로 받으면 일이 되고, 다른 손으로 받으면 일이 아니다. 이외에도 불을 피우는것, 그릇을 옮기는 것, 매듭을 매거나 푸는 것, 글자 2개를 쓰는 것과 지우는 것등 39개의 금지 조항이 있다. 이런 규정들을 모아놓은 것이 제2의 경전이라고 하는 탈무드와 미슈나(24장)이다.

오늘날에도 이스라엘에 가면 안식일을 철저하게 지키는 유대인들을 볼 수 있다. 금요일 해 질 때부터 토요일 해 질 때까지 안식일인데 이 날을 철저하게 지키기 위해 해시계를 가지고 해가 떨어질 때부터 안식일을 지킨다. 이스라엘에는 오늘날에도 안식일이 되면 나라 전체적으로 사이렌이 울린다. 그리고 확성기로 이렇게 방송한다: "안식일입니다! 가게 문 다 닫고 모든 병원문 다 닫고, 안식일 준비에 들어가야 합니다." 예루살렘은 관광객이 많아서 완화가 됐는데도 불구하고 구급차가 안식일에 위급 환자를 이송하면 돌을 던지는 경우도 있다. 보수적인 유대인들이 사는 곳에는 안식일에 차가 아예 못 들어가게 바리케이트를 친다. 안식일 전에 불을 켜 놓아야 하는데 안 켜놓으면 안식일에 안식일하고 상관이 없는 아랍 사람들한테 돈을 주고 불을 키도록 시킨다.

이렇게 해서 안식일 규정이 매우 복잡해졌다. 율법에서 자유케 된 우리들은 이것을 보고 웃을지 모르지만 당시 유대인들에게는 심각한 문제였다.(지금도 정통 유대인들에게는 그러하지만) 서기관과 율법학자들이 무엇이 죄이고, 무엇이 죄가 아닌지 결정하는 역할을 하다보니 유대사회는 이들의 영향력 아래 있었다. 이 중에서도 바리새인들은 이 문제에 대해 누구보다도 열심이 있었던 사람들이었다.

이런 배경에서 안식일에 자리를 들고 걸어가는 사람을 보니 그 사람이 38년 만에 병에서 나음을 얻은 것보다 '안식일'에 자리를 '들고' 걸어가는 것이 먼저 보이고, 병고침에 감사하기 보다 안식일을 어기고 병을 고친 당사자가 누구인지 추궁하게 된다. 이렇게 보면 하나님의 말씀을 어떻게 이해하며 누구에게서 배우느냐 하는 것이 참으로 중요하다. 예수께서는 당시의 유대교 지도자들의 문제를 잘 지적하고 있다: "또 무거운 짐을 묶어 사람의 어깨에 지우되 자기는 이것을 한 손가락으로도 움직이려 하지 아니하며"(마23:4). 그들은 고통받는 사람들에 대한 연민이 없다는 것이다.

그렇다면 예수께서는 왜 하필 안식일에 38년 된 병자를 고치신 것인가? 예수께서 그렇게 하신 이유는 하나님의 말씀인 제 4계명의 본래 의미를 다시 일깨우고자 하심이다. 안식일에 대한 계명은 6일 동안 열심히 수고하고 하루는 온전히 하나님을 기억하고 쉼을 얻으라는 의미에서 주신 것이다: "이는 엿새 동안에 나 여호와가 하늘과 땅과 바다와 그 가운데 모든 것을 만들고 일곱째 날에 쉬었음이라 그러므로 나 여호와가 안식일을 복되게 하여 그 날을 거룩하게 하였느니라."(출 20:11)

안식일에는 평안과 쉼을 누려야 한다. 하루는 하나님을 기억하고 일상에 지친 마음을 회복하는 날이 되어야 한다. 율법은 그 목적을 위해서 주신 것인데 이것이 너무 자잘하게 복잡한 규정으로 나누어져 그 율법을 지키는 것 자체가 고생이 되며 짐이 되는 것이 문제이다. 서기관과 율법학자들이 율법을 지키는 규례를 복잡하게 만들면 만들수록 사람들은 하나님과 더 멀어지는 것이다. 옛날이나 지금이나 신앙 규율과 전통에 메이게 되면 하나님을 사랑하는 마음이 식어진다. 예수께서 이 문제를 정확하게 보셨다: "다만 하나님을 사랑하는 것이 너희 속에 없음을 알았노라"(5:42) 오늘날 교회에서도 주일에 너무 바빠 월요일에 피곤하고 지치는 현실에 대해 돌아볼 필요가 있다.

서기관과 율법학자들의 입장에서는 율법이 어렵고 까다로울수록 자기들의 권위가 더 올라간다. 그들은 하나님의 권위를 가로채고 사람들이 하나님과 소통하는 것을 막고 있는 것이다. 사람들에게 생명을 주어야 하는 율법이 그들에게 짐이 되어 사망에 이르게 하는 것이 된다면 율법은 하나님과 그들 사이를 막는 것이다. 사도 바울은 이 문제를 로마서에서 심도깊게 다루고 있다: "전에 율법을 깨닫지 못했을 때에는 내가 살았더니 계명이 이르매 죄는 살아나고 나는 죽었도다 생명에 이르게 할 그 계명이 내게 대하여 도리어 사망에 이르게 하는 것이 되었도다"(7;9-10)

예수께서 하시는 일은 그들과 정반대의 일이다. 예수께서는 복잡한 율법을 2개의 계명으로 요약했다.

> 첫째는 이것이니 이스라엘아 들으라 주 곧 우리 하나님은 유일한 주시라 네 마음을 다하고 목숨을 다하고 힘을 다하여 주 너의 하나님을 사랑하라 하신 것이요 둘째는 이것이니 네 이웃을 네 자신과 같이 사랑하라 하신 것이라(막 12:29-31)

산상수훈에서는 "무엇이든지 남에게 대접을 받고자 하는대로 너희도 남을 대접하라"는 황금률(golden rule)을 구약 성경의 핵심이라고 하셨다.(마7:12) 요한복음에는 무엇보다도 주님께서 "서로 사랑하라"(13:34)는 새 계명을 주심으로 모든 계명과 규율을 이 계명에 집약시키고 있다. 주님의 교회는 이 계명이 지켜지는 공동체로서 서로 사랑함으로 세상과 구별된다.(13:35) 예수께서는 율법과 계명을 간편하게 만들어서 사람들이 하나님께 가까이 가도록 만들었다. 존 번연은 이 율법과 복음을 비유적으로 잘 설명하고 있다.

이윽고 해석자는 직접 크리스챤의 손을 이끌고 어떤 매우 넓은 객실로 데려갔는데 그곳은 여태껏 한 번도 청소를 하지 않아서 온통 먼지 투성이였다. 해석자는 잠시 동안 그곳을 둘러보더니 하인을 불러 청소를 하라고 시켰다. 그래서 하인이 방을 청소하기 시작했을 때 어찌나 먼지가 많이 일어나는지 크리스챤은 거의 질식할 정도이다. 그러자 해석자는 옆에 서 있던 한 소녀에게, "물을 이리로 가져다가 뿌려 보아라" 하고 일렀다. 그 소녀가 물을 뿌렸을 때 먼지는 가라앉아서 마침내 방은 말끔히 청소되었다.

크리스찬 : "이것은 무엇을 의미합니까?"

해석자 : "이 객실은 복음의 달콤한 은혜로 성화된 일이 한 번도 없는 인간의 마음입니다. 먼지는 인간의 원죄를 의미하며 또 모든 인간을 이렇게 만드는 내면의 부패를 의미합니다. 처음 이 방을 쓸기 시작한 사람은 율법(Law)입니다. 그리고 다음에 물을 뿌려 준 아가씨는 복음(Gospel)입니다.

당신도 잘 보셨다시피 처음에 율법이 방을 쓸기 시작하자 먼지가 일어나 온 방을 채웠기 때문에 방이 깨끗해지기는커녕 더 더러워지고 당신은 거의 질식해 버릴 지경이었지요. 이는 율법이라는 것이 죄를 발견하고 금지시키기는 하지만 아예 죄를 뿌리 뽑지는 못하기 때문에 인간의 마음을 청소하려 들다가는 오히려 영혼의 죄를 소생시키고 힘을 돋우며 더 증가하게 만들 뿐이라는 것을 당신에게 보여 드리기 위한 것입니다.

다음으로 한 소녀가 방에 물을 뿌리고 난 뒤에 청소를 하니까 아주 기분좋게 깨끗해졌습니다. 이것은 거룩한 복음이 인간의 마음에 들어와 영향을 주게 되었을 때 마치 소녀가 마루에 물을 뿌려 모든 먼지를 가라앉힌 것처럼 죄를 물리치고 근절시킴으로써 영혼은 깨끗해지고 그러한 믿음을 통하여 마침내 영광의 주님과 함께 기거할 수 있는 자격을 얻을 수 있음을 당신께 보여 드리기 위한 것입니다.[50)]

그런데 내가 율법을 벗어버리면 내 마음대로 할 수 있는 해방이 오는 것처럼 생각하는 것은 오해다. 사도 바울이 이 문제를 잘 지적하고 있다: "우리가 법 아래 있지 아니하고 은혜 아래 있으니 죄를 지으리요"(롬6:15) 그 대답은 "아니요"이다. 우리는 소위 율법폐기론자가 되어서는 안된다. 율법폐기론은 율법이 무용지물이거나 유해하기 때문에 폐기해야 한다는 주장이다. 그러나 예수께서는 분명히 말씀하셨다; "내가 율법이나 선지자를 폐하러 온줄로 생각하지 말라 폐하려 온 것이 아니요 완전하게 하려 함이라"(마5:17) 율법을 완전하게 한다는 것은 모든 율법을 문자 그대로 지킨다는 의미가 아니고 율법의 본질을 실현한다는 것이다. 율법에 있는 할례를 폐지함으로 유대인들로부터 많은 박해를 당했던 사도 바울은 이것을 이렇게 설명했다; "사랑은 율법의 완성이니라"(롬13:10)

율법은 거룩하고 선한 것이다.(롬 7:12) 우리가 율법의 본질이나 정신을 버리거나 왜곡해서는 안된다. 구약성경의 613가지의 명령 중에 '하라'는 것이 248가지, '하지마라'는 것이 365가지이다. 이 613가지의 명령을 안다고 한들 어떻게 다 지킬 수 있겠는가? 그런데 율법의 명령을 지키지 않으면 형벌이 있다.(Every law has its teeth.) 법은 이빨이 있어서 지키지 않으면 우리를 깨문다. 그것을 어떻게 피할 수 있는가? 예수님 안에 들어가 있을 때 율법의 저주와 형벌로부터 피할

50) 존 번연. 유성덕 역. 『천로역정』(크리스찬다이제스트, 2012), 65-66

수 있다.(롬 8:1,2) 율법을 벗고 율법 밖으로 나가는 것이 아니라 그리스도 안으로 가야 한다. 율법밖으로 나가면 율법이 우리에게 주는 형벌이 있다. 그러나, 예수께서 우리를 대신해서 그 율법의 저주와 형벌을 받으셨기 때문에 우리가 예수님 안으로 들어가면 율법의 형벌에서 자유로울 수 있다.

예수께서는 그 병자를 일부러 안식일에 고쳐서 안식일의 참된 의미를 가르쳐 주려고 하신 것이다. 안식일은 하나님 안에서 쉼과 평안을 회복하는 날이다. 그 평안과 쉼이 없으면 우리가 신앙생활을 이어갈 수 없다. 다른 일들은 내 힘으로 할 수 있지만 하나님을 믿고 순종하는 일은 하나님과의 깊은 교제 속에서 오는 힘으로만 가능하다. 이것이 없이 신앙 생활을 하려고 하면 우리의 신앙은 형식적이고 율법적이 된다. 우리가 안식일을 바로 알고 지키면 누릴 수 있는 이 안식이 하나님께서 우리에게 주신 놀라운 선물이다.

예수께서는 38년 병자를 안식일이 아닌 날에도 고칠 수 있었겠지만, 하나님 안에서 참된 안식을 가지는 것이 신앙 안에서 얼마나 중요한 지 알려주시기 위해 그렇게 하신 것이다. 참된 안식은 복잡한 율법 규정을 지키는데서 오는 것이 아니라 하나님을 만남에서 온다. 어거스틴의 유명한 말이 생각난다: "내가 하나님을 만나기 전에는 참 평안을 몰랐습니다" 우리가 어떻게 하나님을 만날 수 있을까? 하나님은 그 아들에게 자신을 온전히 나타내셨다. 그래서 그 아들을 믿는 것이 하나님을 만나는 길이다.

그러므로 예수께서 그들에게 이르시되 내가 진실로 진실로 너희에게 이르노니 아들이 아버지께서 하시는 일을 보지 않고는 아무 것도 스스로 할 수 없나니 아버지께서 행하시는 그것을 아들도 그와 같이 행하느니라(5:19)

놀라운 사실은 예수께서 안식일을 새롭게 하실 뿐 아니라 하나님의 아들로서 그 보다도 더 큰 일 곧 죽은 자들을 살리시고 세상을 심판하신다는 것이다.

아버지께서 아들을 사랑하사 자기가 행하시는 것을 다 아들에게 보이시고 또 그보다 더 큰 일을 보이사 너희로 놀랍게 여기게 하시리라 아버지께서 죽은 자들을 일으켜 살리심 같이 아들도 자기가 원하는 자들을 살리느니라 아버지께서 아무도 심판하지 아니하시고 심판을 다 아들에게 맡기셨으니(5:20-22)

여기서 주님이 하신 말씀은 성부와 성자의 관계를 밝히는데 중요한 것이다. 아들은 아버지의 권세를 행사할 수 있다는 것이다. 그는 후에 나사로를 살리신다. 그리고 그는 세상을 심판하실 것이다. 요한은 후에 환상중에 이 심판 장면을 상세하게 보게된다.

또 내가 크고 흰 보좌와 그 위에 앉으신 이를 보니 땅과 하늘이 그 앞에서 피하여 간 데 없더라 또 내가 보니 죽은 자들이 큰 자나 작은 자나 그 보좌 앞에 서 있는데 책들이 펴 있고 또 다른 책이 펴졌으니 곧 생명책이라 죽은 자들이 자기 행위를 따라 책들에 기록된 대로 심판을 받으니(계20:11-12)

종말에 관한 성경의 진리는 두가지 측면을 가지고 있다. 그 하나는, 예수의 십자가 죽음과 부활, 그리고 성령 강림을 통해서 종말이 "이미"(already) 이루어졌다고 보는 측면이다. 그래서 요한복음에는 공관복음의 종말담론(마24장, 막13장, 눅21장)이 없다. 두 번째는, 아직 사탄이 온전히 패한 것이 아니므로 온전한 종말은 "아직 이르지 않았다"(not yet)고 보는 측면이다. 요한복음은 전자를 강조하고 있는데 이것을 실현된 종말론(realized eschatology)이라고 한다. 5:24을 보면, 예수께서 이렇게 말씀하신다: "내가 진실로 진실로 너희에게 이르노니 내 말을 듣고 또 나 보내신 이를 믿는 자는 영생을 얻었고 심판에 이르지 아니하나니 사망에서 생명으로 옮겼느니라" 여기서 '사망에서 생명으로 옮길 것이다'가 아니고 이미 "사망에서 생명으로 옮겼느니라"이다. 이에 비해, 요한계시록은 미래적 측면을 강조하는데 이것을 철저(미래) 종말론(future eschatology)라고 한다.

38년된 병자의 이야기를 들으면 한편으로 우리 교회 현실이 연상된다. 우리 교회에도 질병의 치유를 받고 기적 체험을 했지만 주님을 만나지 못하고 신앙을 잃어버리는 교인들이 있기 때문이다. 기적이나 은사체험은 추상적이고 지식에 머무는 신앙을 보다 구체적이며 열정적으로 만들 수 있는 계기가 된다. 그러나 이것이 아무리 신비하고 능력이 있어 보여도 말씀과 연결이 되지 않으면 구원에 이를 수 없다.

그래서 우리는 예수님을 증언하는 이들의 말에 귀를 기울어야 한다.

문자대로의 율법 곧 왜곡된 하나님 말씀은 죽음을 가져오지만 생명을 가져오는 것은 예수의 살아있는 말씀이다 이 영생하는 말씀의 담론이 오병이어 담론이다.

6장의 오병이어의 사건은 요한복음의 표적 중에서 가장 중요한 표적이다. 4복음서에 다 나오는 유일한 기적이 무엇인가? 그것이 바로 오병이어의 표적이다. 그만큼 옛날이나 지금이나 먹는 것이 중요하다. 배가 부르면 행복하고, 배가 고프면 먹는 것 밖에 눈에 안 보인다. 그런데 육신적인 양식이 중요한 것이 틀림없지만, 오병이어의 표적담론은 영적인 양식이 우리에게 얼마나 중요한 것인지를 보여주고 있다. 예수님이 오병이어의 표적을 행하시니 인기가 폭발했다. 인기가 절정에 올라 예수님을 왕으로 삼으려고 했다. 군중들도, 제자들도 흥분했다. 예수께서 깜짝 놀라 무리를 흩으시는 장면이 나온다. 그 이유는 무엇일까? 그 때 유다에는 헤롯왕이 있었고, 그 왕을 세운 로마제국이 그 뒤에 있었다. 예수님을 왕으로 세우려고 하는 것은 로마제국과 헤롯왕에 대한 반역이고, 곧 전쟁을 의미하는 것이다. 예수께서 거짓 메시야가 올 것이고 그들은 전쟁을 일으킬 것이라고 예언하셨다. 그 예언대로 A. D. 66년에 시몬과 요하네스가 메시야로 자처하고 제 1차 유대전쟁을 일으켰으나 70년에 예루살렘이 로마에 함락되고 성전이 무너졌다.

예수께서 오신 목적은 육신적인 양식이 아니라 영생하는 양식을 주는데 있다. 그런데 문제는 사람들이 생계를 뛰어넘기가 어렵다는 것이다. 예수께서 사람들의 이 문제를 잘 지적하고 있다: "... 내가 진실로 진실로 너희에게 이르노니 너희가 나를 찾는 것은 표적을 본 까닭이 아니요 떡을 먹고 배부른 까닭이로다"(6:26) 표적을 보고 하나님의 뜻을 살피는 것보다 배를 채우는 것에 급급하게 되는 것이 문제다. 사도 바울은 고린도 교인들이 주의 만찬의 뜻을 생각지 않고 먹고 마시는 것을 책망한다: "그런즉 너희가 함께 모여서 주의 만찬을 먹을 수 없으니 이는 먹을 때에 각각 자기의 만찬을 먼저 갖다 먹으므로 어떤 사람은 시장하고 어떤 사람은 취함이라"(고전11:20-21) 오병이어의 기적으로 사람들이 먹고 마시는 문제에 집중하고 있을 때 예수께서는 '썩지 아니하는 양식'으로 초점을 옮기신다. 썩지 아니하는 양식, 그것이 무엇일까? 예수의 말씀을 들어보자.

> 나는 하늘에서 내려 온 살아있는 떡이니 사람이 이 떡을 먹으면 영생하리라 내가 줄 떡은 곧 세상의 생명을 위한 내 살이니라 하시니라
>
> 내 살을 먹고 내 피를 마시는 자는 영생을 가졌고 마지막 날에 내가 그를 다시 살리리니 내 살은 참된 양식이요 내 피는 참된 음료로다(요 6:51, 54-55)

이 구절은 출애굽기 16장의 만나 이야기와, 다소 논란은 있지만, 일반적으로 성만찬의 배경을 가지고 있다고 본다. 이스라엘 백성들은 출애굽 후 광야에서 40년 동안 훈련을 받았다. 신명기 저자는 이 훈련이 다름아닌 말씀훈련이라고 말한다:

네 하나님 여호와께서 이 사십 년 동안에 네게 광야 길을 걷게 하신 것을 기억하라 이는 너를 낮추시며 너를 시험하사 네 마음이 어떠한지 그 명령을 지키는지 지키지 않는지 알려하심이라 너를 낮추시며 너를 주리게 하시며 또 너도 알지 못하며 네 조상들도 알지 못하던 만나를 네게 먹이신 것은 사람이 떡으로만 사는 것이 아니요 여호와의 입에서 나오는 모든 말씀으로 사는 줄을 네가 알게 하려 하심이

라.(신8:2-3)

공관복음에서는 마지막 날 잡히시기 전에 성만찬을 통해서 예수께서 새로운 계약을 하신다. 이 만찬에서 예수께서는 자신의 살과 피를 나누어 주심으로 제자들과 새로운 계약을 맺으신다.

> 그들이 먹을 때에 예수께서 떡을 가지사 축복하시고 떼어 제자들에게 주시며 이르시되 받으라 이것은 내 몸이니라 하시고 또 잔을 가지사 감사 기도 하시고 그들에게 주시니 다 이를 마시매 이르시되 이것은 많은 사람을 위하여 흘리는 나의 피 곧 언약의 피니라(막14:22-24)

예수께서 이 성찬의 진리를 은유로 가르쳐 주실 때 문제가 발생한다. 예수님과 유대인들 사이에 심각한 오해가 발생한 것이다. 유대인들은 예수께서 어디서 온 지도 알고, 그 부모도 누군지 아는데 자기가 하늘에서 왔다고 하니 도대체 이해할 수 없는 것이다. 이것으로 인해서 유대인들과의 오해는 증폭되었다. 이 만나와 참떡에 관한 이야기는 예수의 살을 먹고 피를 마시는 담론으로 한층 비약된다. 유대인들은 어떻게 우리가 예수의 살을 먹고 피를 마실 수 있는가!하고 큰 혼란을 느꼈다.

우리는 여기서 상징의 중요성을 확인할 수 있다. 요한문헌에는 수많은 상징들이 있기 때문에 상징을 바로 이해하지 못하면 본문의 의미를 알기 어렵다. 상징은 두 개의 다른 영역이나 의미를 연결시켜주는 고리나 다리와 같은 역할을 한다. 이 두 개의 영역이란 감각세계와 의미 세계이거나 현실 세계와 추상의 세계라고 할 수 있다. H. 레빈(Levin)은 이렇게 설명하고 있다: "상징이란 우리가 알고 있는 것과 알지 못하는 것 사이에 있는 일종의 중간 지역이다. 또는 칼라일이 표현하고 있는 것처럼 유한한 것과 무한한 것들 사이의 접합점이라고 하는 것이 더욱 좋을 것이다."[51] 이 상징의 의미는 "문맥을 통해 서술되거나 암시될 수도 있고, 저자와 독자가 공유하고 있는 배경이나 문화로부터 추측할 수도 있다"[52] 요한문헌에는 상징들이 많이 있지만 '빛, 물, 떡'이 가장 많이 나오는 상징들이다.

오늘날 우리들은 요한복음을 읽을 때 예수님이 누구신지에 대해서 해설자가 가르쳐 준 대로 알고 시작하게 된다. 사실, 유대인들이나 제자들에게는 우리에게 주어진 지식이 없었다. 이 지식이 없는 상황 속에서 예수께서 내 살을 먹고 내 피를 마신다고 하는 말씀은 너무 끔찍해서 그 말을 그대로 받아들일 수도, 감당할 수도 없었을 것이다. 유대인과 예수님의 대화에서 유대인이 경험하는 오해는 성경을 읽을 때 우리가 경험하는 오해와 무지의 예라고 볼 수 있다. 우리에게도 요한복음 서두에서 예수가 말씀이었고, 말씀이 육신이 되었다는 설명이 없었다면 이 말씀을 이해하기 힘들었을 것이다. 예수께서 우리에게 주신 말씀을 먹고 마시지 않으면 결국 우리 안에 진정한 생명이 없다. 이 생명이 우리 안에 유지되지 않으면 영생을 맛볼 수가 없다. "이 떡을 먹는 자는 영원히 살리라"(6:58)는 말씀의 참 뜻은 해설자의 해설이 없었다면 이해하기 어려웠을 것이다. 예수의 말씀을 문자적으로 들으면 기괴하고도 난해한 말씀이 된다. 그래서 이 교훈이 걸림

51) 컬페퍼, 앞의 책, 291-2 재인용
52) 위의 책, 291

돌이 되어 많은 제자들은 예수님을 떠나갔다. 예수께서 기적을 일으키면 많은 사람들이 모여 들지만 말씀을 가르치면 많은 사람들이 떠나간다. 많은 제자들이 떠나갔는데도 베드로를 선두로 한 12명의 제자들은 "영생의 말씀이 주께 있사오니 우리가 누구에게로 가오리까" 하며 주님을 따랐다. 결국 어려운 은유의 말씀을 이해한 제자들만이 남을 수 있었다. 그런데 공관복음과는 달리(막3:16-19) 요한복음에는 열두 명의 공식적인 명단이 없다. 이것은 무엇을 뜻할까? 저자의 견해로는, 요한은 역사적인 열두 사도들보다 예수 그리스도를 그들의 삶에서 만나 그의 말씀에 순종하며 따랐던 평범한 제자들에게 더 많은 관심을 두었다. 결국, 열두 사도들의 권위도 중요하지만 예수의 말씀에 순종하며 사는 삶이 더 중요하다는 뜻일 것이다.

나이 드신 분들의 제일 큰 소원은 잠 자는 것같이 편안하게 죽는 것이라고 한다. 우리 모두가 어떤 시점에서 죽겠지만 평소에도 죽음은 항상 우리 속에 역사하고 있다. 그것은 생물학적으로 틀린 말이 아니다. 20대부터 우리 뇌의 세포는 죽어간다고 한다. 세포가 죽어가고 있으니 우리가 살아있다고는 하나 죽음을 향해 나아가는 것이다. 그래서 우리는 죽음의 두려움속에서 살아간다. 살아서 나를 믿는 자는 영원히 죽지 않는다고 하신 예수의 말씀은 말씀의 양식을 먹는 사람들은 죽음에 대한 공포가 사라지고, 말씀 안에서 주시는 생명을 누린다는 것이다.

우리 삶에는 항상 갈급함이 있다. 뭔가 이루어 놓은 것 같아도 뭔가가 부족하고 힘이 든다. 예수께서 우리에게 참된 양식과 참된 음료를 주시고자 하는 것은 하나님의 말씀이 아니면 결코 충족시킬 수 없는 갈급함이 우리 삶속에 있기 때문이다. 초대 교회 사도들은 이 말씀의 중요성을 깨닫고 무엇보다도 말씀 사역에 힘썼다. "그 때에 제자가 더 많아졌는데 헬라파 유대인들이 자기의 과부들이 매일의 구제에 빠지므로 히브리파 사람을 원망하니 열두 사도가 모든 제자를 불러 이르되 우리가 하나님의 말씀을 제쳐놓고 접대를 일삼는 것이 마땅하지 아니하니.... 우리는 오로지 기도하는 일과 말씀 사역에 힘쓰리니"(행6:1-2, 4).

사도 바울도 하나님께서 교회중에 세우신 지도자들 중에 첫째, 둘째, 셋째는 다 말씀을 맡은 자들이라고 분명하게 밝히고 있다: "하나님이 교회 중에 몇을 세우셨으니 첫째는 사도요 둘째는 선지자요 셋째는 교사요"(고전12:28a). 사도는 예수의 말씀을 듣고 기억하여 성령의 능력으로 선포하는 자요, 선지자는 선포된 말씀에 근거하여 예언하는 사람이요, 교사는 하나님의 말씀을 성령의 은사로 가르치는 사람이다. 이들은 다른 모든 은사들보다 우위에 있다: "그 다음은 능력을 행하는 자요 그 다음은 병고치는 은사와 서로 돕는 것과 다스리는 것과 각종 방언을 말하는 것이라"(고전12:28b)

오병이어 표적은 예수께서 가장 인기를 끌었던 표적이다. 반면 예수님에게 가장 위험했던 표적이기도 하다. 인간적으로 성공하고 잘 나갈 때가 위기인 경우가 많다. 세상적으로 뭔가 잘 나갈 때가 있는데 그것이 영적으로 잘못될 위험이 있다. 예수께서 오병이어의 표적을 일으켜서 민생 문제가 해결되니까 사람들이 예수님을 환호하며 열광적으로 따랐다. 그러나, 예수께서 그 무리를 보시고 위기를 느꼈다. 그 무리는 떡을 먹고 배가 부르니까 그를 따랐다. 오병이어의 표적 이후 떡을 먹고 배부른 사람들에게 은유로 가르친 내용은 성만찬의 참된 의미였다. 성만찬에서 사용하는 떡이나 포도주같은 물질이 영생의 축복을 주는 것이 아니다. 성만찬은 주술적이거나 신비한 의식도 아니다. 컬페퍼가 잘 지적하고 있다: "이러한 서사적 해석을 할 때 성찬식에 대한 어떠한 마술적 견해도 남아 있을 수 없다."[53] 성만찬에서의 다른 위험은 그것을 일상적 식사와 구분하지 못하는 것이다. 이 문제에 대해서는 사도 바울이 경계하고 있다: "그러므로 누구든지 주의 떡이나 잔을 합당하지 않게 먹고 마시는 자는 주의 몸과 피에 대하여 죄를 짓는 것이니라"(고전11:27). 성만찬의 참된 의미는 말씀 속에 있는 영생을 얻는 것이다.

요한복음서에는 공관복음서에 있는 성만찬에 대한 기록이 없다. 왜 없을까? 네 복음서 모두 오병이어의 사건이 중요한 표적으로 등장하지만 공관복음에서는 무리들이 보리떡과 물고기를 먹어 배가 불렀다는 것에서 끝이 난다. 그러나 요한복음에서는 말씀을 통해서 우리의 삶을 영적인 삶으로 바꾼다는 것이 얼마나 중요한 것인지를 가르쳐 주고 있다.

이사야 선지자가 이것을 잘 표현하고 있다:

> 오호라 너희 목마른 자들아 물로 나아오라 돈 없는 자들도 오라 너희는 와서 사먹되 돈 없이, 값 없이 와서 포도주와 젖을 사라 너희가 어찌하여 양식이 아닌 것을 위하여 은을 달아주며 배부르게 하지 못할 것을 위하여 수고하느냐 내게 듣고 들을지어다 그리하면 너희가 좋은 것을 먹을 것이며 너희 자신들이 기름 진 것으로 즐거움을 얻을 것이라 너희는 귀를 기울이고 내게로 나아와 들으라 그리하면 너희의 영혼이 살리라 내가 너희를 위하여 영원한 언약을 맺

53) 컬페퍼, 앞의 책, 313

으리니 곧 다윗에게 허락한 확실한 은혜이니라(사55:1-3)

교회사적으로 위대한 일을 한 사람들을 보면 그 사람들 속에는 말씀 사건이 있다. 말씀이 열어주는 새로운 세계에 대한 맛을 보게 되면 음식을 먹고 배부름을 경험하는 것과 비교할 수 없는 기쁨과 만족을 느낄 수 있다. 오병이어 사건을 두고 예수께서 가르치고자 하는 것은 하나님의 말씀은 우리가 매일 먹고 마셔야하는 양식이라는 것이다. 이는 신명기의 말씀에 잘 나타나 있다: "너를 낮추시며 너를 주리게 하시며 또 너도 알지 못하며 네 조상들도 알지 못하던 만나를 네게 먹이신 것은 사람이 떡으로만 사는 것이 아니요 여호와의 입에서 나오는 모든 말씀으로 사는 줄을 네게 알게 하려 하심이니라"(8:3)

공관복음에는 마지막 날에 있었던 성만찬의 사건이 요한복음에서는 오병이어의 사건 다음에 붙어서 해설이 되어 있다. 이것은 요한복음이 가지고 있는 독특한 측면을 보여주고 있다. 요한복음에서 예수께서는 성전에 대해서 집착하지 않으신다. 예배를 예루살렘이나 그리심산과 같은 고정된 장소에서 드릴 필요가 없고 어디든지 신령과 진정으로 예배하는 장소가 성전이다. 요한복음에는 12사도의 이름 목록도 없고 성만찬의 역사적인 기록도 없다.

이런 특징을 모아보면 요한이 가르치고자 하는 진리를 알 수 있다. 신앙 생활을 하면서 성전도, 성찬 예식도 필요하고, 세례도 필요하고 중요하다. 사도들처럼 교회 지도자도 필요하다. 요한이 성전, 성만찬, 세례, 12사도의 중요성을 격하시키는 것은 아니다. 그가 강조하고자 하는 것은 이 모든 것들의 진정한 의미다.

조직과 제도와 지도자와 의식(儀式,ritual)은 계속 반복되고 시간이 흐르면서 형식화 될 위험을 안고 있다. 신앙생활을 하면서 깨달아야 할 것은 우리의 신앙 생활이 조직화, 체계화, 형식화되면서 겉으로 보면 경건한 것 같은데 껍데기만 있는 신앙이 될 위험성이 있다.

이렇게 될 때 우리의 신앙은 타성에 젖고 목적과 수단이 바뀌어 버린다. 교회만이 성전이 되고, 교회를 가야만 예배를 드린다고 생각한다. 우리가 어디서든지 신령과 진정으로 예배를 드리는 것이 진정한 예배이다. 습관적으로 성만찬을 반복하게 될 때 오히려 성만찬을 훼손하는 결과가 된다. 세례나 지도자도 마찬가지이다. 세례도 진정한 의미를 모르고 받으면 하나의 형식이 되어 세례받은 불신자가 될 수 있다. 교회 지도자도 오래동안 같은 일을 하다보면 매너리즘에 빠질 수 있다. 교회 지도자에 대해서 사도 바울이 잘 설명하고 있다. : "그런즉 누구든지 사람을 자랑하지 말라 만물이 다 너희 것임이라 바울이나 아볼로나 게바나 세계나 생명이나 사망이나 지금 것이나 장래 것이나 다 너희의 것이요.(고전3:21-22)" 요한복음이 경계하는 것은 바로 그것이다. 조직, 의식, 지도자, 성전은 우리가 하나님과 깊은 관계를 가지기 위해서 필요한 것이지 그것이 목적이 되어서는 안된다. 이 모든 것들은 우리 개개인이 하나님 앞에서 바로 설 수 있도록 하기 위한 수단이다. 의식도, 제도도, 성전의 장소도 수단이다. 안식일도 마찬가지다. 그것을 목적으로 삼게 되면 위험에 빠진다. 요한이 하고 싶은 말은 "정말 중요한 것을 찾아라!" 가 아닐까. 정말 중요한 것은 우리 개개인이 하나님을 만나는 것이다. 모든 것들은 하나님을 만나기 위한 하나의 장치이다. 목적과 수단을 바꾸지 말고 신앙의 진정한 목적인 하나님을 만나는 것이 중요하다. 예배는 장소, 지도자, 어떤 의식, 절차가 필요하지만 중요한 것은 신령과 진정으로 하나님을 만나는 것이다. 사도 바울이 이 진리를 잘 표현했다: "할례나 무

할례가 아무 것도 아니로되 오직 새로 지으심을 받는 것만이 중요하니라"(갈6:15)

5. 성부와 성자, 그리고 죄의 문제(7-9장)

R. 포스터는 우리 시대의 문제는 피상성이라고 지적하면서 "즉시 만족을 누리고자 하는 사상은 근본적인 영적문제"라고 보았다. 그리고 그는 이렇게 말한다: "오늘날 절실히 요청되는 사람은 지능이 높거나 혹은 재능이 많은 사람이 아니라 깊이가 있는 사람이다."[54]

왜곡된 하나님 말씀이 형식적 신앙으로 이끌든지, 아니면 형식적 신앙이 하나님 말씀을 왜곡하게 하든지 간에 우리는 말씀의 주인되시는 하나님을 힘써 알아야 한다: "그러므로 우리가 여호와를 알자 힘써 여호와를 알자 그의 나오심은 새벽 빛같이 일정하니 비와 같이, 땅을 적시는 늦은 비와 같이 우리에게 임하시리라 하리라"(호6:3) 히브리서 기자도 같은 권면을 하고 있다: "그러므로 함께 하늘의 부르심을 받은 거룩한 형제들아 우리가 믿는 도리의 사도이시며 대제사장이신 예수를 깊이 생각하라"(3:1)

우리가 주님을 만날 때 이 시대의 많은 문제들을 해결할 수 있다. 그런데, 피조물인 우리, 죄인인 우리는 하나님을 어떻게 만날 수 있는가? 성경 안에 있는 인물들은 하나님을 만났는데, 우리는 어떻게 하

54) 포스트, 앞의 책, 15

나님을 만날 수 있을까?

이스라엘 백성이 시내 산에서 하나님을 만났을 때 그들은 하나님을 두려워하여 모세에게 이렇게 말한다: "... 당신이 우리에게 말씀하소서 우리가 들으리이다 하나님이 우리에게 말씀하지 말게 하소서 우리가 죽을까 하나이다"(출 20:19) 그래서 하나님께서 모세에게 말씀을 하셨다. 모세도 하나님을 직접 만나지 못했고 지나가시는 하나님의 등만을 보았다고 기록되어 있다.(출33:18-23) 그리고 백성들은 모세를 통하여 하나님의 말씀을 듣게 된다.

유대인들에게 그렇게 무서웠던 하나님을 예수님은 '사랑하시는 아버지'라고 불렀다: "아버지께서 아들을 사랑하사..."(5:20). 요한은 예수님안에 있는 하나님을 만나고 이렇게 증언한다: "사랑하지 아니하는 자는 하나님을 알지 못하나니 이는 하나님은 사랑이심이라 하나님의 사랑이 우리에게 이렇게 나타난 바 되었으니 하나님이 자기의 독생자를 세상에 보내심은 그로 말미암아 우리를 살리려 하심이다"(요일4:8-9) 유대인들은 이 계시를 이해하기가 어려웠다. 종인 모세를 통해 나온 율법을 따르는 이들의 사고체계를 뛰어넘는 아들의 존재가 등장한 것이다.

유대인들은 예수님을 오해했고, 그에 대한 분노와 증오로 갈등이 커진다. 갈등의 핵심 요소는 예수께서 하나님을 아버지라고 부르는 것이다. 그 말을 그 당시 유대인들은 이해 할 수 없었고 받아들일 수도 없었다. 이것은 그들에게 신성모독이었다. 어떻게 사람이 하나님을 아버지라고 하느냐, 유대인들이 끊임없이 물었다. 당시 유대인들의 메시야관으로 보면 이러한 반응이 이해할만하다.

유대인들의 메시야관은 다양하고 복잡하여 간단하게 설명하기 어렵다. 외경중의 하나인 제2 에스드라서 7:28 이하의 기록에 의하면 메시야의 통치기간은 오직 400년에 불과하고 그 후 그 메시야는 죽는다. A. J. 퍼취(Ferch)는 400년이란 기간은 아마 다윗 왕조의 기간에서 따왔을 것이라고 주장한다.[55] 여기에서 메시야 기간은 그 다음 세대를 위한 준비적 과도기이다. 유대 전승에 의하면, 메시야는 지상적 존재와 천상적 존재가 있다. 지상적 메시야는 현실적 대적자를 파멸시키기 위한 목적으로만 등장하며 그 이상의 어떤 역할도 주어지지 아니한다. 이에 비해서 천상적 메시야는 선재적, 천상의 신화적 존재로 묘사되며 지상의 존재와 하등의 관계를 가지지 않는다.

유대적 메시야는 유월절의 속죄양으로 속건 제물로 드려지는 이사야서 53장의 대속 사상이 결여되어 있다. 말하자면, 유대적 메시야는 인류의 죄를 위한 속죄제물이 아니다. 그래서 그는 요한 계시록에서 보는대로 일찍 죽임을 당한 듯이 보이는 어린 양의 모습이 아니다. 그리고 그는 종말에 심판하는 권세를 받은 승리의 주도 아니다(참고; 계6:16, 7:10, 14:1, 17:14, 19:7, 21:9, 21:23). 유대인들의 전승에 의하면, 그리스도는 어디서 오는지 알지 못하며(요7:27), 그는 율법을 철저하게 준수하여 안식일을 범하는 일이 없다,(요9:16) 그는 다윗의 씨로 베들레헴에서 태어난다(삼하7:12, 미5:2)

이런 배경에서 볼 때 유대인들이 예수께 '당신은 누구시냐?'고 계속해서 묻는 것은 당연한 일일 것이다. 이 질문은 유대인들에게만 있었던 것이 아니라 교회사를 통해 볼 때 오랫동안 복잡한 교리논쟁을 불러왔던 질문이다. 4-5세기의 니케아, 칼세돈 종교 회의를 거쳐 삼위

55) A. J. Ferch, "The Two Eons And The Messiah In Pseudophilo, 4 Ezra, And 2 Baruch", *A U Sem St* 15, Aut 77 p. 135.

일체 교리가 다듬어졌다. 도대체 이 예수가 누구신가? 성자의 정체에 관해서 어떤 그리스도인들은 신이라고 하고 어떤 사람은 예언자, 어떤 사람은 신도 인간도 아닌 중간자라고 하였다. 이 주제에 관하여 복잡한 교리가 만들어졌지만 요한복음에서는 예수님과 하나님의 관계를 쉽게 이야기 해준다.

예수께서는 여러 곳에서 자신과 아버지의 관계에 대해서 말씀하고 있다: 내가 아버지에게서 낳고 아버지가 나를 보내셨다.(7:29) 나는 아버지께서 나에게 가르쳐 주신 교훈을 이야기 한다.(8:28) 그래서 나의 교훈은 내 것이 아니라 아버지의 교훈이다.(7;16) 나는 보고 들은 것을 말한다. 나는 아버지의 말씀을 듣고 세상에 아버지의 뜻을 이루기 위해 왔다.(6:38) 나는 아버지의 영광을 드러내지 결코 나 자신의 영광을 구하지 않는다.(7:18) 아버지의 뜻은 아버지를 전하고 마지막에 아버지를 받아들이는 사람을 다 살리고 세상을 심판하는 것이다.(6:39) 그리고 나는 아버지께로 돌아간다.(7:33)

예수님과 하나님 아버지와의 관계가 이러하기 때문에 골로새서에서 사도 바울은 예수님이 "보이지 않는 하나님의 형상"이라고 한다.(1:15) 그래서 '하나님을 어떻게 아느냐?'에 대한 대답은 '예수를 통해 알 수 있다'이다. 그래서 우리는 예수의 교훈을 듣고 보면서 이 세상에서 하나님의 뜻을 이루기 위해 살아야하며 결국은 하나님께로 돌아가는 것이다. 이것이 성자의 영성을 본 받는 우리의 영성이 되어야 한다. 그러나 성자와 우리 사이에는 근본적인 차이가 있다. 성자는 성령으로 잉태되어 동정녀에게서 나셨지만 우리는, 다윗의 시에 있는 것처럼, "죄악 중에 출생하였음이여 어머니가 죄 중에서 나를 잉태

하였나이다”(시51:5) 그래서 우리는 “본질상 진노의 자녀”(엡2:3)이지만 성자 예수로 말미암아 구원을 받아 “양자의 영”(롬8:15)을 받게 되었다. 우리는 항시 구원의 은혜를 찬양하고 그 분의 말씀에 순종하는 삶을 사는 것이 우리의 본분이 된다. 이것이 구원 받아 양자가 된 우리 영성의 기초다.

8장은 음행하던 현장에서 잡힌 여자의 이야기로 시작된다. 9장에서 제자들은 날 때부터 소경된 자는 누구의 죄 때문인가 묻는다. 8, 9장은 죄의 문제로 초점이 모아진다. 죄를 어떻게 할 것인가? 일생 죄의 짐을 지고 형벌과 죽음의 두려움 속에서 살것인가? 이 죄의 고통에서 벗어날 길이 있는가?

이 간음한 여자의 사건은 전체 이야기의 흐름에 어색하게 들어가 있다. 이 여인의 이야기가 여기 등장하는 이유는 이야기의 주제가 저자가 하고 싶은 내용을 담고 있기 때문이다. 우리는 죄로 인해 죽음의 위기에 처해졌던 한 여인의 이야기를 생동감있게 재구성해본다.

초막절 끝날을 지내고 난 그 아침에 예수께서 성전에서 백성들을 가르치고 있을 때였다. 많은 사람들은 그의 놀라운 교훈에 조용히 귀를 기울이고 있었다. 그 때 일단의 무리들이 이 강연의 현장에 요란스럽게 들이 닥쳤다. 그들은 당시 유대교 지도자들이었던 서기관들과 바리새인들 그리고 그들을 따르던 사람들이었다. 그들은 분노에 차 있었다. 그들은 거친 행동으로 어떤 한 여인을 끌고 왔다. 그 여인은 두려움과 수치로 얼굴이 하얗게 질린 채 억센 남자들의 손에 이끌려 왔다. 그 여인을 끌고 온 그들은 도전적인 어투로 예수께 말을 건넸다: “이 여자는 간음하다가 현장에서 붙잡힌 여자입니다.” 이 말이 떨어지자 말자 주위의 사람들은 그 여자에게 경멸과 모욕이 섞인 말들을 던졌다.

그들 중에 한 사람이 목소리를 낮추어서 근엄하게 질문을 던졌다: "모세는 율법에서 이러한 여자를 돌로 치라고 명령했는데 선생은 어떻게 말하겠나이까?" 예수께서는 이 질문과 그 도전적인 태도에 대해서 곧바로 아무런 대꾸를 하지 않았다. 대신, 사람들의 눈에 너무나 이상스럽게 보이는 행동을 했다. 그는 갑자기 몸을 굽혀서 땅에 쪼그리고 앉아서 무엇인가를 땅에 쓰기 시작했다. 그는 바로 일어날 것 같지도 않았고 그 질문에 대답할 것 같지도 않았다. 그를 지켜보고 있던 유대교 지도자들은 내심 답답함과 분노를 느끼면서 그에게 다그쳤다: "이 여자를 돌로 칠까요 말까요?"

이에 예수께서는 허리를 펴고 일어서면서 그들을 뚫어져라 쳐다보았다. 그리고 조용하게 이렇게 말했다: "너희 중에 죄 없는 자가 먼저 돌로 치라." 그리고 그는 다시 몸을 굽혀 손가락으로 땅에 무엇인가를 쓰기 시작했다. 이 짧고 조용한 한 마디는 비수처럼 그들의 가슴에 박혔다. 그들은 누구라고 할 것 없이 하나같이 양심의 깊은 통증을 느꼈다. 모인 무리들은 어른들로부터 시작하여 하나씩 둘씩 그 자리를 피하듯이 빠져나갔다.

얼마의 시간이 흘렀을까? 요란스럽고 위기감이 흘렀던 그 장소에는 오직 예수와 그 여자만 남았다. 예수는 앉았던 자리에서 조용히 일어났다. 그는 머리를 들지 못하고 있던 그 여자에게 물었다: "여자여, 너를 고소하던 그들이 어디 있느냐? 너를 정죄한 자가 없느냐?" 그녀는 놀란 가슴으로 기어드는 듯한 목소리로 대답했다 "주여, 없나이다." 예수는 그녀의 말을 듣고 조용히 이렇게 말했다: "나도 너를 정죄하지 아니하나니 가서 다시는 죄를 범치 말라." 그녀는 예수의 이 말을 듣고 평안히 그 자리를 떠났다.

이 사건은 초막절 마지막 날 곧 큰날(7:37)이 지난 아침이었다. 초막절은 이스라엘 조상들이 출애굽하여 광야에서 지난 삶을 기념하기 위한 절기로서(레23:43) 가나안 땅에 들어간 후로는 추수를 감사하는 절기를 겸하여 지켰다. 초막절 끝날 밤에는 전통적으로 관제의 축제가 열린다. 이 축제는 유대인들이 고대하는 행사인데, 재미있는 것은 이 때 유명한 랍비들이 어린이 처럼 노래하고 춤을 춘다는 것이다. 평소에는 경건하고 근엄하던 랍비들이 체면과 위신을 다 내려놓고 노래하면서 춤을 추는 광경은 많은 유대인들에게 인상깊고 흥미로운 일이었을 것이다. 여기서 관제란 번제나 소제시 제물에 포도주를 붓는 제사의식이다. 이 축제의 순서중 특별히 "죄를 사해주시는 하나님"에 대한 찬양이 있었다.[56)]

예수께 몰려온 무리들은 이런 행사를 치루고 난뒤에 모인 무리였다. 그들은 자기들의 재판관들도 있는데 왜 예수님께로 왔는가? 예수님을 시험하기 위함이다. 율법에 의하면 간음한 자는 죽음의 형벌을 받게 되어 있다.(레20:10; 신22:22 이하) 그런데 그 여자의 상대 남자는 어디 갔는가? 간음한 남자는 어디가고 연약한 여자만 끌고 왔는가? 그러고도 의기양양하게 다가온 그들에게 예수님은 '죄 없는 자가 먼저 돌로 쳐라!'고 답변하셨다. 예수님은 돌로 치지 말라고 하지 않으신다. 돌로 쳐라! 죄 없는 자가 제일 먼저 쳐라! 무리들이 다 떠난 후 예수께서 그 여자에게 이르신다: "나도 너를 정죄하지 아니 하노니 가서 다시는 죄를 범하지 말라"(8:11)

---

56) 류 모세, 『열린다 성경(절기 이야기)』(두란노, 2013), 230-241

인간은 율법 속에 살든 안 살든 필연적으로 죄 의식을 갖고 있다. 율법을 갖고 있으면 죄에 대한 의식이 예민해 진다. 사도 바울이 로마서에서 다루는 큰 주제가 죄와 죽음과 율법의 문제인데, 율법을 가진 자는 율법으로 인해서 죄의 결과인 죽음에 다다른다. 죄의 삯은 사망이다.(롬6:23) 죄는 죽음과 불가분의 관계에 있다: "너희가 나를 찾다가 죄 가운데서 죽겠고"(8:21)

어쨌든 죄, 죽음, 무의미는 우리가 삶을 계속 살다 보면 피할 수 없는 질문들이다. 여기에 우리가 예수님을 알고 믿어야 하는 이유가 있다. 우리가 예수님을 믿지 않으면 죄와 죽음을 만나게 될 때 극복할 수가 없기 때문이다: "너희가 만일 내가 그인줄 믿지 아니하면 너희 죄가운데서 죽으리라."(8:24)

그러면 죄 문제는 어떻게 해결되는가? 죄 문제는 일반적으로 5가지 방식으로 처리되었다. 첫째, 죄를 깊이 회개하면 예수의 피흘림으로 하나님께서 용서하시는 방식. 둘째, 일정한 종교적 권위를 통해서 해결하는 방식, 유대교에서 속죄제사나 카톨릭의 고해성사, 개신교에서 예배시 죄의 고백과 사함의 선포 등을 통한 죄사함의 방식. 셋째, 죄 자체를 부인하거나 합리화하는 방식, 영지주의나 율법폐기론자의 예. 넷째, 죄에 합당한 형벌을 받는 것. 다섯 번째, 종교적 혹은 철학적 수련과 각성을 통한 해결 노력. 원래, 첫째와 둘째는 상호 불가분의 관계에 있어야 한다. 그러나 신앙이 습관화되거나 형식화되면 첫째와 둘째가 분리되면서 문제가 된다. 이것이 세속화되는 신앙의 문제이다. 죄사함은 진심으로 회개하는 사람에게 예수의 십자가상에서 피흘림으로 하나님께서 주시는 은총이다. "피흘림이 없은 즉 사함이 없느니라"(히9:22) 제도적 장치나 그 외의 인간적 노력은 이를 보완하는 것이지 대체할 수 없는 것이다. 존 번연은 이 진리를 비유로서 잘 설명하고 있다.

그때 나는 꿈 속에서 크리스챤이 올라가고자 하는 길 양쪽에 높은 울타리가 둘려있는 것을 보았는데 그 울타리의 이름은 구원(Salvation)이었다(사26:1). 등에 무거운 짐을 지고 있는 크리스챤은 이 길을 달려 올라가는 동안 무척 고통스러워 하는 것 같았다.

그러나 그는 쉬지 않고 계속 뛰어가서 마침내 한 언덕받이에 이르게 되었는데 그곳에는 십자가(Cross)가 서 있었고 조금 떨어진 아랫부분에는 무덤(Sepulchre)이 입을 딱 벌린 채 놓여 있었다. 크리스챤이 십자가 위로 막 올라가려는 순간 그의 어깨로부터 짐이 풀어져 등에서 벗겨지더니 계속 미끄러져 내려와 마침내 무덤의 입구에서 그 속으로 굴러 떨어져 다시는 보이지 않게 되었다.

이것을 본 크리스챤은 무거운 짐을 벗어버린 홀가분함과 즐거움에 넘치는 마음으로 이렇게 말하였다. "주께서 괴로움을 당함으로 내게 평안을 주셨고 주께서 목숨을 버리사 내게 영생을 주셨나이다."[57)]

죄사함을 받기 위해서는 회개가 선결 요건이다. 예수께서 회개의 중요성을 비유로 설명하셨다.

두 사람이 기도하러 성전에 올라가니 하나는 바리새인이요 하나는 세리라 바리새인은 서서 따로 기도하여 이르되 하나님이여 나는 다

57) 존 번연. 앞의 책. 75

른 사람들 곧 토색, 불의, 간음을 하는 자들과 같지 아니하고 이 세리와도 같지 아니함을 감사하나이다 나는 이레에 두 번씩 금식하고 또 소득의 십일조를 드리나이다 하고 세리는 멀리 서서 감히 눈을 들어 하늘을 쳐다보지도 못하고 다만 가슴을 치며 이르되 하나님이여 불쌍히 여기소서 나는 죄인이로소이다 하였느니라 내가 너희에게 이르노니 이에 저 바리새인이 아니고 이 사람이 의롭다하심을 받고 그의 집으로 내려갔느니라.....(눅18:10-14)

우리가 우리의 죄를 깊이 깨닫지 못하면 죄사함의 갈급함을 느끼지 못한다. 그렇게 될 때 예수의 대속은 우리와 무관한 것이 되고 만다. 우리의 신앙생활이 일상화되면 이런 위험에 처할 수 있다. 결국, 자신의 죄를 깊히 회개하며 예수의 피흘림으로 하나님께서 허락한 죄사함을 믿지 못하면 죄에서 벗어날 길을 찾지 못하고 죄 가운데서 죽을 수 밖에 없다.(8:21) 율법은 죄를 깨닫게 하여 회개케 함으로 죄사함을 받는 길을 열어준다. 이것이 율법의 정죄적 기능이다. 그러나 죄를 깨닫게 하기 위한 그 율법이 죄를 은폐시키고 합리화하는 기능도 한다.[58] 왜 그러한가?

인간의 죄성은 율법을 왜곡한다. 죄로 왜곡된 율법은 권위를 상실한다. 그러면 예수님의 권위는 어디서 오는가? 예수께서 밝히신다: ".... 또 내가 스스로 아무 것도 하지 아니하고 오직 아버지께서 가르치신 대로 이런 것을 말하는 줄도 알리라"(8:28); "... 나를 보내신 이가 참되시매 내가 그에게 들은 그것을 세상에 말하노라 하시

58) 오우성. 『성서와 심리학의 대화』(대한기독교서회, 2007), 233-261 참조.

되"(8:26) 참되신 하나님께 보고 들은 것이 진리이며 이 진리가 참된 권위를 가진다. 그래서 "진리를 알지니 진리가 너희를 자유롭게 하리라"(8:32) 예수께서 우리를 자유롭게 하면 우리가 참으로 자유로울 수 있다.(8:36) 왜냐하면, 예수께서 진리 자체이기 때문이다: "내가 곧 길이요, 진리요 생명이니"(14:6), 우리는 그 예수님을 믿음으로 진리를 알고 그 진리로 구원받는다.

예수님을 믿는다는 것은 신비한 사건이다. 요한복음에서 가장 많이 나오는 단어가 98회 나오는 '믿는다'이다. 어떻게 믿게 되는가? 바울은 믿음은 들음에서 난다고 했다: "그러므로 믿음은 들음에서 나며 들음은 그리스도의 말씀으로 말미암았느니라"(롬10:17). 그리스도의 말씀은 자신의 말씀이 아니고 아버지의 말씀이다. 그 이유는 예수께서 하나님 아버지로부터 들은 것을 말하고(8:26) 그 분이 가르친대로 말하기 때문이다(8:29). 그래서 우리는 예수의 말씀을 끊임없이 들어야 한다.

주님의 이 사역은 시편 기자가 잘 예언하고 있다.

> 그 때에 내가 말하기를 내가 왔나이다 나를 가리켜 기록한 것이 두루마리 책에 있나이다 나의 하나님이여 내가 주의 뜻 행하기를 즐기오니 주의 법이 나의 심중에 있나이다 하였나이다 내가 많은 회중가운데서 의의 기쁜 소식을 전하였나이다 여호와여 내가 내 입술을 닫지 아니할 줄을 주께서 아시나이다(시40:7-9)

이사야서 52장을 보면 하나님의 말씀은 비와 같이 하늘에서 내리면 땅을 적셔서 곡식과 풀을 자라게 하고 많은 동물과 인간들에게 생수를 제공한다. 하나님의 말씀이 그냥 세상을 한바퀴 돌아 하나님께 오는 것이 아니라 하나님의 깊은 뜻을 이루고 세상을 변화시킨다는 뜻이다. 그래서 말씀을 읽고 듣고 쓰면 말씀이 역사하면서 나의 삶이 바뀌기 시작한다. 그렇게 됨으로서 우리는 예수의 제자가 된다. 그래서 예수의 제자는 그의 말씀으로 말미암아 된다: "너희가 내 말에 거하면 참으로 내 제자가 되고"(8:31). 그런데 왜 우리는 말씀을 지키지 못하는가? 여러 가지 이유가 있겠지만 예수께서는 씨뿌리는 비유에서 세가지 이유를 말씀하셨다: "사탄이 즉시 와서 그들에게 뿌려진 말씀을 빼앗는 것"(막4:15); "말씀으로 인해서 환난이나 박해가 일어나는 때에는 곧 넘어지는 자요"(막4:17); "세상의 염려와 재물의 유혹과 기타 욕심"(막4:19). 우리는 급변하고 악한 시대를 살면서 염려가 많고 자본주의 이상을 추구하다 보니 재물의 유혹이 많다. 이러한 때에 우리가 교회의 전통이나 유전에 따라 살면서 하나님의 진리와 사랑을 가로막고 자신의 의를 세우려고 하지 않는지를 점검해봐야 한다. 바울은 이스라엘의 불순종에 대해서 그 원인을 이렇게 지적한다: "하나님의 의를 모르고 자기의 의를 세우려고 힘써 하나님의 의에 복종하지 아니하였느니라"(롬10:3) 그래서 말씀을 읽기 전 성령님의 임재를 구해야 한다. 성령께서 인도하심으로 말씀을 읽고 순종해야 한다. 지식을 얻기 위해서 말씀을 읽으면 핵심을 놓치기 쉽다. 말씀을 읽고 듣는 것만으로 충분하지 않고 순종하는 삶이 있어야 한다: "진실로 진실로 너희에게 이르노니 사람이 내말을 지키면 영원히 죽음을 보지 않으리라"(8:51).

말씀은 살아계신다. 부지런히 말씀을 듣고, 읽고, 쓰면 믿음의 역사가 일어난다. 히브리서 기자는 이렇게 말한다: "하나님의 말씀은 살아있고 활력이 있어 좌우에 날선 어떤 검보다도 예리하여 혼과 영과 및 관절과 골수를 찔러 쪼개기까지 하며 또 마음의 생각과 뜻을 판단하나니"(4:12) 우리가 하나님의 말씀 안에서 생명을 찾고 진리를 발견하게 되면 우리의 삶 속에 어둠이 걷히고 세상의 염려와 두려움에서 자유로워진다. 말씀이 없으면 이상한 데서부터 불안이 생기고 염려가 생긴다. 우리 삶에서 어둠의 세계는 빛이 없으면 맞닥뜨리는 세계이다. 말씀 속에 생명이 있고 이 생명이 우리들의 빛이다.

요한은 사랑하는 가이오에게 보낸 세 번째 편지에서 가이오가 진리가운데 행함을 기뻐한다: "형제들이 와서 네게 있는 진리를 증언하되 네가 진리 안에서 행한다하니 내가 심히 기뻐하노라 내가 내 자녀들이 진리안에서 행한다 함을 듣는 것보다 더 기쁜 일이 없도다"(요삼3-4) 우리가 진리를 알면 유익한 것이 많다. 우리는 죄에서 자유함을 얻고 죄의 삯인 죽음으로부터 자유함을 누린다. 여기서 죽음은 육신의 죽음으로 인한 두려움과 고통인데 진리를 알면 이것으로 부터도 자유로울 수 있다. 사도 바울은 육신의 죽음을 넘어 영원한 생명을 사모한다: "만일 땅에 있는 우리의 장막이 무너지면 하나님께서 지으신 집 곧 손으로 지은 것이 아니요 하늘에 있는 영원한 집이 우리에게 있는 줄 아느니라 참으로 우리가 여기 있어 탄식하며 하늘로부터 오는 우리 처소로 덧입기를 간절히 사모하노라"(고후5:1-2)

이 장에서는 다소 이해하기 어려운 부분이 있다. 8:31절을 보면 예수께서는 자신의 말씀을 듣고 믿은 유대인들에게 계속해서 말씀하신다. 그런데 그 믿은 유대인들이 나중에는 예수님을 죽이려 하고 돌로 치려한다. 왜 그럴까? 이 장면에서 예수께서 가르치신 주된 내용은 죄와 진리의 문제이다. 비록 예수의 기적들과 다른 말씀을 듣고 믿은 유대인들도 이 문제를 극복하지 못한다.

유대인들이 예수의 말씀을 깨닫지 못하고 듣지 못하는 것은 그들이 하나님께 속하지 아니하였고 그들의 죄성과 그리스도의 선재성을 깨닫지 못하기 때문이다.(8:43-47) 말하자면, 그들은 진리가 그 속에 없기 때문이다. 진리가 그 속에 없다는 것은, 간단히 말해서, 자신이 죄인임을 깨닫지 못하는 것이다. 요한은 그의 편지에서 이 사실을 잘 지적하고 있다: "만일 우리가 죄가 없다고 말하면 스스로 속이고 또 진리가 우리속에 있지 아니할 것이요"(요일1:8), "만일 우리가 범죄하지 아니하였다 하면 하나님을 거짓말하는 이로 만드는 것이니 또한 그의 말씀이 우리 속에 있지 아니하니라."(요일1:10) 사도 바울도 죄의 보편성에 대해서 로마서 1:18부터 자세하게 논하고 이렇게 결론을 내리고 있다: "유대인이나 헬라인이나 다 죄 아래 있다고 우리가 이미 선언하였느니라."(롬3:9)

그러면 그들은 무엇을 근거로해서 예수께 대적하는가? 비록 그들이 아브라함의 자손이며 하나님이 그들의 아버지라고 주장하지만, 그들은 교리와 성경의 문자적이며 얕은 지식, 세상과 종교적 권력과 부, 전통과 관습, 혈통, 인맥으로 엮인 조직 등을 믿고 있다. 이것은 아브라함의 믿음과 모세의 율법 정신에서 벗어나 세속화된 종교로 퇴색한 모습이다. 이런 상황에서 사람들은 진리가 그 속에 없음으로 세속화된 종교를 통해서 자신의 욕심을 채우려한다. 기독교도 세속화되면 우리 속에 계시는 그리스도와 논쟁하고 그를 부인하며 죽이기까지 하고자 하는 죄의 욕구에 사로잡히기 쉽다. 죄는 율법을 이용한 것처럼 성경말씀을 이용할 수 있다.(롬7:8,11)

유대인들과의 논쟁이 심해지면서 예수께서는 과격한 말씀을 하신다. 너희는 마귀의 자식으로서 그 아비의 욕심대로 행한다. 그들은 시기심과 분노에 사로잡혀 동생을 죽인 가인의 후손이다.(8:44) 이들의 세계에서 인류의 원초적인 DNA를 읽을 수 있다: 피조물이면서 그것을 망각하고 절대 전지한 하나님처럼 되고자 하는 교만과 욕구, 그 교만으로 하나님의 말씀을 어기고 낙원에서 추방당하는 고통과 수치, 시기와 질투의 광기에 사로잡혀 동생까지 죽이는 범죄 행위와 그 처벌에 대한 두려움. 하나님께서 범죄한 가인에게 말씀하셨다: "...죄의 소원은 네게 있으나 너는 죄를 다스릴지니라."(창4:7) 이 가운데서도 하나님을 갈망하는 셋의 후예들이 있었지만 육신의 정욕에 이끌려 하나님의 신이 떠나 육체가 되어 홍수의 대 심판을 자초했다. 바리새인 바울도 주님을 만나기 전에는 "주의 제자들에 대하여 여전히 위협과 살기가 등등"하였다.(행9:1) 그들의 주장대로 그들이 아브라함의 자손이요 언약 백성이라는 것만으로 구원을 얻을 수 없다. 무엇보다도 진리안에서 행해야 한다. 종교는 사람을 교화시키고 사로잡는 힘이 있다. 그러나 그 중심에 진리가 없으면 마귀적이 된다.

자기 의는 어디에 근거해 있는가? 그것은 제도적 전통과 유전과 형식적 신앙에 근거해 있다: "우리가 아브라함의 자손이라"(8:33) 예수께서 말씀하신대로 "너희가 하나님의 계명은 버리고 사람의 전통을 지키느니라"(막7:8) 그들이 아브라함의 진정한 자손이라면 아브라함의 믿음을 나타내어야 하고 그 혈통만 자랑해서는 안 될 것이다. 세례 요한이 이 점을 잘 지적하고 있다: "속으로 아브라함이 우리의 조상이라고 생각하지 말라 ... 하나님이 능히 이 돌들로도 아브라함의 자손이 되게 하시리라."(마3:9) 그들에게 진정하게 필요한 것은 "회개에 합당한 열매"이다.(마3:8)

톨스토이의 『부활』을 보면, 주인공 네흘류도프는 순진한 까츄샤가 당하는 고통을 보고 비로소 자신이 저지른 죄악상을 깊이 깨닫게 된다. 네흘류도프는 자신의 집 종인 까츄샤를 유혹하여 성 관계를 즐겼으나 자신의 명예와 미래를 염려한 나머지 그녀를 버리게 된다. 그는 그런 후에 그 일을 까마득하게 잊어버린다. 그런데 오랜 세월이 지난 후에 그는 사회의 유지가 되어 어느 재판의 배심관으로 나가게 되었다. 그는 그가 맡은 재판에 피의자로 나온 여자가 바로 자신이 임신까지 시켜놓고 버렸던 까츄샤임을 알게 된다. 그는 자신이 쾌락을 추구한 그 한 순간의 행동으로 말미암아 약한 한 여인의 삶이 무참하게 파괴되어 버린 것을 깨달았다. 그는 그녀의 그 비참하고 고통받는 모습에서 비로소 자신의 죄악을 알게된다. 톨스토이는 네흘류도프가 고통 속에 있는 까츄샤를 통해서 어떻게 자신의 죄를 인식하게 되는지를 감명깊게 그리고 있다. 네흘류드프는 자신의 죄를 깨닫게 되는 순간부터 이제 서서히 그 죄에서 해방되는 삶을 살게 된다. 그는 시베리아 유형의 선고를 받고 황량한 형지로 떠나는 까츄샤를 따라 가기로 결심한다. 그는 그곳에서 그녀를 보살피면서 자신의 새로운 삶을 시작한다. 그는 과거의 방탕한 삶을 청산하고 변화하여 참된 인간의 삶을 누린다.

9장은 전체(41절)가 한 소경의 이야기로 엮어져 있다는 사실은 예외적이며 의미가 심장하다. 이 이야기의 등장인물인 소경은 우리 모두가 본받아야 하는 이상적인 인물이다. 그는 주님께 대적하는 유대인들과는 대조적이다. 그가 어떻게 신앙을 가지게 되는지 들어보자. 이 이야기는 크게 보면 두 부분으로 나눌 수 있다. 첫째는 날 때부터 소경된 사람이 눈을 뜨게 되는 기적 이야기이다. 둘째는 그가 박해가운데서 주님께 대한 믿음을 가지게 되는 이야기이다. 이제 첫 번째 이야기부터 들어보기로 한다.

날 때부터 소경된 사람을 주님과 제자들이 길에서 만남으로 이야기가 시작된다. 제자들이 그를 보고 '랍비여 이 사람이 맹인으로 난 것이 누구의 죄로 인한 것입니까? 자기입니까? 그의 부모입니까?'라고 질문한다. 이 질문을 보면 당시 사람들의 사고 방식을 짐작할 수 있다. 그 시대 뿐만 아니라 오늘날에도 어떤 불행한 일이나 사건을 만나면 사람들은 누가 무슨 죄를 지었기 때문이라고 생각한다. 우리 모두에게는 죄 때문에 벌을 받는다는 생각이 은연중에 있다.

이 사건에서 제자들이 가지는 궁금증은 과거의 누구 죄로 이 사람에게 이런 고통이 임하는가에 관한 질문이다. 이 질문은 과거의 죄가 항상 현재에 영향을 미친다고 생각하기 때문에 발생하는 질문이다. 현재는 과거의 결과라는 인식이다. 이에 대한 예수의 대답은 그리스도인들의 사고방식이 어떻게 달라야 하는가를 보여주시는 지표가 된다: "... 이 사람이나 그 부모의 죄로 인한 것이 아니라 그에게서 하나님이 하시는 일을 나타내고자 하심이라"(9:3).

예수의 대답은 과거의 결과로 현재를 바라보는 전통적인 사고방식에서 하나님이 새롭게 하실 일의 원인으로 현재를 바라보는 사고방식으로의 전환이다. 제자들의 관심은 과거의 죄에 있었지만 예수께서는 제자들로 하여금 소경의 눈을 뜨게 하심으로 하나님이 하실 일을 보여주신다.

이 사건에서 중요한 부분은 그리스도인들이 각 사람에게 닥치는 어려움과 고통을 어떤 관점으로 바라봐야 하는가이다. 보통 사람들은 어려움과 고통을 과거의 죄와 연관시킨다면 그리스도인들은 이 고통을 통해서 미래에 하나님이 어떤 일을 하실 것인가를 생각해야 한다. 이 이야기의 중요한 의미는 관점의 변화, 즉 인지 재구조화이다. 현재의 어려움은 하나님이 이것을 통해서 미래에 무엇을 이루시기 위함이다. 어려움과 고통이 올 때, 이 고통을 통해서 무엇인가 하나님께서 경험하게 하시고, 가르쳐 주고자 하시는 것이 있을 것이다. 우리는 이 어려움을 새로운 비전과 새로운 진리를 경험할 수 있는 계기로 보아야 한다. 즉, 우리 삶에 주신 미래라는 놀라운 세계에 눈이 뜨여야한다는 것이다. 우리들의 삶은 미래지향적이 되어야한다. 그래서 소망(hope)은 믿음과 사랑과 함께 항시 우리 안에 있어야하는 것이다.(고전 13:13)

그러나 머리로 이렇게 생각해야 한다는 것을 안다 해도, 실제 삶에서 문제에 봉착하게 되면 '하나님이 나에게 은혜를 주시려는가 보다' 라는 생각이 쉽게 들지 않는다.

9장의 소경 이야기를 통해 우리 삶의 고통을 하나님의 능력을 체험할 기회로 삼을 수 있는지 경험해 보자. 관점을 바꾸었는데, 그 바꾼 관점이 정말 내 삶에서 구체적으로 역사하는 계기가 될 수 있는가?

이 사건을 보면 예수께서 독특한 행동을 하신다. 소경을 만나셨을 때 말씀을 하기 전에 침을 뱉어 진흙에 이기셔서 눈에 붙여 주신다. 많은 학자들이 진흙에 침을 뱉은 것이 무슨 의미인지 여러 가지로 해석한다. 소경의 입장에서는 예수님이 침을 뱉는 지 진흙을 만지는 지 알 수 없었을 것이다. 침이나 진흙의 효력이라기보다는 소경이 "실로암에 가서 씻어라"(9:7)라는 말씀에 순종하여 가서 씻는 믿음이 기적을 일으키는 계기가 되었다. 소경으로 실로암 못을 찾아가 씻는 것이 쉬운 일은 아니었을 것이다. 구체적인 삶의 현장 속에서 관점을 바꾸고 역사를 일으키는 힘은 결국 성령께서 주시는 말씀을 순종할 때 일어난다. 이것을 말씀 사건이라고 할 수 있다.

말씀 사건은 오늘 이야기 속의 소경과 같이 그리스도의 말씀에 순종할 때 가지게 되는 경험을 말한다. 말씀이 삶을 변화시키는 경험을 하게 되면 확신을 가지고 신앙생활을 하게 된다. 이 소경이었던 사람은 예수를 그리스도로 고백한 이후 시련과 핍박이 있었지만 믿음을 지켜나간다. 소경 이야기와 교차대칭 구조에 있는 38년된 병자는 그리스도 고백으로까지 가지 못하였다. 왜냐하면 그에게는 병이 낫는 기적이 있었지만 그 기적이 기적으로 끝나고 믿음으로 연결되지 못하였기 때문이다. 그는 자신을 안식일에 고친이가 예수라는 사실을 알자마자 바리새인들에게 그 사실을 고했다.(5:15) 그는 주님으로 인해서 육신의 고통에서 해방되었지만 그의 삶은 궁극적으로 나음을 받지 못했다.

두 번째 이야기는 고침을 받은 소경이 박해 상황속에서 믿음을 가지게 되는 과정 이야기이다. 9장 이전까지는 예수께서 유대인들과 논쟁을 하고 간헐적인 박해을 받았다.(5:16) 유대인들이 때로는 죽일려고도 하고(7:1) 돌을 들어 치려고도 하였다(8:59). 그러나 이 박해는 일시적이거나 우발적이었다. 그런데 9장부터는 이 박해가 제도화되었음을 알려준다: "그 부모가 이렇게 말한 것은 이미 유대인들이 누구든지 예수를 그리스도로 시인하는 자는 출교하기로 결의하였으므로 그들을 무서워함이러라"(9:22) 여기서의 출교는 중세의 파문과 같이 법적 종교적 보호를 박탈하는 무서운 조치이다. 나음받은 소경은 이렇게 무서운 박해 상황속에서도 끝까지 주님에 대한 믿음을 잃지 않았다. 이 소경은 눈은 뜨졌지만 더 무서운 상황에 처해 질 수도 있었다. 그는 이 어려움을 어떻게 극복할 수 있었을까? 후반부에서 이 이야기의 초점은 소경에게로 모아진다. 이제 이야기를 자세하게 들어보자

날 때부터 소경되었던 자가 눈을 떴다는 사건은 획기적인 기적이요 유대 사회에 큰 파장을 몰고 올 수 있는 사건이다. 그러잖아도 예수님과 계속해서 논쟁하고 있던 바리새인들에게는 이 사건이 큰 어려움으로 닥쳤을 것이다. 그래서 그들은 이 사건을 가능한 한 빨리 처리하고자 하였다. 그래서 그들은 소경을 불러 집요하게 추궁하기 시작했다. "너는 그를 어떠한 사람이라 하느냐" 이에 대해 그는 단호하게 대답한다: "선지자니이다." 그를 불러 추궁하는 것으로 부족했던 그들은 그의 부모를 불러 따지기 시작한다. 그러나 그 부모는 이미 유대인들의 출교 결의를 무서워하여 대답을 회피한다. 그들이 말하길, "그가 장성하였으니 자기 일을 말하리이다".

바리새인들은 다시 그를 불러 어떻게 보게 되었는지 그리고 그는 예수를 누구라고 생각하는 지를 물었다. 그들은 그에게 예수가 죄인이라는 그들의 주장을 분명하게 밝히고 그를 위협한다. 그런데 그의 대답은 굽히지 않고 분명하다: "그가 죄인인지 내가 알지 못하나 한 가지 아는 것은 내가 맹인으로 있다가 지금 보는 그것이니이다". 심문하는 그들도 집요하고 이에 맞서는 그도 만만찮다. 그의 대답에도 불구하고 다시 그를 추궁하는 바리새인들에게 그는 독자들의 마음을 후련하게 하는 질문을 그들에게 던진다: "내가 이미 일렀어도 듣지 아니하고 어찌하여 다시 듣고자 하나이까 당신들도 그의 제자가 되려 하나이까". 그리고 그는 다시 한번 더 확고한 신앙을 표명한다: "... 창세이후로 맹인으로 난 자의 눈을 뜨게 하였다 함을 듣지 못하였으니 이 사람이 하나님께로부터 오지 아니하였으면 아무 일도 할 수 없으리이다." 그의 확고한 신념으로 인해서 바리새인들에게 쫓겨난 그에게 예수께서 찾아오신다. 그리고 예수 자신이 인자임을 밝히자 그는 "주여 내가 믿나이다"하고 절함으로 그의 신앙을 고백한다.

요한이 이 이야기를 자세하게 들려주는 이유은 소경과 같은 박해 상황에 있는 신자들에게 믿음을 끝까지 지키라는 메시지를 전하고자 한 것이다.

이 사건의 결론부분에서 예수께서는 자신이 세상에 온 것은 심판하기 위함이라고 말씀하신다.(9:39) 진리의 빛이 비취는데 애써 눈을 감고 불의속에 살면 자신이 심판을 자초하는 것이다. 예수께서는 소경의 눈을 뜨게 해주시고 눈 뜨고 있지만 믿음으로 진리를 받지 못하는 사람들은 소경이 되게 하신다. 자신이 눈을 뜨고 있다고, 시시비비를 알고 있다고 생각하는 사람들은 죄 가운데 있다고 하신다.(9:39)

우리에게 잘 알려진 찬송가 "나같은 죄인 살리신"(Amazing Grace)의 작사자인 18세기의 J. 뉴턴(Newton)은 분명 육신적으로 소경이 아니었다. 그러나 그는 주님을 만나고 난 후 자신이 소경이었음을 깨달았고 은혜로 눈을 떳음을 고백했다.

> 나같은 죄인 살리신 주 은혜 놀라워
> 잃었던 생명 찾았고 광명을 얻었네(.... was blind, but now I see)

유대인들은 성경의 문자적 의미와 전통에 사로잡혀 주님과 끊임없이 논쟁한다: 메시야는 안식일을 범하지 않는다; 메시야는 어디서 오는지 모른다; 우리는 아브라함의 자손으로서 종된 일이 없다 등등. 그들의 완고한 마음은 마치 수건으로 눈을 가리고 있는 것과 같다. 수건(veil)을 쓰고 있으면 갑갑하고 혼란스러우며 짜증스럽다. 유대인들의 이런 심정을 아래의 글에서 읽을 수 있다: "... 당신이 언제까지나 우리 마음을 의혹하게 하려 하나이까 그리스도이면 밝히 말씀하소서"하니(10:24) 이 마음은 사도 바울의 말처럼, 주님을 그리스도로 믿을 때 사라진다: "언제든지 주께로 돌아가면 그 수건이 벗겨지리라".(고후3:16)

영적으로 소경이 되면 모든 것에 불안을 느낀다. 우리의 삶이 한 순간에 끝나고 영원히 사라진다고 생각하니 참으로 불안하다. 죽음 이후의 세상이 있는지, 삶의 의미는 무엇인지, 이런 질문들을 애써 피할려고 하지만 피하기 어렵다. 우리의 삶이 불안하고 내일 무슨 일이 생길지 모르는데 아무 것도 해야 할 의미가 없는 것 같다. 우리가 열심히 무엇인가를 해도 한 순간에 삶이 끝날 수 있다고 생각하면 허무가운데서 죄를 지으며 살게 된다. 그래서 우리는 영적인 소경이 되어 어둠가운데서 죄를 지으며 살게 된다. 주님께서는 우리가 영적인 소경되어 죽음의 두려움 가운데 사는 것을 불쌍히 보신다.

날 때부터 소경인 사람은 어디에서 와서 어디로 가는지 모르고 하루하루 살아가는 우리들의 실존적 모습이다. 우리는 항상 불안하고, 예측할 수 없고, 궁극적으로 확신이 없다. 칼빈은 우리의 확신 체험은 우리의 지식, 판단, 경험에서 오는 것이 아니라 성령께서 은밀하게 우리에게 말씀을 증언하심으로 가질 수 있다고 했다. 삶의 처지와 모양은 다 다르지만 어떤 삶, 어떤 상황에 있다고 할지라도 우리 삶에서 말씀을 통한 구원의 확신 체험이 필요하다. 이 구원의 체험은 예수의 신성을 믿게 한다. 결국, 예수의 신성을 믿지 못하면 구원을 온전히 이룰 수 없다. 우리는 구원받은 소경처럼 "주여 내가 믿나이다"(8:38)하고 예배하는 사람이 되어야 할 것이다.

강영우씨는 맹인으로서 최초로 박사학위를 받은 사람이다. 그는 그의 자서전『어둠을 비추는 한 쌍의 촛불』에서 자신의 삶을 이렇게 회고하고 있다. 그가 중학교 3학년이었을 때 축구를 하다 공에 맞아 한 쪽 눈이 멀게 되었다. 얼마 지나지 않아 그의 다른 쪽 눈도 빛을 잃게 되었다. 사랑하는 아들이 불시에 장님이 된 것을 본 그의 어머니는 충격으로 세상을 떠나게 되었다. 소년가장으로서 그의 삶은 좌절과 고난의 연속이었다. 굶주림과 가난, 인생에 대한 회의와 갈등으로 그는 늘 죽음을 생각했다. 그러나 그가 그 캄캄한 절망 가운데서 하나님을 만나게 되었고 그의 신앙은 그의 생각을 완전히 바꾸기에 충분했다. 그는 자신의 돌이킬 수 없는 재난을 새로운 삶으로의 초청으로 수용했다. "이제 나의 실명은 장애가 아니라 하늘에서 나에게 맡기신 사명을 수행하기위한 도구다." 그는 하나님을 만남으로 그의 삶에 대한 관점이 완전히 바뀌게 되었다. 하나님과의 만남은 그에게 새로운 세계를 열어주었고 새로운 사람들을 만나게 해주었다. 그는 장애자로서 최초로 연세대를 졸업하고 미국 피츠버그대학에서 철학박사 학위를 받았다. 그는 노스 이스트 일리노이 대학 교수로서 후진을 오랫동안 양성하였다.

이 이야기는 하나님을 만남으로 일어나는 관점의 변화가 우리 삶을 어떻게 바꾸는지를 잘 보여준다. 하나님을 만남으로 그의 삶의 관점이 바뀌었을 때 그는 자신을 도울 수 있는 많은 사람들이 자신의 주위에 있음을 알게 되었다.

삶의 기나긴 여정 속에서도 소멸되지 않는 것은 절대자와의 만남에서 온다. 사람의 마음이나 생각은 걷잡을 수 없을 때가 많다. 상황이 달라지면 마음도 달라진다. 세상도 변하고 사람도 변한다. 고난을 당할 때는 그 누구도 진정으로 사랑하기 어렵다. 그 누구도 믿기 어렵다. 이런 때에 하나님과의 관계가 어려움에 처한 사람들의 생활에 결정적으로 중요한 역할을 했다는 사실을 다시 한 번 새길 필요가 있다. 그래서 "주여, 내가 믿나이다."라는 신앙고백이 우리를 살린다.

6. 성자의 신성과 권능(10-12장)

모세의 수건이 주님안에서 걷힘으로 우리는 자유함을 누린다.(고후3:14-17) 그러나 이 자유함에는 주님의 인도가 필요하다. 10장은 푸른 초장에서 자신의 양떼를 돌보는 선한 목자 비유로 시작한다. 이 비유는 영적인 소경인 우리들에게 선한 목자가 필요한 것을 말해준다. 목자도 삯군 목자가 있다. 그는 이리가 오면 달아나는데 처음부터 양이 자기의 양이 아니기 때문이다. J. 예레미아스에 의하면 예수 당시의 목동들은 "대부분 파렴치하고 도벽이 심했다. 이들은 그들의 가축을 남의 땅으로 몰고 다녔을 뿐 아니라 그 가축에서 나온 소산을 착복하기도 하였다. 따라서 목자들로부터 양모나 우유나 새끼 염소를 구입하는 것은 금지되어 있었다."[59] 그래서 우리에게는 선한 목자이신 예수님이 꼭 필요하다.

예수께서는 "나는 양의 문이다. 내가 문이니 누구든지 나로 말미암아 들어가면 구원을 받고 또는 들어가며 나오며 꼴을 얻으리라(10:7-9)" 그런데 주님은 말씀이기 때문에 말씀이 곧 우리의 문이다. 이 말씀안에 생명이 있다(1:4). 비유로 말하면 우리는 교회를 드나들

59) 예레미아스, 『예수시대의 예루살렘』, 384-5

면서 말씀의 꼴을 먹어야 한다. 말씀의 문으로 들어가고 나가면 꼴을 얻고 삶의 모든 시름에서 벗어나 참된 기쁨을 맛보게 된다.

말씀을 통해서 성령께서 역사하시는 사건을 경험하게 되면서부터 개인의 삶에서 직접적인 역사가 일어나기 시작한다. 그 일이 일어날 때 너무 놀라운 사실은 인간적으로 보면 힘들고 고생하고 어려운 일들이 실제로 많이 있지만, 하나님이 역사하시면 그런 일은 별로 기억에 남지 않는다. 힘들었던 일보다 이 모든 것들이 은혜의 통로였던 것으로 기억된다. 말씀이 역사하면 내 힘으로 어떻게 할 수 없었던 주위 환경이 변화되기 시작한다. 이것이 놀라운 축복이다. 이것은 누리는 사람 외에는 아무도 알 수도 없고, 설명할 수도 없다.

얕은 곳에서 수영하다가 목뼈가 부러져 목 아래가 전부 마비되어 버린 소녀가 있었다. 그녀는 무서운 고통과 절망을 경험했지만 지금은 오직 사용할 수 있는 목 위의 부분으로서 삶의 기쁨을 누리고 있다. 그녀가 그렇게 된 것은 오랫동안의 투쟁의 결과지만 그 가운데서도 한 마디의 성경말씀이 준 영향을 무시할 수 없다. 그녀는 고통 가운데서 성경을 읽도록 권면을 받았다. 그녀가 성경을 읽는 중에 "... 내가 온 것은 양으로 생명을 얻게 하고 더 풍성히 얻게 하려는 것이라."(요10;10)라는 예수의 말씀을 접하게 되었다. 처음에 그녀는 이 말씀을 자신에 대한 모욕이요 조롱으로 생각했다. 그리고 그녀는 하나님을 더욱 증오했다. 그러나 오랜 투쟁과 갈등 끝에 그녀는 이 말씀의 깊은 뜻을 깨닫게 되었고 새로운 삶을 사랑하게 되었다. 그녀는 불구의 몸으로서 강연을 하고 입으로 그림을 그리는 등 고통속에 있는 수 많은 사람들에게 희망을 주고 그들을 감격시켰다.

비유에서 말씀 하신 것처럼 예수께서 우리를 위해서 목숨을 버림으로 말미암아 죽음을 뛰어 넘는 부활의 소망이 우리에게 주어져 있다. 이 비유에서 예수께서 이미 자신의 죽음과 부활을 예고하신다: "아버지께서 나를 아시고 내가 아버지를 아는 것 같이 나는 양을 위하여 목숨을 버리노라"(10:17); "내가 내 목숨을 버리는 것은 그것을 내가 다시 얻기 위함이니 이로 말미암아 아버지께서 나를 사랑하시느니라"(10:17) 그리고 그는 스스로 자신의 목숨을 버릴 권세도 있고 다시 얻을 권세도 있음을 선언하신다: "이를 내게서 빼앗는 자가 있는 것이 아니라 내가 스스로 버리노라 나는 버릴 권세도 있고 다시 얻을 권세도 있으니 이 계명은 내 아버지에게서 받았노라"(10:18)

이 선한목자 비유에서도 예수께서는 성부 하나님과의 긴밀한 관계를 계속해서 밝히신다. 곧 그것이 그의 신성에 대한 계시이다. 이로 인해서 심한 혼란과 분노가운데 있는 유대인들에게 수전절에 예수께서는 폭탄적인 선언을 하셨다. 수전절은 '등화제'(하누카)라고도 하는데 이방인들에게 더럽혀진 성전을 B. C. 2세기 중엽에 회복하게 된 것을 기념하는 절기이다. 이 선언은 당시의 유대인들을 경악시켰을 뿐아니라 오늘날의 우리들에게도 어려운 말씀이다: "나와 아버지는 하나이니라."(10:30) 어떻게 요셉의 아들인 예수께서 하나님과 하나가 될 수 있을까? 유대인들은 이 선언에 대해 경악하면서 즉각적으로 돌로 예수님을 칠려고 하였다. 그들의 생각에 예수께서 신성모독의 끔찍한 죄를 범했다는 것이다. 이에 대해 예수께서는 이렇게 대응하신다: "만일 내가 내 아버지의 일을 행하지 아니하거든 나를 믿지 말려니와 내가 행하거든 나를 믿지 아니할지라도 그 일은 믿으라. 그러면 너희가 아버지께서 내 안에 계시고 내가 아버지안에 있음을 깨달아 알리라 하시니"(10:37-38) 결국 예수께서 11장의 나사로 부활사건을 통해서 보여주시고자 한 것은 자신이 아버지의 일을 하신다는 것이다.

하나님과 예수 그리스도의 관계를 규정하는 기독론의 핵심적인 텍스트가 요한복음이다. 이 기독론의 진리가 어려운 것은 그것을 철학적, 사변적, 논리적으로 접근하기 때문이다. 예수의 말씀에 의하면 그것을 이렇게 요약해서 설명할 수 있다: 아버지가 나를 보내셨고, 나는 아버지의 영광을 드러내고 내가 아버지안에 있는 것같이 아버지께서 내안에 계신다. 이 말씀들은 성자와 성부의 일체성과 성자의 신성을 밝히는 근거가 된다. 그러나 이 말씀들로만 부족하다. 이 선언의 현실적인 증거가 필요하다. 이 증거가 그 다음에 나타나는 나사로의 부활 사건이다.

복음서를 이야기 흐름에 따라 읽으면 왜 5-10장이 11장 나사로 사건을 이해하는데 중요한지를 알게 된다. 요한복음을 이야기로 연결해서 읽지 않으면 이 연결점을 찾지 못한다. 예수께서 "나와 아버지는 하나이니라"(10:30), "아버지께서 죽은 자들을 일으켜 살리심 같이 아들도 자기가 원하는 자들을 살리느니라"(5:21)라고 하셨는데, 이 말씀에는 구체적인 증거가 있어야 한다. 아버지의 권능이 아들한테 임한다는 것을 증명할 사건이 필요한 것이다. 아버지의 권능이 예수께 있다는 것을 보여주는 사건이 죽은 자를 살리는 나사로의 사건이다.

베다니에 사는 나사로가 죽었다. 예수께서 그 곳에 가셔서 나사로의 여동생 마르다에게 이렇게 말씀하신다: "네 오라비가 다시 살아나리라"(11:23) 이 말씀에 마르다는 "마지막 날 부활 때에는 다시 살아날 줄을 내가 아나이다"고 대답한다. 당시 대부분의 유대인들은 죽은 자들도 마지막 날에 산다는 신앙을 가지고 있었다. 그러면 마지막 날이 무엇인가? 그리스 사람들은 시간이 영원히 회전한다고 생각했다. 그러나 성경적 시간관은 시작이 있고 끝이 있다. 유대인들은 마르다가 고백한 것처럼 마지막 때가 되면 메시야가 오고 그때 죽은 자들이 살아난다는 것이다. 그러면 죽은 자들이 어떻게 다시 살아나느냐? 과학적이고 합리적인 사람들이 믿는 영혼의 상태와 성경에서 말하는 것하고 상당한 거리가 있다. 종말은 심판의 때이긴 하지만 또한 만물이 회복되는 때이기도 하다. "하나님이 거룩한 선지자들의 입을 통하여 말씀하신바 만물을 회복하실 때까지는 하늘이 마땅히 그(예수)를 받아 두리라"(행 3:21)

유대인들의 죽음과 부활관은 바리새파가 오랫동안 주장해왔던 것이다. 유대교의 믿음이 예수 안에서 발전된 형태로 나타난 것이다. 육의 몸이 마지막 때 그리스도를 닮은 모습으로 변화된다. 마르다의 대답을 듣고 예수께서 말씀하신다: "나는 부활이요 생명이니 나를 믿는 자는 죽어도 살겠고 무릇 살아서 나를 믿는 자는 영원히 죽지 아니하리니 이것을 네가 믿느냐."(11:25-26) 이 질문은 예수께서 마르다에게 하신 질문이다. 똑같은 질문을 예수께서 오늘 우리 각자에게도 물으신다: "네가 믿느냐?" 우리는 주님의 이 질문을 받고 곰곰이 자신의 부활신앙을 점검해 볼 수 있어야 한다. 우리는 부활절에만 부활을 이야기하고 현실에서는 부활신앙 없이 오늘도 죽음을 두려워하며 살고 있지 않는지.... 오늘날 우리 신학교와 교회 강단에서는 부활, 천국이나 내세에 관한 교육이나 설교를 잘 하지 않는다. 이것이 세속화가 진행됐다는 증상이다.

사도신경을 고백할 때 몸이 다시 사는 것과 영원히 사는 것을 믿는다고 한다. 우리가 고백 하는 것을 정확히 알아야 한다. 나사로는 다시 살기는 살았지만 영원히 사는 것이 아니다. 영원히 사는 부활의 모형은 예수 그리스도의 부활이다. 성경에서 말하는 부활은 영혼불멸이 아니다. 영혼불멸과 몸의 부활의 차이가 뭐냐? 왜 우리는 '영혼이 영원히 살고'라고 안하고 몸이 부활한다고 하느냐? 영혼 불멸설은 헬라 사상이다. 이 헬라 사상은 이원론으로서 인간은 영과 육으로 구성되어 있는데 영은 거룩하고 영원한 것이며 육체는 더럽고, 썩고 부패한다고 믿는다. 그래서 육체는 죄악이 거하는 영혼의 무덤이다. 그래서 인간이 죽으면 이 더럽고, 추하고, 부패하는 육체를 벗어버리고 원래의 거룩한 영혼만 산다는 것이다. 이 이론에 따르면, 우리의 몸은 언젠가는 벗어야 될 더러운 것이라는 것이다.

그러면 성경적인 인간관은 어떤가? 성경에서는 우리의 몸을 하나님이 창조하고 생명을 주신 것이기 때문에 아름다운 것이다고 한다. 물론, 이 몸이 죄의 정욕에 사로잡히면 악하게 될 수 있지만 원래는 하나님이 주신 신비하고 아름다운 것이다. 헬라 사고에 의하면 성은 추악한 것이다. 그렇게 되면 결혼식을 노래 부르면서 기쁘게 거행해야 할 이유가 없다. 육을 죄악시 하는 사고는 헬라적인 이원론이다. 이원론적인 사고로 기독교의 복음을 받아들인 사람들이 초대 교회의 영지주의들이다. 그래서 부활이라는 개념은 영혼만 따로 사는 것이 아니라 우리의 몸이 신령한 몸으로 바뀌는 것이다. 사도신경에서 우리의 몸이 다시 산다는 것은 우리가 하나님이 창조하신 원래의 신령한 몸으로 산다는 것이다. 사도 바울은 이 신비스러운 진리를 이렇게 표현했다.: "만일 땅에 있는 우리의 장막 집이 무너지면 하나님께서 지으신 집 곧 손으로 지은 것이 아니요 하늘에 있는 영원한 집이 우리에게 있는 줄 아느니라 참으로 우리가 여기 있어 탄식하며 하늘로

부터 오는 우리 처소로 덧입기를 간절히 사모하노라."(고후 5:1-2)

하나님의 아들로서 생명을 주시는 권능이 예수께 있다는 것을 보여주는 사건이 나사로 사건이다. 예수께서 나사로의 무덤앞에서 '돌을 옮겨 놓으라' 하시니 마르다는 "죽은지가 나흘이 되었으매 벌써 냄새가 나나이다"라고 했다. 이런 나사로를 향해서 예수께서 "나사로야 나오라"하고 말씀하셨다. 나사로에게 말씀하시기 전에 예수께서는 이렇게 기도하셨다: "아버지여 내 말을 들으신것을 감사하나이다. 항상 내 말을 들으시는 줄을 내가 알았나이다. 그러나 이 말씀 하옵는 것은 둘러선 무리를 위함이니 곧 아버지께서 나를 보내신 것을 그들로 믿게 하려함이니이다"(11:41b-42) 나사로의 부활 사건은 충격적인 사건이다. 여기서 나사로가 살아났다는 것은 주님께서 부활의 권능을 가졌을 뿐 아니라 자신이 하나님과 하나라는 사실을 증명하는 것이다. 성자와 성부가 하나이기 때문에 아들이 아버지의 살리는 권능을 행사할 수 있다.

나사로를 살리신 주님은 이제 자신의 죽음을 준비하신다. 11장에서 대제사장들과 유대인들이 주님을 죽일 계획을 세운다. 주님께서 이것을 모를 리가 없었다. 12장에는 죽음의 은유가 많이 나타난다. 베다니에서 마리아가 향유를 붓고 자신의 머리 털로 주님의 발을 씻기는 감동적인 사건에서 주님은 자신의 장례를 예감하신다.

> 마리아는 지극히 비싼 향유 곧 순전한 나드 한근을 가져다가 예수의 발에 붓고 자기 머리 털로 그의 발을 닦으니 향유 냄새가 집에 가득하드라(12:3)

가룟 유다는 왜 그 비싼 향유를 낭비하느냐고 마리아를 비난했지만 예수께서는 마리아의 이 향유 부음을 결국 자신의 죽음과 장례를 상징하는 것으로 이해하셨다: "예수께서 이르시되 그를 가만 두어 나의 장례할 날을 위하여 그것을 간직하게 하라"(12:7) 그런데 개역개정판의 이 번역은 그 뜻이 다소 애매하다. 현대인의 성경 번역이 보다 명확하다: "그때 예수님이 말씀하셨다 '내버려 두어라 그녀가 이 향유를 간직해 둔 것은 내 장례를 위한 것이었다.'" 주님은 이미 십자가의 그림자가 드리워지는 것을 느끼고 계신다.: 한 알의 밀알이 죽어야 많은 열매를 맺는다(12:24). 내가 땅에서 들리면, 곧 십자가에서 죽으시면, 모든 사람을 이끄신다.(12:32)

그후 예수께서는 어린 나귀를 타고 예루살렘에 입성하신다. 백성들은 종려 나무 가지를 가지고 "호산나 찬송하리로다 주의 이름으로 오시는 이 곧 이스라엘의 왕이여"라고 외쳤다. 그의 위세가 얼마나 당당했던지 바리새인들은 온 세상이 다 그를 따른다고 두려워했다.(12:19) 이런 가운데 헬라인들이 예수님을 찾아 온 사건은 복음이 이방인들에게도 전파될 것을 암시하고 있다.(12:20) 그 후 주님은 십자가를 앞에 두고 고뇌중에 기도하신다: "지금 내 마음이 괴로우니 무슨 말을 하리요 아버지여 나를 구원하여 이 때를 면하게 하여 주옵소서 그러나 내가 이를 위하여 이 때에 왔나이다."(12:27) 이제 십자가가 가까워 옴으로 주님은 이 세상과 세상 통치자들의 심판이 가까워 옴을 선언하신다. 곧 그의 십자가 죽음과 부활은 이 세상에 대한 하나님의 구원과 심판이 종결되는 것을 의미한다.

그리고 마지막으로 무리들에게 권면한다. "너희에게 아직 빛이 있을 동안에 빛을 믿으라 그리하면 빛의 아들이 되리라."(12:36) 그의 전도에도 불구하고 사람의 영광을 하나님의 영광보다 더 사랑하는 사람들은 그에게로 나아오지 않았다. 비록 그는 세상을 심판하러 오지 않고 구원하러 오셨지만 그의 말을 듣지 아니하는 사람들은 그의 말이 마지막 때에 그들을 심판할 것이다.(12:48) 마지막으로 예수께서 영생에 관한 말씀을 마침으로 그는 이제 무리들을 가르치는 사역을 마감하신다.

요한복음의 전체적인 구조를 보면 12장은 제 1막이 끝나는 장이다. 제 1막에서 주님은 주로 무리들을 대상으로 사역하셨다. 막이 바뀌면서 이제 그 사역의 대상이 바뀐다.

7. 새 계명 공동체와 성령의 약속(13-15장)

요한복음 전체 구조는 1:1-18이 서론, 1:19부터 12장까지가 1막, 13장-20장까지가 2막에 해당되고 21장은 종결막이 된다. 13장으로 넘어가면 막이 바뀌면서 예수께서 제자들과 깊은 담론을 하신다. 요한복음이 공관복음과 비교해서 독특한 측면은 예루살렘에서 예수의 본격적인 수난에 들어가기 전에 공관복음에는 자세하게 나와 있지 않은 제자들과의 깊은 고별 담화(farewell discourse)를 다루고 있다는 것이다. 13장-17장까지를 일반적으로 고별 담화 또는 예수님의 유언이라고 부른다. 그 중에서 17장은 예수께서 홀로 하나님께 기도하는 장면으로서 대제사장의 기도라고 부른다. 예수께서 제자들과 그들을 통해서 구원받은 사람들을 위해서 하는 이 기도는 대제사장이 자신의 백성들을 위해서 기도하는 것을 연상케한다. 예수께서 자신의 제자들과 그들을 통해서 후에 믿음을 가질 우리와 같은 사람들을 위해서 기도하는 장면이다.

우리가 다루는 고별담화를 이해하려면 예수의 상황, 제자들의 상황을 상상해 보는 것이 도움이 될 것이다. 예수께서는 이 땅에 오셨지만 그리고 그의 주위에 많은 사람들이 있었지만, 그는 늘 홀로 계시는 듯하다. 홀로 말씀하시고, 홀로 기도하시고, 그리고 홀로 수난을 당하시고, 그리고 홀로 아버지께로 가신다. 그분은 그 어느 누구에게도 의탁치 않으시고 홀로 계시는 듯하지만, 그는 늘 하나님과 함께 하셨다. 이것이 그분의 신성을 나타내는 한 단면이다. 인간적으로 보면, 그분 주위에는 외로움이 고드름처럼 서려있다.

내일 새벽이면 예수께서 체포 당하시고 급속도로 재판이 진행되어서 내일 오전쯤 되면 십자가에 달리시는 사건이 일어난다. 지금이 목요일 저녁인데 내일이면 그런 일이 생긴다. 오늘 저녁에 예수님이 어떤 심정이었을까? 상상을 해 보자. 3년 동안 제자들과 같이 먹고 자고 공생애 사역을 하시다가 내일이면 제자들을 떠나가야 한다. 우리의 삶 속에서 크고 작은 이별들을 상상해 보면 될 것 같다. 이별을 한다. 그런데 예수께서는 부활 하시고 난 후 이 제자들을 잠깐 보시지만 그 잠깐의 시간 외에는 영원히 제자들을 떠나 보내야 하는 시간이다. 그 동안 제자들과 함께 크고 작은 많은 일들을 겪었는데 오늘 밤이 지나면 제자들과 이별해야 하는 시간이 가까이 왔다. 그랬을 때 예수께서 제자들을 보시고 어떤 마음이 드셨을까? 어떤 행동을 하셨을까? 제자들을 볼 때 아직도 부족한 측면이 많고 성숙한 믿음을 가지지 못했는데 박해와 유혹이 많은 세상으로 그들을 떠나 보내야 한다.

그 당시 제자들의 상황은 어떠했을까? 제자들 중 중심인물인 베드로는 주님과 그렇게 오랫동안 함께 있었지만 주님의 말씀이나 사역을 이해하지 못했다. 세족의 경우, 그는 발을 씻기시려는 주님께 "내 발을 절대로 씻기지 못하시리이다"라고 완강하게 거부했다. 그러나 주님이 "내가 너를 씻어 주지 아니하면 네가 나와 상관이 없느니라"고 하니 이제는 놀라서 "주여 내 발뿐 아니라 손과 머리도 씻어 주옵소서"라고 했다.

사실, 어떻게 보면 베드로를 탓할 수도 없다. 주님의 이 행동은 아마 그 당시 그 어느 누구도 이해할 수 없었으리라. 주님께서 말씀하신대로 후에 성령께서 그들에게 임하심으로 그 때에야 비로소 주님의 행동을 이해할 수 있게 된다: "네가 지금은 알지 못하나 이후에는 알리라". 그 만큼 성령의 사역은 중요하다. 베드로는 또한 주님께 충성을 맹세하면서 "내가 주를 위하여 내 목숨을 버리겠나이다"라고 했지만 수치스럽게도 하루도 지나지 않아서 주님을 세 번이나 부인했다. 베드로가 이러하니 다른 제자들은 더 말해서 무엇하랴. 그 뿐이 아니다. 가룟 유다는 주님을 배신한다. 예수께서는 열 둘 중 하나가 마귀라는 사실을 계속 밝혔다. 그 유다는 마리아가 비싼 향유를 예수의 발에 붓는 것을 보고 그녀를 비난하였다가 주님의 책망을 들었다(12:1-8). 이런 유다에게 마귀가 예수님을 팔려는 생각을 넣었고(13:2), 사탄이 그 속에 들어가니 그는 그 일을 계획대로 하러 나갔다.(13:30)

다른 제자들도 예수께서 하신 말씀을 도무지 이해하지 못했다. 도마는 주님이 가시는 길을 알수 없다고 했고 빌립은 아버지를 보여 줄 수 없느냐고 했다. 가룟이 아닌 유다는 왜 주님께서 제자들에게는 나타내시고 세상에서는 나타내지 않는지 이해할 수 없었다. 더 두려운 것은, 예루살렘에서 대적자들을 물리치고 승리하는 것이 아니라 제자들 앞에서 예수 자신이 차마 말로 표현하지 못하는 고통스럽고 수치스러운 모욕을 당하고 죽는 사건이 기다리고 있었다.

우리가 오랫동안 신앙 생활을 하여 경륜이 쌓이고 직분을 가졌어도, 이 제자들처럼, 여전히 우리들에게는 이해할 수도, 풀 수도 없는 질문들이 있다. 그래서 우리는 여기 저기서 선생을 찾고 해답을 추구하지만 이 질문들에 대한 만족할 만한 대답은 오직 성령께서 해 주실 때까지 기다려야만 한다.

제자들을 보면 이렇게 힘들고 낙심되는 상황속에서도 주님은 그들을 끝까지 사랑하셨다(13:1). 그 사랑 안에서 주님은 제자들의 미래을 위해서 두 가지 일을 하셨다. 첫 째는 "서로 사랑하라"는 새 계명을 주신 것이고, 둘째는 그들에게 모든 것을 가르쳐 주실 성령 보내심을 약속하셨다.

주님은 서로 사랑하라는 새 계명만을 주신 것이 아니고 실제로 어떻게 사랑하는 지를 보여 주셨다. 여기서는 먼저 주님께서 주신 새 계명을 기초로 하는 새 계명 공동체에 대해서 알아보자.

1) 새 계명 공동체

예수께서 살던 2000여 년전의 사회는 천민, 평민, 양반 등의 사회적 신분이 엄격했다. 종과 자유인의 관계가 분명했던 것처럼 제자와 스승간의 관계도 엄격했다. 우리나라의 속담에도 이런 전통 사회의 규범을 잘 묘사하고 있는 것들이 있다: 스승은 부모와 같고 스승의 그림자도 밟아서는 안 된다. 이런 시대를 전제로 할 때 아래의 일화는 우리를 놀라게 한다.

때는 유대인들의 가장 큰 명절인 유월절이 가까워 오고 있었다. 유월절이되면 예루살렘은 성전 제사를 드릴려고 원근 각처에서 모여든 사람들로 붐볐다. 도시는 명절 분위기가 완연하고 사람들은 명절 준비하느라 바빴다. 이런 배경에서 보면 예수께서 가룟 유다에게 "네가 하는 일을 속히 하라"고 하신 말씀을 제자들이 명절에 쓸 물건을 사라든지 혹은 가난한 자들에게 무엇을 주라고 하신 뜻으로 오해할 수 있었다.

도시의 명절 분위기와는 대조적으로 예수와 그의 제자들의 분위기는 다소 무거웠다. 왜냐하면 예수께서는 이제 자신이 그의 반대자들에게 붙잡혀 죽음을 맞이하게 될 것을 예기하였기 때문이다. 이런 상황 속에서 그는 그의 제자들과 함께 마지막 만찬을 잡수고 있었다. 이 때 예수께서는 갑자기 그 자리에서 일어났다. 그는 자기의 겉옷을 벗고 가까이 있던 수건을 가지고 그의 허리에 둘렀다. 몇 사람이 그의 행동을 보고 다소 의아한 눈으로 바라보고 있었지만 분위기는 그대로 지속되었다. 그런데 그가 몇 걸음 밖에 있던 대야를 가지고서 손수 그곳에 물을 채우기 시작했을 때는 분위기가 조용해지기 시작했다. 무엇을 먹고 있거나 얘기를 하던 사람들이 궁금한 눈 빛으로 그의 행동을 바라보았다. 그는 그 대야를 가지고 가까이 있던 한 제자에게로 다가섰다. 그리고는 망서림도 없이 그 제자의 발아래 대야를 놓고 그는 몸을 굽혀 그 제자의 발을 잡고 씻기기 시작했다. 그의 이 기이한 행동을 보고 그 곳에 있던 모든 사람들이 소스라치게 놀랐다. 발 씻김을 당하는 그 제자는 당황스러움으로 무의식중에 자기의 발을 빼고자 하였으나 이상한 힘에 사로잡혀 그럴 수가 없었다. "아니 스승이 어찌 종과 같이 제자의 발을 씻길 수 있단 말인가?" 그

곳에 있던 모든 사람들이 똑같이 느끼는 느낌이었다.

지금이나 그 때나 중동 지방은 물이 귀하다. 예수 당시 중동 사람들의 대부분은 흙먼지로 범벅이된 샌달을 신고 다녔기 때문에 발에는 악취가 진동했다. 그런 제자들의 발들을 스승인 예수께서는 하나씩 천천히 씻기고 있었다. 몇몇 제자들은 스승의 권위에 눌려 발들을 맡겨 놓았지만 그들의 마음은 혼란스러움으로 걷잡을 수가 없었다. 한 사람씩 발들을 씻기던 예수께서는 수 제자인 베드로에게까지 오게 되었다. 베드로는 다른 제자들과는 달리 쉽게 발씻김을 허락하지 않았다. 그는 예수에게 강경하게 물었다: "어찌 내 발을 씻기십니까?" 예수는 그에게 조용히 설명을 했다: "너는 내가 하는 것을 지금은 알지 못하나 이 후에는 알게 될 것이다." 그러나 베드로는 호락호락하지 않았다: "내 발을 절대로 씻기지 못하십니다." 완강하게 버티는 그에게 예수께서는 이렇게 말했다: "만약 내가 너의 발을 씻기지 않으면 너는 나와 아무 상관이 없다." 이 말에 베드로는 섬짓 놀랐다 : '그와 상관이 없다면 어떻게 되나?' 그는 순간 마음을 바꾸었다: "주여! 내 발 뿐 아니라 손과 머리도 씻겨 주소서." 예수께서는 그들의 발들을 다 씻긴 후에 그들에게 이렇게 말했다: "내가 너희에게 행한 것을 너희가 아느냐? 너희가 나를 선생이라 또는 주라 하니 너희 말이 옳다. 내가 그런 사람이다. 내가 선생으로 또는 주로서 너희 발들을 씻겼으니 너희도 서로 발을 씻기는 것이 옳은 일이다."

이 일화는 신분의 위계 질서가 확고했던 그 시대 사람들로서는 쉽게 이해하기 어려운 것이다. 그의 이 모든 행위와 삶은 오직 섬기고자 하는 사랑 안에서 이루어진 것이다. 봉사의 기본 정신은 이러한 예수의 정신에 나타나 있다. 봉사는 사랑, 헌신과 용서를 기초로 해야 한다. 세상의 지도자들은 권력을 추구하고 그 권력으로 사람들을 다스리고 그 위에 군림하려고 한다. 그들이 작은 호의를 베풀면 사람들은 그들을 은인으로 존경한다. 그러나 예수께서는 그의 제자들에게 이렇게 가르쳤다: 너희는 그렇게 해서는 안 된다. 너희 가운데 가장 나은 사람은 제일 못한 사람과 같아야 하고 지도자는 종과 같아야 한다. 식탁에 앉아서 먹는 사람과 서브하는 사람 중에 누가 더 지위가 높으냐? 앉아서 대접을 받는 사람이 아니냐? 그러나 나는 서브하는 사람으로 너희 가운데 있다.(눅22:25-27) 그의 이 가르침에 합당하게 그는 앉아서 대접 받기보다는 서서 시중드는 자로 자신을 인식했다.

진정한 삶은 신분을 떠나서 서로가 서로를 사랑하며 섬기는 공동체안에서 가능하다는 것을 사람들은 오랜 세월이 지나가서야 비로소 이해하기 시작했다. 예수께서는 사람이 지켜야할 근본적인 두 가지 계명을 간략하게 이렇게 말씀했다: "네 마음을 다하고 목숨을 다하고 뜻을 다하여 너의 하나님을 사랑하라. 그리고 네 이웃을 네 몸과 같이 사랑하라"(마22:37-39) 이 하나님 사랑과 이웃 사랑은 두 가지로 분리된 것처럼 보이지만 사실은 하나이다. 왜냐하면 하나님을 사랑한다고 하면서 이웃을 미워하면 이것은 거짓말 하는 것이기 때문이다. 눈에 보이는 이웃을 사랑하지 못하는 사람이 눈에 보이지 않는 하나님을 사랑할 수 없다.(요일4:20)

학교 게시판에는 가끔 재미있는 글들이 붙어있다. 그 중에서 오래 기억에 남아 있는 글이 있다: "연탄 재 발로 차지 말라. 너는 남을 위해 자신을 뜨겁게 태운 적이 있느냐?" 이 글은 안 도현씨의 "연탄 한 장"이라는 시를 생각나게 한다.

"삶이란 나아닌 그 누구에게 기꺼이 연탄 한 장 되는 것..... 온 몸으로 사랑하고 나면 한 덩이 재로 쓸쓸하게 남는 게 두려워 여태껏 나는 그 누구에게 연탄 한 장도 되지 못하였네"

조금 무례한 표현일지 모르지만, 예수께서는 자신이 연탄 한 장이 되는 것을 두려워 하지 않았다. 그는 남을 위해 일생을 뜨겁게 산 분이다. 그는 이러한 자신의 삶을 간결하게 이렇게 표현했다: "인자가 온 것은 섬김을 받으려 함이 아니요 도리어 섬기려 하고 자기 목숨을 많은 사람의 대속물로 주려 함이니라"(막10:45) 그래서 그의 삶에서 한 모든 일들이 이 기본 정신에서 이루어진 것이다.

예수께서 "서로 사랑하라"는 새 계명을 주신 것은 자신이 떠나간 후 제자들과 그들을 통해서 믿게 될 사람들이 어떤 원리와 규범으로 살아야 할 것을 가르치기 위함이었다. M. 보그(Borg)에 의하면, 예수께서는 그 누구보다도 공동체 형성에 관심이 많았다:

> 역사적으로 말하자면 예수는 자비를 근간으로 삼아 포괄성과 수용과 사랑과 평화를 지향하는 규범들로 구성된 대안적 공동체를 창조함으로써 자기가 속해 있던 사회적 세계를 변혁시키려 했다. 현자로서 예수가 가르친 대안 의식은 성령에 근거한 "대조사회"(contrast society), 즉 "대안적 의식을 가진 대안적 공동체"를 만들어 냈다.[60]

---

60) M. 보그, 김기석 역, 『예수 새로 보기: 영, 문화, 제자됨』(한국신학연구소, 1998), 203.

보그가 말하는 대안적 공동체란 하나님의 나라라는 개념을 새롭게 이해한 개념이다. 보그는 기존의 하나님 나라 개념이 지나치게 종말론적으로 그려짐으로써 대안적 공동체라는 용어를 사용했지만 요한은 하나님 나라를 새 계명 공동체로 이해한다.

예수께서는 제자들이 참여하게 될 이 새 계명 공동체의 본질을 분명하게 제시하였다:

> 이방인들의 소위 집권자들이 저희를 임의로 주관하고 그 대인들이 저희에게 권세를 부리는 줄을 너희가 알거니와 너희중에는 그렇지 아니하니(막 10:42f)
> 너희중에 큰 자는 너희를 섬기는 자가 되어야 하리라. 누구든지 자기를 높이는 자는 낮아지고 누구든지 자기를 낮추는 자는 높아지리라(마 23:11f).

이 공동체는 '서로 사랑하라'는 주님의 새 계명을 지키는 자들의 공동체이다. 이것이 이 공동체의 정체성이다. 이 계명으로 말미암아 이 공동체는 세상의 다른 공동체와 구별된다: "너희가 서로 사랑하면 이로써 모든 사람이 너희가 내 제자인줄 알리라"(13:35) 이 계명을 지키는 공동체에 주님은 자신을 나타내신다.(14:23) 요한은 후에 첫 번째 편지에서 주님의 이 사랑의 계명을 기억하고 이렇게 권면하고 있다.

사랑 안에 두려움이 없고 온전한 사랑이 두려움을 내쫓나니 두려움에는 형벌이 있음이라 두려워하는 자는 사랑 안에서 온전히 이루지 못하였느니라 우리가 사랑함은 그가 먼저 우리를 사랑하셨음이라 누구든지 하나님을 사랑하노라 하고 그 형제를 미워하면 이는 거짓말하는 자니 보는 바 그 형제를 사랑하지 아니하는 자는 보지 못하는 바 하나님을 사랑할 수 없느니라 우리가 이 계명을 주께 받았나니 하나님을 사랑하는 자는 또한 그 형제를 사랑할지니라(요일4:18-21)

이 제자들의 공동체는 세상에 속하지 않는다: "세상이 너희를 미워하면 너희보다 먼저 나를 미워한 줄 알라 너희가 세상에 속하였으면 세상이 자기의 것을 사랑할 것이나 너희는 세상에 속한 자가 아니요 도리어 내가 너희를 세상에서 택하였기 때문에 세상이 너희를 미워하느니라"(15:18-19) 세상이 주님을 미워하니 그의 제자들도 미워하여 박해를 할 것이다. 그들은 제자들을 출교할 뿐 아니라 죽이기까지 할 것이다.(16:2) 왜냐하면 그들은 하나님 아버지와 그 아들을 알지 못하기 때문이다.

세상의 근본적 문제는 하나님을 알지 못하고 본질적으로 잘못된 현실을 세상 지혜로 극복하고자 하는데 있다. 이 문제를 더욱 심각하게 만드는 것은 종교가 이를 조장한다는 것이다. M. 보그는 말한다: "오히려 그(예수)는 문화가 제공하는 안정성과 정체성에 초점을 맞추고 있는 인습적 지혜는, 비록 거룩한 경전이 인정하고 예배 의식을 통해 신성하게 여겨졌다고는 해도, 하나님을 지향하는 삶을 가로막는 최대의 적이라 생각했다."[61] 이는 구질서의 삶을 합법화해 주는 세속화된 종교에 대한 비판이다. 이것은 종교의 본질이 형식, 제도, 전

---

61) 위의 책, 147.

통에 의해서 희석될 때 종종 일어나는 현상이다.

사도 바울은 세상 지혜와 하나님의 지혜를 분명하게 구별하고 있다:

> 그러나 우리가 온전한 자들 중에서는 지혜를 말하노니 이는 이 세상의 지혜가 아니요 또 이세상에서 없어질 통치자들의 지혜도 아니요 오직 은밀한 가운데 있는 하나님의 지혜를 말하는 것으로서 곧 감추어졌던 것인데 하나님이 우리의 영광을 위하여 만세전에 미리 정하신 것이라 이 지혜는 이 세대의 통치자들이 한 사람도 알지 못하였나니 만일 알았더라면 영광의 주를 십자가에 못 박지 아니하였으리라(고전 2:6-8)

예수께서는 세상적 지혜에 기초한 그 시대의 종교적 이념과 권세에 도전하여 사랑에 기초한 새 계명 공동체를 만들고자 하였다. 이런 맥락에서 그가 소외된 자들과 식탁교제를 나누었는데 이것은 그의 사역의 가장 중심적인 특색이다.[62] 이런 행위는 세상적 지혜에 근거한 가치관으로서는 감당할 수 없는 것이었다.

예수께서는 기존의 종교적 권위에 근거해서 의인과 죄인, 부정과 정결, 선택과 유기를 구조화한 유대교와 그 사회에 도전했다. 이 차별을 철폐시키는 그의 도전의 근본 원리는 자비와 연민의 새 계명 정신이었다. 이 공동체는 기존의 사회를 유지시키는 전통적 권위를 폐기

---

62) N. Perrin, *Rediscovering the Teaching of Jesus*(N. Y.: Harper & Row, 1976) 107.

하는 곳에서만 가능하다. 기존의 사회에서 소외된 자들이 이 공동체에 초청됨으로 기존의 체계를 상대화시킬 뿐 아니라 상호 봉사라는 새로운 질서에 근거한 공동체를 형성할 수 있다. 예수께서는 근엄한 하나님을 친숙한 아비로 수정하고, 메시야를 왕대신 종으로 칭함으로 사람과 하나님간의 새로운 관계를 비젼으로 제시했다. 이러한 급진적인 비젼하에서 인간간의 제 관계도 새롭게 정립되어야 한다.

복음서에는 유대교 지도자들에 대한 비판이 많이 기록되어 있다(마 15:14, 22:1-10, 23:23, 23:29-31 등). 1세기의 유대교 지도자들은 누구였으며 그들이 가진 권위는 무엇이었을까?

1세기 유대 사회에서 종교적 권위를 행사하던 집단으로서는 제사장 그룹을 꼽을 수 있다. 이 직분의 권위는 율법에 보장된 제사 제도에 근거하며 전통적이며 제도적인 것이다. 다윗 왕조 패망 이후의 유대 정치 체제는 신정 통치라 할 수 있는데 이 제도는 산헤드린 중심으로 대 제사장 및 소수 귀족들에 의하여 운영되어졌다. 왕정 통치가 세속적인 권력이라 한다면 신정 통치는 성전을 중심으로 하는 종교적 권력이었다.[63)]

제사장 그룹 다음으로 종교적 권위를 가진 사람들이 율법학자와 서기관들이었다. 이들이 대중들에게 열심히 가르친 것은 율법과 유대교의 전승이었다. 그들의 율법관은 간단하게 정의하기 어렵다. 마태 복음 23장의 일곱 화의 선언에서 묘사되고 있는 그들의 문제는

---

63) 박찬웅, "원시 그리스도교 사상 형성과 유대/로마 세계의 상호 관계성에 대한 사회사적 연구" 『신약 논단』8권 3-4호 (2001년 가을-겨울) 189. 제사장의 영향력을 강조한 학자는 E. P. Sanders가 있는데 그의 견해에 대한 반대도 강하다. 이 주제에 대해서는 박찬웅, 192f 각주 참조.

외식(23:13, 14, 23, 25, 27, 29), 소경됨(23:16, 19, 26)과 연민의 정이 없음(23:4)으로 되어 있다. 그들은 말하는 바와 행하는 바가 다르며(23:3), 겉으로는 아름답고 사람에게 옳게 보이되 안으로는 추하고 불법이 가득한 것(23:27, 28)으로 비판을 받는다. 그러나 사실 그들에게 행함이 없었던 것이 아니다. 그들의 종교적 열심은 예수 자신도 인정하고 있다. 그들은 "박하와 회향과 근채의 십일조"를 드렸다(23:23). 그러나 문제는 그보다 중요한 의와 인과 사랑을 버렸다는데 있었다. 외식의 문제는 그들의 무지와 맹목성의 문제와 연결된다. 바울은 믿지않는 유대인들의 특징을 "열심이 있으나 지식이 없다"(롬 10:2)라고 평한다. 이 소경됨의 본질은 하나님의 의인 율법을 자신의 의를 위한 도구로 변질시킨 데서부터 연유한다.

유대 사회나 헬라 세계에서는 그 세계가 추구하는 이상적 통치자 상이 있었다. 구체적인 점에서 차이는 있겠지만 대체로 이상적 통치자는 온유, 겸손, 섬김, 낮아짐의 덕을 갖추어야 한다고 믿어졌다.[64] 그러나 현실 세계에서 이런 통치자를 만나기가 쉽지 않았다. 예수께서는 기존 정치 사회의 대안적 사회로서 새 계명 공동체의 비젼을 가지셨고 성령의 능력으로 그것이 이루어 질 것을 예언하셨다. 이 새 계명 공동체는 세상적 물리적 힘으로 성취되는 것이 아니라 영적인 힘으로 가능한 것이다. 원시 교회는 예수에게서 이상적 통치자를 발견했고 그를 통해서 이상적 공동체를 실현하고자 하였다. 그러나 교회

64) 헬라세계의 이상적 통치자 상에 관해서는 박 정수, "통치자의 에토스(Herrschaftsethos): 초기 기독교적 삶의 형태에 관한 연구"『신약 논단』제8권 3.4호 한국신약학회 2001 238ff 참조.

가 제도화되면서 예수께서 전수하고자 한 참된 권위가 약화된 사실을 부인하기 어렵다. 교회는 제도와 교권이 필요하지만 무엇보다도 "서로 사랑하라"는 주님의 계명을 지킴으로서 그 존재 의미가 있다.

세족식이 끝난뒤 유다가 떡조각을 받고 나갔는데 그 때가 밤이었다.(13:30) 이제 어둠의 때가 서서히 닥치는 시간에 예수께서 남은 11명의 제자한테 이제까지 가르치지 않았던 비밀스러운 지식을 전수한다. 그 지식 중에 자신의 떠나감과 다시 오심, 제자들의 거처를 예비하심, 유다의 배신, 제자들에 대한 미래의 박해, 보혜사의 오심과 사역 등이 포함되어 있다.

2) 보혜사 성령의 오심과 사역

예수께서 고별담화에서 하신 행동을 우리가 이해할려면 당시에 유대교 랍비들과 제자들의 관계를 알아보아야 한다. 당시 유대교에서는 가말리엘, 힐렐, 샴마이 등의 랍비들이 있었다. 이 랍비들은 평상시에 제자들을 거느리고 가르치다가 자기가 죽을 때가 되어간다는 예감을 가지게 되면 자기가 터득하고 깨달은 하나님의 비밀을 선택된 제자들에게 가르쳐 주었다. 아주 깊고 비밀스러운 지식은 제자들 중에서도 수제자만 불러서 전수를 해 주었다. 이런 관습이 당시 랍비와 제자들 사이에서 행해졌다. 랍비가 수제자한테 성경의 비밀을 들려 주는 순간이 되면 주위에 아무도 두지 않고 수제자만 불러서 그 비밀을 이야기 했다. 이 때 서로 얼굴을 보면 감정이 흔들리거나 혼란스러워져서 서로 얼굴을 안 보고 등을 돌리고 이야기를 했다고 한다. 이제까지 이 스승이 가르치고 연구하고 터득했던 비밀을 얼굴을 안 보고 조용하게 정확하게 알려 준다. 그러면 그 비밀을 터득한 그 사람이 후계자가 된다. 유대교에서는 이런 관습이 있었는데 그 관습은 주님과 제자들의 관계를 이해하는데 도움을 준다.

예수께서 고별 담화 이전에 성령님과 자신과의 관계에 대해서 자세하게 이야기를 한 적이 없다. 고별 담화에서 제자들에게 예수께서 가르쳐 주시는 중요한 지식이 성령님에 관한 것이다. 성령님에 관한 지식은 은밀하고 이해하기 어려운 측면이 있다. 성령 강림주일에 저자가 어떤 교회 예배에 참석했는데 놀라운 사실은 성령님에 대해서 설교를 하지 않았다. 이런 현상은 그 한 교회에 국한된 것은 아닐 것이다.

예수께서는 공생애 중에 성령께서 사역하고 역사하시는 것은 보여 주셨지만 성령님과 예수 자신과의 관계에 대해서 자세하게 이야기 하지 않으셨다. 그것을 이제 고별담화에서 제자들만이 있는 자리에서 가르쳐 주셨다.

요즈음 성령론에 대한 관심이 커지는데 요한복음에서 성령과 예수의 관계가 좀 더 상세하게 나타나있다. 성령은 "다른" 보혜사 (parakletos)이다. : "내가 아버지께 구하겠으니 그가 또 다른 보혜사를 너희에게 주사 영원토록 너희와 함께 있게 하리니"(14:16). 이 말씀은 성령께서는 예수님과 같은 사역을 하시는 분이라는 뜻이다. 다른점은 예수께서는 떠나시지만, 성령님은 영원히 우리와 함께 계신다는 것이다. 우려는 여기서 '보혜사'라는 용어에 대해 좀더 분명하게 알 필요가 있다.

대부분의 학자들과 같이 요한복음의 저작 년대를 주후 80년대 말이나 90년대 초로 추정할 때, 요한복음의 저자가 성령의 용어와 개념을 이미 알았으리라 본다. 이 점을 감안할 때, 요한 저자가 성령과 구별하여 보혜사라는 용어를 사용한데는 특별한 이유가 있었으리라 짐작된다.

요한복음의 보혜사 어록들의 특징은 주로 고별 담화의 상황과 요한 공동체의 독특한 신앙 배경에서 유래한다. 우리는 일반적으로 보혜사라하면 성령님만을 생각하나 14:16의 말씀 "... 그가 또 다른 보혜사를 너희에게 주사..."에 의하면 예수 자신도 보혜사이다. 요한은 그의 편지에서 이것을 분명하게 말하고 있다: ".... 만일 누가 죄를 범하여도 아버지 앞에서 우리에게 대언자가 있으니 곧 의로우신 예수 그리스도시라"(요일2:1) 여기서 대언자라 번역하고 있지만 용어는 parakletos로서 곧 보혜사이다. 개역개정판은 대언자라 번역하고 공동번역, 새 번역, 현대인의 성경에서는 "변호해 주시는 분"으로 번역하고 있다. 그래서, 정확하게 말하면, 보혜사는 예수님도 되고 성령님도 된다.

보혜사는 신약에서 요한복음의 고별 설교에서 4번(14:16,26; 15:26; 16:7), 요한1서에서 1번(2:1)나타난다. 개역개정판에서는 parakletos를 "보혜사"로, 요한 1서에서는 "대언자"로 번역하고 있으나 이러한 명칭들 외에도 위로자, 주창자, 화해자, 도우시는 이 등으로 번역될 수 있다. 이렇게 다양한 의미를 가지고 있기 때문에 번역상의 문제점들이 있다. W. 바클레이(Barclay)는 이처럼 많은 번역은 그 낱말의 바른 뜻을 찾아 옮기기가 얼마나 어려운가 하는 사실과 또 그 낱말 속에는 얼마나 많은 의미가 포함되어 있는가 하는 점을 잘 보여준다고

지적하고 있다.[65]

보혜사의 동사형인 parakaleo는 신약에서 여러 가지 의미를 가지고 있다 : 누구의 편으로 부르다, 소집하다. 초청하다(눅8:41, 행8:31, 9:38, 16:9,15) ; 누구의 편으로 소환하다. 도움을 청하다(마26:53, 고후12:8) ; 격려하다, 청원하다(행14:22, 16:40, 20:1f, 롬12:1,8, 고전4:16, 고후10:1) ; 호소하다, 탄원하다(마8:5, 막1:40, 눅7:4 ; 위로하다(마5:4, 눅16:25, 고후1:4, 7:6)등. 그런데 요한복음에는 이 동사형이 잘 쓰이지 않는다. 보혜사의 다양한 의미들을 살펴볼 때 개역 한글판의 "보혜사"나 "대언자", 또는 공동 번역의 "협조자"나 "변호해 주시는 분"의 명칭들은 그 단어의 한 의미만을 나타내 주고 있음을 알 수 있다. 이상의 명칭들 외에 중요한 명칭중의 하나는 "위로자(comforter)"이다. 보혜사를 위로자로 번역한 것은 영국의 위클리프(Wyclif) 이후부터였는데 흠정역(King James Version) 성서에서 사용하고 있는 이 명칭도 정확한 것은 못된다.[66] 그러나 이 명칭이 다른 명칭들보다 뛰어난 점은 보혜사 어록이 들어있는 고별 담화의 역사적 삶의 상황(Sitz im Leben)을 염두에 두었다는 점이다. 즉 3년간의 공생애를 마감하려는 예수께서 슬퍼하는 제자들에게 위로할 분을 보내실 것이라 추정할 수 있다. 이 생각은 고별 담화의 서두인 14 : 1에서 "너희는 마음에 근심하지 말라. 하나님을 믿으니 또 나를 믿으라"고 하신 말씀과 일맥상통하는 점이 있다. 그러나 이 명칭

65) W. Barclay, 서기산역, 『성령의 약속』(기독교문사, 1987), 52.

66) 위로자라는 번역의 일차적인 문제점에 관해서는 바클레이의 『성령의 약속』, 52ff 참조

은 고별 담화의 목적이 단순히 슬픔당한 제자들을 위로하는 것 이상으로 중요한 것이 있기 때문에 이 명칭은 한계가 있다.

대부분의 명칭들-보혜사, 위로자, 대언자, 협조자, 변호해 주시는 분, 주창자, 화해자 등-은 두가지 이유들로 해서 정확한 번역이 아니다. 첫째, 보혜사는 수동태의 의미를 가진다. 보혜사라는 용어는 주체적으로 어떤 사역을 행하기보다는 수동적으로 예수의 뜻에 따르는, 보냄을 받은 자로서의 특징을 묘사하고 있다. 그래서 그는 '... 곁으로 부르심을 입은자'이다. 이는 예수께서도 보혜사는 그 스스로 아무 것도 하지 아니하고 모든 것을 보내신 이의 뜻에 따라서 행한다는 사실을 계속해서 강조하고 있는 것과 일맥 상통한다. 두 번째 이유는 보혜사라는 명칭은 어떤 종류의 사역을 지칭하기 보다는 본질이나 인격에 강조점을 둔다. 다시 말하면, 보혜사의 정체성은 보내신 이 곧 예수와의 관계성 안에서만 성립된다. 이 사실은 영(spirit)을 의미하는 헬라어 프뉴마(πνεῦμα)라는 중성 명사를 사용하지 않는 이유이기도 하다. 이 한수는 이렇게 요약한다: "보혜사는 영광을 받으신 예수의 영이시다: 그는 부활 이후를 살아가는 제자들의 믿음의 이해를 깊게 하고 그들에게 그의 구원 사건들의 의미를 충만하게 드러내시며 예수께서 시작하신 구원사역을 지속, 심화, 확대하시는 성령이시다"[67)]

하나님과 예수의 관계가 아버지와 아들이라는 불가분의 관계에서 설명되었듯이 예수와 보혜사의 관계도 동일한 관점에서 설명되어져야 한다. 고별담화를 통해서 예수께서는 성령이 자신과 밀접한 관계임을

67) 이한수, 『신약은 성령을 어떻게 말하는가』, (이레서원, 2001), 306

계속해서 밝힌다. 그리고 이 구절들에서 예수께서는 반복해서 삼위일체적 관계성을 강조한다. 여기서 아들은 구하고, 아버지는 보내시고 성령께서는 오셔서 사역을 한다. 이것과 관련해서 살펴보아야 할 부분이 14장 16절-17절과 26절, 그리고 15:26절이다. 먼저 14:16을 살펴보자

> 내가 아버지께 구하겠으니 그가 또 다른 보혜사를 너희에게 주사 영원토록 너희와 함께 있게 하리니

예수께서는 보혜사를 보내주실 것을 아버지께 기도한다. 이 사실은 보혜사가 결코 자신의 계획에 따라 오시는 것이 아니고 영광 받으시고 권한이 부여된 아들이 요청함으로서 오신다는 것이다. 그는 진리의 영이기 때문에 예수를 믿는 자들과는 영원히 함께 하시지만 진리를 모르는 세상은 그를 모른다. 여기서 중요한 내용은 예수께서는 가시는데 보혜사는 영원히 우리와 함께 계신다는 것이다. 보혜사는 우리가 함께 모일 때 우리 속에 계신다. 이 보혜사는 예수께서 아버지께 구하심으로 아버지가 우리에게 보내주신 분이다. 이 구절에서 보면 삼위가 되시는 성부, 성자, 성령이 다 나타난다. 이런 점에서, 로더는 성령의 특성을 관계성이라고 보면서 "관계성으로서의 성령은 제3위인 동시에 성부, 성자, 성령 자신을 하나로 묶어준다"[68]고 설명한다.

보혜사의 다른 특성은 그의 독특한 존재방식이다. 세상은 그를 보지도 못하고 알지도 못하기 때문에 세상에는 그가 거할 곳이 없다.

68) 로더, 『성령의 관계적 논리』, 57

그가 거하는 곳은 제자들이 있는 곳이다: "그는 진리의 영이라 세상은 능히 그를 받지 못하나니 이는 그를 보지도 못하고 알지도 못함이라 그러나 너희는 그를 아나니 그는 너희와 함께 거하심이요 또 너희 속에 계시겠음이라(14:17)

성령께서 제자들과 함께 있는 이유는 제자들로 하여금 예수의 가르침을 기억나게 하고 이해하게 하려는 것이다. 이런 맥락에서 보면, 보혜사의 사역은 예수 사역의 계속이요 완성이다. 예수께서 말씀을 가르치신 것처럼 보혜사도 말씀 중심의 사역을 하신다.

> 보혜사 곧 아버지께서 내 이름으로 보내 실 성령 그가 너희에게 모든 것을 가르치고 내가 너희에게 말한 모든 것을 생각나게 하리라(14:26)

여기서 과거의 말씀을 다시 생각나게 한다는 의미는 과거의 말씀을 단순히 기억나게 한다는 의미보다는 말씀을 새롭게 깨닫거나 해석학적으로 새로운 이해를 가져오는 과정을 표현한 것이며 2:17, 22, 12:16에 기록된 해설자의 말에서도 이것이 잘 나타나 있다. 무스너가 지적한 대로 새로운 가르침의 내용은 거의 항상 기독론적 계시와 연결되어있다[69](8:28, 요일2:27). 이런 맥락에서 볼 때 14:26의 "모든 것을 가르치시고"는 예수의 가르침이 미완성이었기 때문에 완성한다는 의미가 아니고 그의 가르침이 온전히 이해되지 못한 것이 새로운 해석에 의해서 온전히 이해되어진다는 뜻이다.

---

69) F. Mussner, *The Historical Jesus in the Gospel of St. John*(NY: Herder & Herder, 1967), 59

사실 가르친다는 것과 기억나게 한다는 것은 상호 불가분의 연관성이 있다. F. 무스너(Mussner)에 의하면 "가르친다는 것은 일종의 기억나게 하는 것이고 기억나게 하는 것은 가르치는 것의 일종이다."[70] O. 베츠(Betz)에 의하면 교사의 직무는 하나님의 말씀을 현실화하는 것인데 보혜사가 그들로 하여금 역사상의 예수의 말씀과 행위를 그들의 삶속에서 다시 기억케 함으로써 바로 이 교사의 역할을 하고 있다고 지적한다.[71] 생각나게 한다는 것은 자구(字句)그대로 기억나게 한다기 보다는 과거의 말씀이 현재의 공동체에 적용되게 하는 것으로 깊은 의미에서의 재해석이라 볼 수 있다. 성령께서 말씀을 가르치고 주님의 말씀을 생각나게 하심으로 우리가 그 말씀안에 거할 수 있게 된다.

예수께서는 반복해서 보혜사가 말하는 것은 그 자신의 것이 아니고 예수 자신의 것이라는 점을 상기시킨다. 이렇게 함으로써 예수께서는 보혜사가 자신을 영화롭게 하고 그를 증언하고 있다는 사실을 제자들에게 주지시킨다.

> 내가 아버지께로부터 너희에게 보낼 보혜사 곧 아버지께로부터 나오시는 진리의 성령이 오실 때에 그가 나를 증언하실 것이요(15:26)

말씀과 성령의 유기적인 관계성은 양자 간의 불가분리성을 설명해준다. 보혜사 성령이 주님께서 말씀하신 것을 생각나게 한다.(14:26)

---

70) Mussner, 위의 책, 60.
71) O. Betz, Der *Paraklet*, vol 2(Leiden: E. J. Brill, 1963), 184.

곧 성령과 예수의 말씀 간에는 서로 뗄 수 없는 관계가 있다. 칼빈은 그것을 이렇게 설명한다: "일종의 상호간의 결합으로 주님께서는 그의 말씀과 그의 영의 확실성을 묶어 놓았기 때문에 그 말씀에 대한 완전한 믿음이 우리들의 마음속에 거하게 된다."[72)]

B. A. 게리쉬(Gerrish)는 말씀과 성령은 사실상 불가분리의 관계(inviolabili nexu)[73)]에 있기 때문에 궁극적인 권위는 성령으로 조명된 성경에(Scripture-plus-Spirit) 있다고 보았다. 그는 성령과 말씀의 결합을 다음과 같이 이해한다: "성령은 기록된 말씀과 역사적 사건을 구체적인 현재의 순간에 구체적인 개개인에게 하나님의 개인적 계시로 변화시킨다."[74)] 게리쉬는 여기서 성령의 사역을 잘 설명한다. 성령은 객관적이며 역사적인 말씀을 개개인의 삶에서 주관적이며 현실적인 계시로 변화시키되 그것을 일회적인 것으로 끝내지 아니하고 계속적인 관계성을 가지도록 유도하는 것이다. 여기서 중요한 것은 성령이 말씀을 통하여 독자와 계속적인 관계성을 가지도록 도운다는 것이다. 이런 면에서 성령님은 성경 말씀의 계시자이다.

오늘 우리의 교회 현실에서 보면 마치 예수께서는 떠나시지도 않으셨고 성령께서는 오시지도 않은 것 같다. 우리가 삼위일체 하나님을 고백하지만 사실상 성령의 사역에 대해서는 잘 모른다. 이에 대해서 로더는 이렇게 그 이유를 설명한다: "만일 '성령의 역사'가 단지 인

72) J. Calvin, tr. F. L. Battles, *Institutes of the Christian Religion*(Philadelphia: Westminster Press), I, XV, 3

73) 위의 책. I, XV, 3

74) B. A. Gerrish, "Biblical Authority and the Continental Reformation", *Scottish Journal of Theology* 10(1957): 360.

간의 삶속에 개입하시는 하나님의 참여로만 간주된다면, 성령은 성부 하나님의 역사와 성자 예수 그리스도의 역사와 별다른 차이가 없기에, 성령의 역사라는 것이 별다른 관심을 얻기 힘들 수밖에 없다"[75) 이어서 그는 성령의 중요성에 대해서 이렇게 말한다: "성령과 전혀 관계없는 하나님은 성경에 계시된 하나님이 아닐 것이며, 또한 성령과 관계없는 예수 그리스도 역시, 역사적 실재와 떨어져 있는 과거적 존재가 되고 말 것이기 때문이다. 또한, 성령과 관계없는 교회는, 오직 사회적 특성을 지닌 건물로서의 기관일 뿐이며, 성령과 관계없는 기독교 윤리는, 단순히 개인적, 사회적 타당성을 지닌 의식형성의 문제가 되고 말것이기 때문이다".[76)]

오늘 우리 신앙 속에서 예수님과 성령님이 어떤 관계에 있는지를 모르는 경우가 많은데 예수님과 성령님의 관계를 정리한 것이 고별담화이다. 보통 성령이라고 하면 우리는 바람, 불, 생수, 비둘기 같은 상징을 떠올리거나, 은사를 중심으로 방언, 치유, 축사 등을 이야기 하는데 성령님은 무엇보다도 인격적인 분이시다. 그래서 그 성령께서 스스로 계획하시고 자율적으로 사역하시는 분이다. 성령님은 우리의 뜻에 따라 움직이는 힘이나 현상이 아니다. 성령의 인격성과 주체적 활동은 요한문헌 외에도 신약성경의 여러 곳에서 나타난다. 이 주제는 중요하기 때문에 여기에 열거해 본다.

성령님은 예수 그리스도의 보혈로 죄 씻음을 받은 심령에게 임하신다. 성령께서는 능력과 힘을 주시고 기적적인 현상들을 일으키시나

---

75) 로더, 『성령의 관계적 논리』 53

76) 로더, 위의 책, 52

삼위일체의 한분이신 인격적인 분이다. 성령은 불이나 바람같은 비인격적 존재나 힘이 아니니다.(고후13 : 13, 계2 : 7, 11 외)

그 분은 다양한 활동과 행위의 주체가 되신다. 그 분은 예언, 환상과 꿈을 주시며(행2:17) 기적, 치유와 축사 행위를 하시며(행2:43) 말씀의 능력을 주시며(행4:31) 직접 지시하시며(행13:2) 구원사를 이끌어 가신다.(행16:6)

그 분은 또한 우리 마음에 사랑을 부으시고(롬5:5) 믿는 자들 안에 거하시고(롬8:11,고전3;16) 믿는 자들의 영으로 더불어 그들이 하나님의 자녀인 것을 증거하시고(롬8:16) 믿는 자들을 인도하신다(롬8:14, 갈4:6). 그 분은 믿는 자들이 마음속으로 아바 아버지라 부르짖게 하시고 양자의 지위를 주시고(롬8:15,갈4:6) 구원의 첫 열매가 되게 하시고(롬8:23) 믿는 자들의 연약함을 도우시고 그들을 위하여 간구하신다(롬8:26). 그 분은 모든 것을 통달하시고(고전2:10) 하나님의 생각을 아시고(고전2:11) 십자가의 복음을 가르치시고(고전2:13, 엡3:5) 자기가 원하는 대로 각 사람에게 은사를 나누어 주셔서 그리스도의 몸을 세우시고(고전12:7,11) 우리를 인치시고(고후1:22) 믿는 자들에게 생명을 주신다(고후3:6). 그 분은 믿는 자들이 육체를 대적하게 하시고(갈5:17) 내세의 보증이 되시며(엡1:14) 믿는 자들의 속사람을 능력으로 강건하게 하시고(엡3:16) 믿는 자들의 지은 죄를 근심하신다(엡4:30) 등등.

행전 8장을 보면 성령님에 대해서 오해하는 사건이 기록되어 있다. 시몬 마구스(Simon Magus)라는 마술사가 있었는데 그가 빌립을 통해 전도를 받았다. 후에 베드로와 요한이 내려와서 안수를 하니까 성령께서 역사하시는 것을 보고 시몬 마구스가 너무 놀라서 베드로에게 돈을 줄 테니까 그 능력을 나한테 팔라고 요청을 했다. 이것이 성령님에 대해서 잘 못 알고 있는 현상중의 하나이다. 즉 성령이 사람의 뜻에 따라서 조종되는 힘이나 현상으로 오인한 것이다. 로더에 의하면, "이것은 성령이, 하나님으로부터 나오는 피조된 비인격적인 힘이라고 주장하는 아리우스적 견해...."[77]이다. 우리 교회 현실을 보면 많은 교인들이 아리우스적 견해를 가지고 있는 셈이다. 이런 오해가 심각하니까 기성 교단에서 성령에 대한 언급을 가급적 회피하고자 한다. 어떤 주술을 외우면 성령이 오시는 것이 아니다. 성령께서는 그 사람의 기도와 간구가 진실하고, 참되고, 간절하여, 그 기도가 예수의 뜻에 합당할 때 오시는 것이다.

그래서 우리의 기도 수준은 말씀 수준이다. 기도의 열정이 있어야 되지만 기도의 핵심은 말씀을 통해서 진리를 깨닫고 주님의 뜻에 합당한 기도를 해야 성령께서 감찰하시고 오시는 것이다. 성령님을 이야기 할 때 예수께서 강조하시는 것은 성령님이 스스로 말씀하시지 않고 예수님께 들은 것을 이야기 하고, 예수께서 말씀하신 것을 기억나게 하시고 그것을 우리가 이해하게 하는 것이다.(14:26;16:13) 성령님이 예수께서 말씀 하신 것을 가르쳐 주시고 깨닫게 해 주시기 때문에 우리가 성령의 능력을 어느 정도 받느냐에 따라 말씀이해의 깊이가 달라진다. 성령께서 역사하시면 말씀이 삶을 바꿀 만한 힘이 생기는 말씀사건이 일어난다.

---

77) 로더, 위의 책, 56

결론적으로, 우리에게는 영적 현상에 대한 성경적 이해가 필요하다. 성경의 진리에 의하면, 하나님의 말씀이 중심이고 영적 현상은 부수적인 것이다. 그래서 영적 현상 그 자체가 중심이 되는 헬라적 다신교적 이해를 경계해야 한다. 우리는 영적 신비적 체험으로 인한 분파나 우월, 엘리트 주의를 지양하고 교회화목을 우선시 해야 한다(고전12:7-11). 영적 은사나 현상은 본인과 공동체의 통제가 필요하다. 왜냐하면 이 영적 체험은 영향력이 강하지만, 일시적이며 부분적이기 때문이다.(고전14:40, 32f)

예수께서 떠나가게 되더라도 제자들이 고아처럼 내버림을 당하지 않을 것은 성령께서 오실 것이기 때문이다.(14:17-18) 그래서 예수께서 떠나가는 것이 우리에게 유익할 수 있다. 왜냐하면 성령님은 우리들과 영원히 계실 것이기 때문이다. 예수께서 역사 하신 후에 승천 하시면 그 자리를 성령께서 메우시고 제자들을 통해서 그의 사역을 계속해 나갈 것이다. 그래서 오늘 이 시대에 사는 우리가 성령님을 바로 알고 동행할 수 있어야한다.

예수께서 떠나시기 전에 제자들을 지켜보고 두려워하고 염려한 것이 무엇일까? 예수께서 계실 때는 자신이 구심점이 되어서 중심을 잡아 주니까 하나의 조직이 됐었는데 가버리고 나면 누가 그 중심을 잡을 것이냐? 지도자가 없으니까 제자들의 모임이 와해되고 흩어져 버릴 수 있었다. 예수께서 떠나신 후 제자들이 말씀안에서 예수님과 함께 있는 모습을 비유로 설명한 것이 15장의 포도나무 비유이다.

이 비유에서 아버지가 농부, 예수님이 포도 나무, 제자들은 가지다.(15:1, 5) 가지인 제자들은 포도 나무에 붙어 있어야 열매가 열린다.(15:4) 예수님이 떠나 버리는 상황에서 어떻게 제자들이 예수님께 붙어 있을 수 있느냐? 여기에서 중요한 역할을 하는 것이 예수님의 말씀이다. 예수께서 말씀하신다: 저희가 내 말에 거하고 내 말이 저희 안에 거하면 저희들이 열매를 맺는다. 주님 말씀 안에 거한다는 것은 주님의 계명을 지킨다는 것이다.(15:10) 주님이 제자들에게 계명을 주셨는데 그 계명이 뭐냐하면 "서로 사랑하라"는 것이다.(15:12) 주님이 제자들을 사랑한 것처럼 제자들도 서로 사랑하라는 것이다. 이 계명은 지극히 짧은 계명이지만 지키기가 쉽지않다.

살아갈수록 사랑한다는 것이 힘들다. 처음에는 사랑이 달콤하다가 그 다음에는 텁텁하다가 나중에는 씁쓸해진다고 한다. 생물학적으로 보면 처음에 사랑하는 것은 호르몬의 영향이 크다. 시간이 지나고 나면 내가 어떻게 저 사람하고 결혼을 했지라고 하는 사람들이 있다. 주님은 서로 사랑하라고 하는데 가정에서나 교회에서 서로 사랑하기가 힘들 때가 있다. 우리는 가까이 있는 사람들, 마땅히 사랑해야 할 사람들을 사랑하지 못할 때가 많다. 이것처럼 어려운 문제도 없다. 심리학에서는 사랑을 받아 본 경험이 없어서 사랑하는 것을 두려워하는 사랑의 불구자들이 있다고 한다. 이런 사람들은 어떻게 사랑을 해야 하는지를 모른다. 아버지와 어머니가 사랑한 사이에서의 자녀는 사랑하는 것이 자연스러운데 그런 것을 못 보고 자란 가정의 자녀는 사랑한다는 것이 힘들다. 우리의 그런 문제를 아시고 주님은 사랑의 표본을 보여 주셨다. 그것이 바로 주님이 세족식에서 하신 것처럼 남의 발을 씻겨주고 봉사(diakonia)하는 것이다.

부모님을 통해서 사랑을 못 배웠으면 예수님을 통해서 배워야 한다.

사랑의 성숙은 직분, 연수, 지위, 명예, 학식에 따른 것이 아니라 예수의 사랑이 우리 마음 속에 살아남으로 이루어진다. 서로 사랑함으로써 그리스도 안에 한 몸을 이루어 가고 그 몸 안에 있으면 마치 포도나무의 비유처럼 그 몸에서 우리 속에 사랑의 진액이 흘러 나와서 영양분을 공급 받아 열매를 맺는 것이다.

그래서 예수께서 너희가 나를 떠나서는 스스로 아무것도 할 수 없다고 하셨다. 가지가 나무에 붙어 있어야 한다. 붙어 있다는 것은 성령안에서 말씀을 끊임없이 공급받는 것이다. 그리고 성령께서 우리들과 함께 있으면 예수님을 항상 기억나게 할 것이다. 성령께서는 예수께서 우리들에게 한 말씀들과 십자가의 보혈을 기억나게 할 것이다. 비유로 말하면, 성령께서 예수 그리스도의 상을 조명하시는 것이다. 그런데 성령께서 예수 그리스도의 상을 조명하셔도 우리의 삶이 평온한 낮에는 그 상이 잘 보이지 않을 수 있다. 그러나 우리의 삶이 캄캄한 밤과 같이 어두울 때 우리는 그 상을 보다 분명하게 볼 수 있다.

교회사를 보면 2세기 이후부터 교회는 감독을 중심으로 하는 조직과 전통, 의식과 교리를 가지고 교회의 통일성을 이루고자 하였다. 물론 제도적 교회에서 이것들이 필요하지만 이것들은 성령께서 그 뜻을 이루기 위해서 사용하시는 수단들이다. 그것들 자체가 목적이 되어서는 안될 것이다. 사도 바울은 "성령이 하나되게 하신 것을 힘써 지키라"(엡 4:3)고 말한다. 교회에서 성령께서 함께 하시지 않으면 교회의 통일성을 지킬 수 없다. 교회 목회에서 인간관계도 중요하고 다양한 활동도 필요하지만 그것만으로는 교회를 이끌어 나갈 수 없다. 성령께서 중심에 계셔야 된다. 성령께서 예수의 말씀을 각자에게 심어줌으로 인해 우리로 하여금 하나가 되게 한다. 우리가 모여서, 무엇보다도, 말씀을 나누어야 하는 이유는 성령께서 말씀을 가지고 하나가 되게 하시기 때문이다. 우리가 모이면 새로운 힘을 얻고, 새로운 진리를 깨닫게 된다. 이것이 성령께서 말씀을 통해 우리에게 주시는 특권이다. 세상 사람들은 모르지만 우리가 말씀 안에서 기쁨을 얻고, 힘을 얻고, 하나가 되는 것은 성령께서 함께 해주시기 때문이다. 이것이 가장 이상적인 교회의 원리이다. 그래서 우리가 모일 때 반드시 말씀을 통한 교제가 있어야 한다. 우리 인간의 노력으로는 아무리 해도 안된다. 조직이나 경영 원리로 교회를 운영하는 것은 한계가 있다. 근본적으로 우리를 하나로 묶어 주는 것은 예수의 말씀을 통한 성령의 사역이다.

성령께서 어떻게 도우실까? 에스겔 선지자의 말을 들어보자: "또 새 영을 너희 속에 두고 새 마음을 너희에게 주되 너희 육신에서 굳은 마음을 제거하고 부드러운 마음을 줄 것이며 또 내 영을 너희 속에 두어 너희로 내 율례를 행하게 하리니 너희가 내 규례를 지켜 행할지라"(36:26-27) 성령께서 우리의 완고하고 따딱한 마음을 제거하여 부드러운 마음으로 바꾸어 주실 때 우리는 하나님의 말씀을 지킬 수 있다. 그래서 성령께서 우리 속에 거하실 때 우리는 말씀에 순종하고 살 수 있다. 이 한수는 이것을 잘 요약하고 있다: "특히 요한1서에서 성령은 참된 믿음의 고백과 참된 사랑의 실천을 가능케하는 능력으로 묘사된다(요일3:23-24). 이로써 성령은 바른 신앙(orthodoxy)과

바른 실천(orthopraxy)을 통합시키는 능력의 원천이시다."[78]

8. 성자와 성령, 그리고 주님의 기도(16–17장)

성부와 성자의 관계에 대해서는 초대 교회 때부터 많은 연구가 이루어졌지만 성자와 성령의 관계에 대한 연구는 부진하였다. 그래서 성자와 성령의 관계를 계시하고 있는 고별담화는 중요한 부분이다. 14-15장에 이어 16장에서 예수께서는 자신과 성령의 관계를 더 자세하게 가르쳐 주신다. 먼저, 오실 성령의 사역부터 알아보자.

놀랍게도, 예수께서는 자신이 떠나가는 것이 제자들에게 더 좋은 일이라고 말씀하신다. 왜냐하면 자신이 떠나가야 성령께서 오실 것이기 때문이다.(16:7) 그러면, 그가 오셔서 무슨 일을 하실까? 성령께서 오셔서 하실 일은 세상을 고발하고 책망하시는데 죄, 의와 심판에 관해서이다:

> 죄에 대하여라함은 그들이 나를 믿지 아니함이요 의에 대하여라 함은 내가 아버지께로 가니 너희가 다시 나를 보지 못함이요 심판에 대하여라함은 이 세상 임금이 심판을 받았음이라 (16:9-11)

여기에 나타난 죄와 심판의 주제는 그의 말씀을 영접치 않는 사람들의 존재를 암시하고 그들에 대한 경고에 해당된다. 말씀이 영접될

78) 이한수, 앞의 책, 371

때 진리가 되고 그것이 거부되면 심판이 된다. 세상이 말씀을 거부한다는 것은 세상이 심판아래 있다는 것을 뜻한다. 예수의 말씀과 행위는 세상이 죄악됨을 밝히는 근거가 되며 그의 말씀을 듣고 그를 본 자는 변명의 여지가 없다.(15;22, 24) 보혜사는 믿는 자들에게는 보호자의 역할을 하지만 세상에 대해서는 고소자의 역할을 한다.

그리고, 예수께서는 오실 보혜사와 자신과의 관계를 이렇게 예언하신다.

그러나 진리의 성령이 오시면 그가 너희를 모든 진리 가운데로 인도하시리니 그가 스스로 말하지 않고 오직 들은 것을 말하며 장래 일을 너희에게 알리시리라

그가 내 영광을 나타내리니 내 것을 가지고 너희에게 알리시겠음이라(16:13-14)

16 : 13에서 보혜사가 "모든 진리 가운데로 인도"할 것이라고 약속되어 있는데 이것은 보혜사가 독자적으로 이루는 것이 아니다. 보혜사가 말하는 것은 그의 뜻에 따라서가 아니고 오직 예수께서 말씀하시는 것을 말하고 예수의 진리를 알리는 것이다.(16 : 14) 그래서 보혜사의 사역은 예수의 말씀 사역과 깊이 연관되어 있으며 예수의 말씀은 보혜사에 의하여 온전히 이해되어진다. 예수와 보혜사의 관계에 관한 이 중요한 진리는 요한이 그의 첫 번째 편지와 계시록에서도 계속하여 밝히고 있다. 요한은 그의 첫 번째 편지에서 우리가 주님안에 거하는 줄을 아는 것은 "우리에게 주신 성령으로 말미암아" 가능하다고 말한다.(요일3:24,4:13) 그리고 계시록에서도 요한은 자신이 받

은 계시는 "예수 그리스도의 계시"인데 이 계시는 자신이 "성령에 감동" 되었을 때 받은 것임을 분명하게 밝힌다.(계1:1,10)

이 구절을 보면, 예수의 말씀속에 내재한 깊은 진리는 문자적 해석에 집착하는 사람들에 의하여 가리워져 있었다는 사실이 암시되어져 있다. 보혜사의 사역은 예수의 말씀을 문자적으로 해석하는 것을 지양하고 그 이면의 영적 진리를 이끌어 내는 것이다. 바울이 이것을 적절하게 표현하고 있다: "율법 조문은 죽이는 것이요 영은 살리는 것이니라"(고후3:6). 새로운 말씀 해석은 그 동안 믿는 사람들의 눈에까지도 감추어 졌던 예수의 말씀과 삶의 참된 의미를 깨우치게 한다.

바울은 예수 그리스도에 대한 신앙이 가능한 것은 성령의 힘이라고 말한다(고전2:4-5). 칼빈에 의하면, 우리는 "우리 신앙의 확신의 근거를 이성, 판단, 추측 이상의 곳에서, 즉 성령의 은밀한 증언에서 찾아야 한다."[79] 예언자들에게 그의 진리를 나타내신 하나님의 영은 동일한 영에 의해서 감동을 입은 믿는 자들의 마음속에 그의 진리를 증거한다. 그래서 성령을 모르는 자들이 주님의 사역과 말씀에 관해서 기록된 것을 이해하지 못하는 것은 당연한 일이다: "왜냐하면 하나님 한 분 만이 그 분의 말씀에 대한 합당한 증인이시기 때문에 성령의 내적인 증언에 의해서 인치심을 받기 이전에는 말씀이 사람들의 마음속에 수용되지 못한다."[80] 하나님이 말씀하신 신적인 구술은 성령의 내적 조명과 유기적인 관계성속에서 설명되어진다. 웨스트민스터 신

79) J. Calvin, 앞의 책, I, VII. 4
80) 위의 책, I, VII, 4

앙 고백에서도 진리에 대한 확신과 설득력은 우리의 마음속에 말씀을 증언하는 성령의 내적 사역에서부터 온다고 말하고 있다.

초대 교회의 몬타니스트와 영지주의 이후의 이단적 성령운동은 성령의 독자적 계시 즉 직계를 주장했다. 이단적 성령주의자들은 성령이 성경이외의 말씀과 계시를 현재에도 나타내 보인다고 주장한다. 이러한 견해는 정경으로서의 성경의 권위를 위태롭게 하고 성령의 사역에 많은 의문을 제기하게 되었다. 이 현상이 칼빈과 같은 종교 개혁자들에게 성경과 성령의 불가분리성을 주장하게 된 직접적인 원인을 제공했다.

칼빈에 의하면, 성령은 말씀을 그 사역의 도구로 삼는다. 성령은 성경과 관련 없이 개개인에게 직접적으로 말씀하시지 않는다. 이 말은 성령은 예수 그리스도와 예언자들에게 주어진 말씀을 통해서만 말씀하신다는 의미이다. 성령은 성서 밖에서 그 어떤 것도 말씀하시지 않는다. 성령은, F. 웬델(Wendel)의 말처럼, 성경의 말씀을 "확증"할 뿐이다.[81] 여기서 확증한다는 것은 성령이 말씀을 도구로 해서 사역할 때 확실한 결과가 나타나고 그것으로서 성령의 사역임이 드러난다는 것이다. 그래서 말씀은 성령의 사역을 위한 도구요 수단이다. 성령은 듣지도 못한, 전혀 새로운 계시를 주시지도 않을 뿐 아니라 새로운 종류의 교리를 만드시지도 않는다. 이렇게 함으로서 성령과 말씀은 상호보완적 관계를 유지하는 것이다. 성령이 말씀을 목적으로 삼는 방식은 영감을 주는 방식으로서이다. 말씀 없이는 성령의 사

81) F. Wendel, Calvin: *The Origins and Development of His Religious Thought* (Philadelphia: Westminster Press, 1963), 157.

역이 죽은 것같이 성령의 조명이 없는 말씀은 그 자체로 죽은 것이나 다름없다. 이것이 디모데 후서 3:16의 의미이다: "성경은 하나님의 감동으로 된 것으로……." W. 니젤(Niesel)은 양자 간의 역동적이며 보완적인 관계를 잘 요약해준다: "성령은 한 때 옛 사람들을 통해서 말씀하신 것과 다른 그 어떤 것을 오늘날 나타내지 않으신다. 그는 예수 그리스도를 증거하기 때문에 우리는 다른 근거가 아니라 성경적인 증거에서 오는 성령의 행위를 기다려야만 한다."[82]

보혜사 성령이 오시면 그분이 예수의 영광을 나타내신다. 그래서, 성령을 받은 가장 중요한 지표 중의 하나는 그 성령 받은 사람이 자기의 영광이 아니고 예수의 영광을 드러내어야 한다는 것이다. 성령께서 선물 즉 은사를 주시는데, 그 은사가 무엇이든지 간에 그것을 주시는 이유는 예수의 몸을 세우라는 것이다. 성령께서 우리에게 열매를 주시는데 그것은 예수 그리스도의 형상을 닮아가는 것이다. 그래서, 성령님과 예수님은 불가분의 관계에 있다. 성령님에 관한 이 진리는 성령에 관해 무지하여 편견과 오해가 많은 이 시대 우리가 꼭 바로 이해해야 할 것이다. 로더에 의하면, "기독교의 초기 공식화된 신조중에서도 교회의 삶과 신앙을 위해 대단히 중요한 의미를 가진 성령론은, 또한 가장 빈번히 무시된 주제이기도 하다."[83]

성령님은 그 무엇보다도 말씀을 통해서 우리의 신앙을 지키시고 구원사를 완성하시는 분이다. 로더에 의하면, "... 성령께서, 하나님의

82) W. Niesel, *The Theology of Calvin*, tr. H. Knight(Philadelphia: Westminster Press, 1956), 39.

83) 로더, 『성령의 관계적 논리』, 52.

말씀과 밀접하게 연결되어 구속의 역사를 감당하심으로써, 메시아의 약속을 성취하신다는 것이다."[84]

오늘날 성령의 사역이 약화됨으로 교회는 성령께서 죄를 인식케하는 사역에 대해서 대체로 무관심하다. 교회생활을 오래 하다보면 습관적인 신앙이 되어 죄의식이 무디어진다. 성령께서는 우리 자신의 죄를 우리 스스로의 힘으로 해결할 수 없는 절망감가운데 우리로 하여금 그리스도의 죄사함의 보혈을 간구하게 하신다. 죄사함 받은 놀라운 은총의 경험은 신자의 삶속에서 새로운 창조의 역사를 일으킨다. 이 측면을 강조한 것이 루터의 성령론이다. J. 로더에 의하면, "통회자복으로부터 생겨나는 새로운 희망과 조명을 향한 움직임은, 곧 성령의 창조적 역사를 의미한다. 루터의 성령론은 인간을 역설적 상황 속에 놓이게 한다. 성령은 인간으로 하여금 자신의 죄를 깨닫게 하는 동시에 그리스도를 향한 의인(義認)을 경험케 한다. 이에 대한 루터의 유명한 경구는 다음과 같다. '기독교인은 늘 죄인(罪人)인 동시에 의인(義人)'[85]이라는 것이다." 칼빈은 이를 다르게 표현하지만 그리스도와 성령을 통해서 우리가 구원을 확신할 수 있음을 분명히 한다. "우리의 마음이 성령에 사로잡히기까지는 아직 우리가 그리스도와 연합되었다고 할 수 없다. 왜냐하면, 우리가 그리스도를 그저 하나의 역사적 인물로 보는 한, 아직 그리스도와 우리 사이에는 여전히 거리가 존재하기 때문이다"[86] 곧 우리는 역사적 예수를 초월한 성령안에서의

84) 로더, 위의 책, 55.
85) 로더, 앞의 책, 61
86) 위의 책, 61에서 재인용.

그리스도를 통해서 온전한 구원을 이룰 수 있다는 것이다.

우리 말에 구더기 무서워서 장 못 담근다는 말이 있는데 성령의 역사를 신비나 기적에만 연관시키니 정통 교회에서 성령님에 관한 설교를 기피하게 된다. 그러나 성령의 본질적인 사역은 깊이 우리 속에 들어오셔서 예수의 말씀을 우리에게 심어 주시고, 능력을 주시고, 기쁨을 주시는 것이다. 성령님을 이야기 할 때 잘못된 길로 갈 때도 있는데 그렇다고 해서 성령님을 이야기 하지 않고 넘어가는 것은 더 문제가 심각해진다. 구더기는 집어 내더라도 장은 담궈야 한다. 성령께서 함께 계셔서 은사를 주시는 목적이 무엇인가? 그것은 그리스도의 몸된 교회를 세우고 성도 개개인에게는 성령의 열매를 맺게 하기 위해서이다. 성령님에 관한 예수의 교훈은 마지막 유언에 해당하는데 우리가 깊이 생각해야 한다.

요한 복음서는 종종 기독론 중심의 신앙 고백으로 특징지어져 왔다. 신약성경의 다른 책들과는 달리 요한은 예수를 본질적으로 성육신한 말씀으로 이해하는데, 역사적 인물을 말씀 그 자체로 묘사한다는 점에서 어떤 헬레니스트나 필로(Philo)에서도 그 유례를 찾아 볼 수 없다. R. 불트만(Bultmann)이 바로 지적한대로 계시 사건에 나타난 기적의 전체적인 성격은 "말씀이 육신이 되어…"라는 한 문장에 집약되어 있다.[87] 그러나 성육의 사상은 공관 복음에 나타난 성령에 의한 잉태의 사상과는 다른 면을 가지고 있다. 요한복음서 서문에 잘 표현되어 있듯이 말씀은 태초에 하나님과 함께 계셨고, 우리 가운데

87) R. Bultmann, *The Gospel of John* (Oxford : Basil Blackwell, 1971), p. 624.

거하신 그리스도는 다름 아닌 선재하신 말씀이었다. 따라서 역사적 예수가 그의 아버지에게 가는 것은 엄밀히 말해서 고별이 아니다. 이것은 그의 원처소로의 귀환이며 따라서 고별 사건은 영화 또는 이제까지 감추어진 그의 영광의 표출이라고 묘사해도 잘못이 없다.

예수께서는 이제 아버지로부터 들은 것을 제자들에게 모두 알려주셨다. 그래서 제자들은 이제 더 이상 종이 아니고 친구이다.(15:15) 그리고 그들은 성령께서 오시면 더 큰 일을 할 것이다.(14:12) 비록 그들이 박해를 당하겠지만 주님이 부활하심으로 그들에게 기쁨이 충만할 것이다. 이 기쁨은 어느 누구도 빼앗을 자가 없을 것이다.(16:22-24) 그래서 주님은 제자들에게 마지막으로 "세상에서는 너희가 환난을 당하나 담대하라 내가 세상을 이기었노라"(16:33)고 격려를 하고 고별담화를 마치신다. 그리고 믿음이 연약한 제자들에게 내일이면 닥치게 되는 엄청난 충격과 혼란을 예상하고 긴 기도를 하신다. 이것이 소위 대제사장의 기도이다.

예수께서 제자들을 위해, 그리고 그들을 통해 믿게 될 우리를 위해 기도를 길게 하시고 수난으로 들어간다. 17장의 골자를 보면 제일 먼저, 아들을 영화롭게 하사 아들로 아버지를 영화롭게 해주시기를 기도하신다. 그 후에 영생에 대해서 말씀하신다: "영생은 곧 유일하신 참 하나님과 그가 보내신 자 예수 그리스도를 아는 것이니이다."(17:3) 영생을 얻기 위해서 우리는 하나님과 예수 그리스도를 알아야 한다. 칼빈은 하나님을 아는 것이 우리를 아는 것이고 우리를 아는 것이 곧 하나님을 아는 것이라고 말했다. 이 말은 하나님과의 관계안에서 우리 자신을 정확하게 알 수 있다는 것이다. 창조주 하나님 안에서 피조물인 우리 자신의 모습이 보이고 거룩하신 하나님 앞에서 죄인인 우리의 모습이 분명하게 보인다. 우리가 죄인임을 알게 될 때 그 죄에서 우리를 구원해 주실 예수 그리스도를 찾게 된다. 칼빈은 이 구원의 역사를 알게 하시는 분이 성령임을 가르쳐준다: "성령은, 인간을 향한 구원의 약속이 우리의 마음을 관통할 수 있도록 해준다. 성령의 도움 없이는 그러한 구원의 약속이, 단지 우리의 귓등을 때리거나 허공만을 울리는 공허한 것이 되고 말것이다."[88)]

그 다음에, 제자들과 그들을 통해 믿게 될 사람들이 세상의 박해와 유혹 속에서 믿음을 잃지 않고 하나가 되게 하옵소서라고 기도하신다. 이제 예수께서는 아버지께로 가시고 제자들과 우리들은 이 세상 속에서 믿음을 잃지 않고 살아가야 한다. 이것이 결코 쉽지 않다. 그것을 아시는 주님께서 제자들과 우리를 위해서 간절히 기도하신다.(17:11) 세상의 박해와 고통 속에 살아가면서 하나 된 제자들과 우리들이 기쁨을 잃지 않도록 기도하신다.(17:13) 또한, 우리가 죄악에 빠지지 않고 진리로 우리를 거룩하게 해 달라고 기도하신다.(17:17) 예수께서 지상에 있으면서 제자들을 위해서 그리고 제자들을 통해 믿는 우리들을 위해 기도하셨다.(17:20-21) 그리고 아버지께서 자신을 사랑하신 그 사랑이 믿는 이들에게 함께 하시기를 마지막으로 기도하신다.(17:26)

주님의 이 기도가 있기 때문에 그 때 제자들과 오늘 우리들이 박해와 유혹이 많은 세상속에서 믿음을 지키며 살아갈 수 있는 것이다.

---

88) J. 로더, 앞의 책 51에서 재인용

그래서 주님의 이 기도문을 한번 음미해보자. 우리를 위해서 지금도 기도하시는 주님을 마음에 그려보면서...

> 아버지여 때가 이르렀사오니 아들을 영화롭게 하사 아들로 아버지를 영화롭게 하게 하옵소서 아버지께서 아들에게 주신 모든 사람에게 영생을 주게 하시려고 만민을 다스리는 권세를 아들에게 주셨음이로소이다 영생은 곧 유일하신 참 하나님과 그가 보내신 자 예수 그리스도를 아는 것이니이다 아버지께서 내게 하라고 주신 일을 내가 이루어 아버지를 이 세상에서 영화롭게 하였사오니 아버지여 창세 전에 내가 아버지와 함께 가졌던 영화로써 지금도 아버지와 함께 나를 영화롭게 하옵소서
>
> 세상 중에서 내게 주신 사람들에게 내가 아버지의 이름을 나타내었나이다 그들은 아버지의 것이었는데 내게 주셨으며 그들은 아버지의 말씀을 지키었나이다 지금 그들은 아버지께서 내게 주신 것이 다 아버지로부터 온 것인 줄 알았나이다 나는 아버지께서 내게 주신 말씀들을 그들에게 주었사오며 그들은 이것을 받고 내가 아버지께로부터 나온 줄을 참으로 아오며 아버지께서 나를 보내신 줄도 믿었사옵나이다
>
> 내가 그들을 위하여 비옵나니 내가 비옵는 것은 세상을 위함이 아니요 내게 주신 자들을 위함이니이다 그들은 아버지의 것이로소이다 내 것은 다 아버지의 것이요 아버지의 것은 내 것이온데 내가 그들로 말미암아 영광을 받았나이다 나는 세상에 더 있지 아니 하오나 그들은 세상에 있사옵고 나는 아버지께로 가옵나니 거룩하신 아버지여 내게 주신 아버지의 이름으로 그들을 보전하사 우리와 같

이 그들도 하나가 되게 하옵소서

내가 그들과 함께 있을 때에 내게 주신 아버지의 이름으로 그들을 보전하고 지키었나이다 그 중의 하나도 멸망하지 않고 다만 멸망의 자식뿐이오니 이는 성경을 응하게 함이니이다 지금 내가 아버지께로 가오니 내가 세상에서 이 말을 하옵는 것은 그들로 내 기쁨을 그들 안에 충만히 가지게 하려 함이니이다 내가 아버지의 말씀을 그들에게 주었사오매 세상이 그들을 미워하였사오니 이는 내가 세상에 속하지 아니함 같이 그들도 세상에 속하지 아니함으로 인함이니이다

내가 비옵는 것은 그들을 세상에서 데려가시기를 위함이 아니요 다만 악에 빠지지 않게 보전하시기를 위함이니이다 내가 세상에 속하지 아니함 같이 그들도 세상에 속하지 아니 하였사옵나이다 그들을 진리로 거룩하게 하옵소서 아버지의 말씀은 진리니이다
아버지께서 나를 세상에 보내신 것 같이 나도 그들을 세상에 보내었고 또 그들을 위하여 내가 나를 거룩하게 하오니 이는 그들도 진리로 거룩함을 얻게 하려 함이니이다 내가 비옵는 것은 이 사람들만 위함이 아니요 또 그들의 말로 말미암아 나를 믿는 사람들도 위함이니 아버지여, 아버지께서 내 안에, 내가 아버지 안에 있는 것 같이 그들도 다 하나가 되어 우리 안에 있게 하사 세상으로 아버지께서 나를 보내신 것을 믿게 하옵소서

내게 주신 영광을 내가 그들에게 주었사오니 이는 우리가 하나가 된 것 같이 그들도 하나가 되게 하려 함이니이다 곧 내가 그들 안에 있고 아버지께서 내 안에 계시어 그들로 온전함을 이루어 하나가 되게 하려 함은 아버지께서 나를 보내신 것과 또 나를 사랑하심 같이

그들도 사랑하신 것을 세상으로 알게 하려 함이로소이다 아버지여 내게 주신 자도 나 있는 곳에 나와 함께 있어 아버지께서 창세 전부터 나를 사랑하시므로 내게 주신 나의 영광을 그들로 보게 하시기를 원하옵나이다

의로우신 아버지여 세상이 아버지를 알지 못하여도 나는 아버지를 알았사옵고 그들도 아버지께서 나를 보내신 줄 알았사옵나이다 내가 아버지의 이름을 그들에게 알게 하였고 또 알게 하리니 이는 나를 사랑하신 사랑이 그들 안에 있고 나도 그들 안에 있게 하려 함이니이다

9. 재판과 십자가(18–19장)

예수께서 대제사장 기도를 하고 나면 그 후에 본격적으로 수난에 들어간다. 수난에서 중요한 주제가 재판과 십자가 처형이다. 이 긴 재판 장면들은 세심하게 주님과 베드로의 대조적인 장면들로 엮어짜기 되어 있다. 주님은 대제사장들과 빌라도 앞에서 담대하나 베드로는 여종과 사람들앞에서 주님을 세 번이나 부인한다.

베드로의 부인(18:15-18)/ 주님의 담대한 증언(18;19-24)/ 베드로의 두 번 부인(18:25-27)/주님의 담대한 증언(18:28-19;16)

우리에게 고통을 주고 죽일 수 있는 권세가 이 세상에서 제일 무서운 권세이다. 이 권세 앞에서 주님은 담대한 반면 베드로는 힘없이 무

너진다. 요한이 이 장면들을 대조적으로 배치한 것은 우리들에게 주고자 하는 메시지가 있기 때문이다.

예수께서 제자들과 함께 기드론 시내 동편의 동산에 있을 때 가룟 유다가 군대와 경비병들을 데리고 예수께 왔다. 시몬 베드로가 칼을 가지고 용감하게 저항했지만 주님께서 그를 저지하고 하나님의 뜻에 따라 순순히 결박을 당하셨다. 천부장과 군대는 주님을 먼저 안나스에게로 데리고 갔다. 그후에 그들은 주님을 대제사장 가야바에게로 끌고 갔다.

주님은 먼저 이 두 사람의 심문을 받았는데 이 두사람은 장인과 사위 관계이다. 그리고 빌라도 총독에게 재판을 받는다. 빌라도 총독은 아무래도 정치적인 관심이 앞섰다: "네가 유대인의 왕이냐?" 이 질문에 대해 예수께서 대답하신다: "내 나라는 이 세상에 속한 것이 아니니라 만일 내 나라가 이 세상에 속한 것이었더라면 내 종들이 싸워 나로 유대인들에게 넘겨지지 않게 하였으리라 이제 내 나라는 여기에 속한 것이 아니니라"(18:36) 빌라도는 '내 나라'라는 말이 나오자 다시 묻는다; "그러면 네가 왕이 아니냐" 예수께서 수긍을 하신다: "네 말과 같이 내가 왕이니라 내가 이를 위하여 세상에 왔나니 곧 진리에 대하여 증언하려 함이로다 무릇 진리에 속한 자는 내 음성을 듣느니라"(18:37)

예수께서는 여기서 진리에 관한 말씀을 하신다. 빌라도가 궁금하여 "진리가 무엇이냐"고 묻지만 예수의 대답이 없다. 세상은 진리를 이해하기도 받아들이기도 어렵기 때문이다: "그는 진리의 영이라 세상은 능히 그를 받지 못하나니 이는 그를 보지도 못하고 알지도 못함이라..."(14:17). 진리는 심오한 이론이나 방대한 지식 체계와 정보속에 있는 것이 아니다. 진리는 예수 자신이고(14:6), 성령이 진리의 영이고(16:13), 아버지의 말씀이 진리이다(17:17), 진리는 예수의 인격속에 있고 성령의 본성을 갖고 구체적으로 하나님의 말씀으로 표현된다. 그리고 예수께서는 이 진리로 제자들을 거룩하게 하옵소서라고 기도하셨다.(17:17) 진리로 거룩하게 한다는 말씀은 진리인 하나님의 말씀과 성령, 그리고 예수 자신의 삶과 말씀으로 거룩하게 한다는 뜻이다.

이런 심문이 있은 후에 빌라도는 그의 무죄를 선언하고 주님을 석방하려 했지만 대제사장들과 유대인들은 주님을 십자가에 못박으라고 외친다. 그들은 빌라도를 위협한다. 만약 "이 사람을 놓으면 가이사의 충신이 아니니이다. 무릇 자기를 왕이라 하는 자는 가이사를 반역하는 것이니이다"(19:12) 이 위협에 빌라도는 굴복하고 만다.

요한이 재판 기사를 상세하게 기록한 목적이 무엇일까? 물론 이 재판기사는 수난을 받아가는 절차를 이야기하지만 이 재판의 의미는 진정한 재판관이 누구냐?를 독자들한테 알려 주기 위한 것이다. 현실적으로 예수께서 재판을 받고 재판관은 안나스, 가야바, 빌라도이다. 그러나 자세히 읽어보면 요한은 정말 재판을 받는 사람이 누구이고 재판을 하는 사람이 누구인가를 독자들에게 알려 주고자 하는 것이다. 진정한 권세를 가진 분이 누구인가? 그리고 진정한 권세는 어디에서 나오는 것일까? 현실적으로 보면 예수님이 재판을 받고 있으나 그 과정을 자세히 보면 재판을 받는 예수님은 떳떳하고 당당한데 재판을 하는 사람이 두려워 하고 때로는 혼란스러워 하기도 한다. 여기서 우리가 예수의 재판중 한 장면을 살펴보자.

유대인들이 대답하되 우리에게 법이 있으니 그 법대로 하면 그가 당연히 죽을 것은 그가 자기를 하나님의 아들이라 함이니이다. 빌라도가 이 말을 듣고 더욱 두려워하여 다시 관정에 들어가서 예수께 말하되 너는 어디로부터냐 하되 예수께서 대답하여 주지 아니하시는지라 빌라도가 이르되 내게 말하지 아니하느냐 내가 너를 놓을 권한도 있고 십자가에 못박을 권한도 있는 줄 알지 못하느냐 예수께서 대답하시되 위에서 주지 아니하셨더라면 나를 해할 권한이 없었으리니 그러므로 나를 네게 넘겨 준 자의 죄는 더 크다 하시니라. (19:7-11)

요한은 진정한 권세를 가지신 분이 예수님이라는 것을 독자들에게 가르쳐 주고자 하는 것이다. 재판을 하는 빌라도는 그 권력의 기초가 무력과 정치적 권력이다. 대제사장의 경우는 율법과 종교적인 권력에 기초해서 재판할 수 있었다. 그들은 정치적인 권력과 종교적인 권력에 의지해서 재판하고 있지만 재판 장면을 보면 그들이 진리, 정의, 사랑을 가진 예수님 앞에서 흔들리고 있는 것을 볼 수 있다. 그것은 진정한 권세는 진리와 정의에서 온다는 것을 보여준다. 예수께서 가지고 있는 권세는 바로 이 진리와 정의에 기초하고 있다. 예수의 재판을 통해서 요한이 우리에게 보여 주는 것은 세상에는 여러 가지 강한 권세가 있지만 예수께서는 그 권세 앞에서 조금도 굴하지 않고 그런 권세 가진 사람들을 두렵게 하는 당당한 자라는 것이다. 왜냐하면 그 분은 진리와 정의를 가진 자이기 때문이다. 이 사실은 이 세상을 살아가는 우리들에게 귀한 교훈이 된다. 우리는 권세 앞에서 두려워하고, 공포와 좌절감을 갖는다. 정치적인 권세와 경제적인 권세, 그리고 때로는 종교적인 권세를 가진 사람들 앞에 서면 우리는 두려워하고 좌절한다. 그러나 예수의 재판 장면을 보면 그는 두려워하지 않고 당당하게 서 있다. 그래서 예수님을 따르면 예수께서 가지고 계신 권세를 가질 수 있다. 진리와 정의의 권세를 가지고 있으면 그 어떤 권세보다 더 탁월하고 강력한 권세를 가지고 있는 것이다. 우리가 예수님을 따르면 그 권세가 생긴다. 우리는 그 어떤 권세 앞에서도 당당할 수 있다. 역사적으로 보면 믿음의 선배들도 이 권세를 덧입고 갖은 박해와 미혹 속에서도 신앙을 지키고 전수해 줄 수 있었다.

이 재판의 결과 예수께서는 십자가에서 처형되셨지만 그는 사흘만에 부활하셨다. 그러나 안나스와 가야바에게 재판의 권세를 주었던 유대교는 주후 70년에 성전이 파괴되고 예루살렘이 함락이 되면서 유대교 자체가 파괴되고 대제사장의 권세가 몰락했다. 예수님을 재판했던 빌라도를 보면 주후 26-36년동안 총독을 했는데 예수의 재판 6년 뒤에 그리심 산에 있는 사마리아의 성전을 파괴한 결과 많은 백성들의 원망을 사게 되어 황제의 명령으로 로마로 소환 되었다가 파직되었다. 그의 마지막에 대해서는 설이 많이 있지만 네로 시대에 사형 선고 받고 자살 했다는 설이 유력하다.

대제사장과 총독이 예수님을 재판했지만 그들이 가지고 있는 권세는 유한하였다. 세상에 있는 권력과 힘을 가진 재판관을 두려워하지 말라는 것이다. 진정한 재판관은 진리, 정의, 사랑을 가지신 분이다. 이 주제는 요한계시록에서 잘 설명되어 있다. 요한계시록에서 예수께서는 어린 양으로 상징되며 세상을 심판하시는 권세를 하나님으로부터 받는다. 우리는 진정한 권세를 가진 주님을 따르는 사람들이다. 놀라운 사실은 380년경 데오도시우스 로마 제국황제부터 황제조차도 무릎을 꿇고 예수님 앞에서 예배를 드리게 되었다는 것이다. 예수의 진정한 권세를 사모하자. 그리스도인들은 쇠하지 않는 권세가 있는 사람들이다.

예수께서는 재판을 거쳐서 십자가에 달리신다. 십자가형을 집행한 군인들은 그의 고통에는 무관심하고 오직 그의 옷을 누가 취할 것인지에 관심이 있다. 십자가 형이 처해진 장소는 예루살렘 성에서 가까운 곳이기 때문에 많은 사람들이 그 광경을 지켜보았다.

> 예수의 십자가 곁에는 그 어머니와 이모와 글로바의 아내 마리아과 막달라 마리아가 섰는지라 예수께서 자기의 어머니와 사랑하시는 제자가 곁에 서 있는 것을 보시고 자기 어머니께 말씀하시되 여자여 보소서 아들이니이다 하시고 또 그 제자에게 이르시되 보라 네 어머니라 하신대 그 때부터 그 제자가 자기 집에 모시니라 그 후에 예수께서 모든 일이 이미 이루어진 줄 아시고 성경을 응하게 하려 하사 이르시되 내가 목마르다 하시니 거기 신 포도주가 가득히 담긴 그릇이 있는지라 사람들이 신 포도주를 적신 해면을 우슬초에 메어 예수의 입에 대니 예수께서 신 포도주를 받으신 후에 이르시되 다 이루었다 하시고 머리를 숙이니 영혼이 떠나가시니라 (19:25-30)

예수의 십자가 죽음을 통해서 우리는 세 가지 중요한 진리를 깨달을 수 있다.

첫째, 예수께서 육신의 심각한 고통을 당하셨다는 것이다. "내가 목마르다" 사마리아 여인의 이야기에서도 예수께서는 야곱의 우물가에 앉으셨는데 이는 "길가시다가 피곤하여" 앉으셨고 목이 말라 사마리아 여인에게 "물을 좀 달라"고 하신 것이다.(4:6-7) 요한은 십자가 상에 있는 예수의 옆구리를 한 군인이 창으로 찌른 사실을 보고하고 있는데 이 때 예수의 옆구리에서는 곧 피와 물이 나왔다.(19:34) 이 사실을 요한이 보고하는 이유는 예수께서 우리와 같은 육체를 가지셨다는 것을 증언하기 위함이었다. 후에 요한1서에서 저자는 예수께서 "육체로 오신 것을 시인하는 영마다 하나님께 속한 것이요"(4:2)라고 하면서 육체로 오신 것을 부인하는 영은 미혹의 영이요 적 그리스도의 영이라고 강조하고 있다. 이는 영지주의의 일파인 가현주의자들을 경계하는 말이다. 그들은 예수께서 우리와 같은 육체를 가지지 않았다고 주장했다.

십자가형은 신체적, 정신적, 영적으로 말할 수 없는 고통을 가져다 준다. 그래서 어느 누구도 자신의 힘만으로는 십자가를 지기 어렵다. 이 십자가의 형은 페니키아인들이 고안을 했는데 그 형틀은 十, T, X 등 여러 형태가 있었다.

십자가는 고통과 죽음을 의미한다. 이 고통과 죽음은 우리 모두에게 필연적으로 닥아온다. 고통이 다양하다는 사실과 문명의 발달에도 불구하고 그것이 감소하기보다는 더욱 깊어간다는 사실은 우리에게 어떤 위기감을 불러 일으킨다. 기원 후 제3의 천년대가 시작되면서 사람들은 우주적 갈등과 고통에 대한 두려움에 시달리고 있다. 죽음의 두려움과 고통은 개인의 삶에 있어서 큰 시련이다.

E. 퀴블러 로스(Kuebler Ross)는 그녀의 『인간의 죽음』에서 죽음을 맞는 사람들의 심적 변화를 다섯 단계로 설명하고 있다: 부정과 고립, 분노, 타협, 우울, 순응. 사람들 중에는 죽음을 끝까지 받아들

이지 못하고 분노와 원한 가운데 죽는 사람들이 있다. 이에 반하여 나누고 비우면서 산 사람은 죽음 앞에 쉽게 자신을 비운다.

예루살렘에는 600만이라는 유대인이 나치 치하에서 희생된 것을 영원히 기억하기 위한 곳이 있다(야드 바셈). 그곳에는 사진들, 유품, 강제노동, 기아와 질병으로 죽어가는 모습, 전기 철조망에 걸려서 시커멓게 타 죽은 시신들, 개스실에서 죽은 시체들의 금이빨을 뽑아서 모아놓은 금덩어리, 창고에 가득한 안경들이 보존되어 있다.

그 비참한 죽음과 고통을 목격한 사람들은 그 충격에서 벗어나기가 어렵다. 이해하기 어려운 것은 하나님을 믿는 유대인들에게 어떻게 그런 일이 생기게 되었을까? 하는 질문이다. 그때 그들이 믿는 하나님은 어디 계셨는가? 더욱 궁금한 것은 어떻게 그렇게 참혹한 재난과 비극을 경험한 그 유대인들이 아직도 그 하나님을 믿고 있을까? 하는 것이다. 아우슈비츠 이후에 하나님에 대한 신앙이 어떻게 가능한가? 유대인 작가 엘리 위젤의 자서전적 소설 『밤』에서 이 질문에 대한 힌트를 얻을 수 있다.

> 두 유대 남자와 한 어린이가 많은 유대인들이 지켜보는 가운데 교수형을 당했다. "제물 세 사람은 의자 위로 올라갔다. 세 사람의 목은 똑같은 순간에 올가미가 끼워졌다. '자유 만세' 어른 두 사람은 소리를 질렀다. 그러나 아이는 말이 없었다. 하나님은 어디 있는가? 그 분은 어디 있는가? 내 뒤에서 어느 누가 물음을 던졌다. 수용소 소장의 신호가 있자, 세 의자가 쓰러졌다. 수용소 전역에 정적이 감돌았다. 지평선 위로 해가 넘어 가고 있었다…우리는 울고 있었다… 두 어른은 이미 살아 있지 않았다. 그들의 늘어진 혀는 부어 오른

채 푸른 빛깔로 변해 있었다. 그러나 세 번째 줄은 아직 움직이고 있었다. 몸이 너무 가벼웠기 때문에 아이가 아직 살아 있었던 것이다. 아이는 반 시간 이상이나 거기에 그대로 두어져 생과 사의 갈림길에 버둥거렸고 우리의 눈앞에서 단말마의 고통을 당하면서 서서히 죽어갔다. 우리는 소년의 얼굴을 똑바로 쳐다봐야 했다. 내가 그 앞을 통과했을 때 소년은 아직 살아 있었다. 그의 혀는 여전히 붉었고 두 눈도 아직 흐려지지 않았다. 내 뒤에 있는 사람이 또 물음을 던지는 소리가 들렸다. '하나님은 지금 어디에 있는가?' 그 때 나는 나의 내부에서 그에게 대답하는 어떤 음성을 들었다. '그 분이 어디 계시냐고? 그분은 여기 있어, 여기 저 교수대에 매달려 있어….'

수 세기에 걸친 고난을 겪으면서 이스라엘 사람들의 마음속에 박힌 생각은 그들이 고난당할 때 하나님 자신이 그들과 함께 고난당한다는 것이다. 우리는 예수의 십자가에서 인간의 죄로 인한 하나님 자신의 고통을 느낀다.

둘째, 주님은 십자가상의 극심한 고통 가운데서도 하나님의 뜻을 이루시기 위하여 인내하셨다는 것이다: "다 이루었다". 주님이 이루신 것은 인류를 위한 피흘림 곧 대속이었다. 세례 요한은 복음서의 서두에서 이미 주님을 "세상 죄를 지고 가는 어린 양"으로 선언했다.

우리는 예수의 죽음이 많은 사람들의 죄악을 노출시키고 있음을 알 수 있다. 예수가 예루살렘에 입성했을 때 많은 유대인들을 그를 환영했다. 그들은 예수께서 그들이 겪고 있는 정치, 경제적 고난을 해결해 줄 메시야라 믿었다. 그들은 예수님을 통하여 그들의 목적을 달성하고자 하였다. 그러나 그들의 이 기대가 무너짐으로 그들은 예수를 증오하고 그를 십자가에 못 박기를 고집했다. 유대의 종교 지도자들은 예수의 존재로 인해서 그들이 세워놓은 종교적인 권위와 부와 삶의 안정을 상실할 것을 두려워했다. 로마 제국과 식민지 정권인 헤롯 왕가는 예수님으로 인해 정치적 소요와 민중의 봉기가 일어나지 않을까 전전긍긍했다. 심지어 3년 동안 예수와 뜻을 같이하고 예수께서 그렇게 신임했던 그의 제자들조차도 그들이 가진 정치적, 종교적 야심이 이루어지지 않자 그를 배신했다.

예수 자신은 당시의 정권을 뒤엎고 정치적 권력을 획득하고자 하는 의도는 없었다: "내 나라는 이 세상에 속한 것이 아니다. 만일 내 나라가 이 세상에 속한 것이었다면 내 종들이 나를 위해 싸워서 내가 유대인들에게 넘어가지 않게 하였으리라." 그는 종교적 권위와 성전의 장악을 목적으로 제사장들에게 도전한 것도 아니었다. 그는 이 세상의 그 어떤 것도 원치 않았다: "내가 온 것은 섬김을 받으려 함이 아니라 도리어 섬기려하고 자기 목숨을 많은 사람의 대속물로 주려 함이니라." 그는 오직 하나님의 고귀한 존재로 지음 받은 인간이 하나님의 존재를 부정하는 이 세상의 권력으로부터 고통과 슬픔을 당하지 않기를 갈구했다.

예수를 죽음으로 몰고 간 것은 세상의 권세, 물질, 명예, 권위, 이기적 안전, 자기 중심적 이념 등을 가운데 두고 벌이는 증오, 시기, 갈등, 살인, 투쟁, 중상, 모략, 교만 등의 죄악들뿐 아니라 궁극적으로 하나님이 없는 인간의 공허함과 절망이다. 그래서 성경은 불신앙을 죄의 근원으로 규정한다. 이것은 예수 당시의 일일 뿐 아니라 오랜 인류의 역사를 통하여 계속되어 왔고 오늘날도 계속되고 있는 인간의 현실이다. 아이러니칼하게도 그의 죽음은 바로 이러한 우리의 죄악을 노출시키고 깨닫게 하는 수단이 된 것이다. 이런 맥락에서 보면 2000년 전의 예수 죽음은 바로 오늘날 의식적 또는 무의식적인 죄의 본성과 동기에 사로잡혀서 증오, 갈등, 시기, 분노하는 우리의 죄악을 깨닫게 한다. 그는 하나님을 사랑했고 고난받는 자들을 사랑했다. 그의 삶의 기본적 동기와 근원은 오직 이 사랑이었다. 그가 받은 지극한 고통은 이 사랑의 댓가라기에는 너무나 슬픈 것이었다.

구약성경의 이사야 선지자는 이 사실을 가슴아픈 시로서 다음과 같이 노래하고 있다.

> 그는 실로 우리의 질고를 지고 우리의 슬픔을 당하였거늘 우리는 생각하기를 그는 징벌을 받아 하나님께 맞으며 고난을 당한다 하였노라. 그가 찔림은 우리의 허물 때문이요 그가 상함은 우리의 죄악 때문이라. 그가 징계를 받음으로 우리가 평화를 누리고 그가 채찍에 맞으므로 우리가 나음을 받았도다. 우리는 다 양 같아서 그릇 행하여 각기 제 길로 갔거늘 여호와께서는 우리 모두의 죄악을 그에게 담당시키셨도다. 그가 곤욕을 당하여 괴로울 때도 그의 입을 열지 아니하였음이여 마치 도수장으로 끌려가는 어린 양과 털 깎는 자 앞에서 잠잠한 양 같이 그의 입을 열지 아니하였도다.(사53:4-7)

이 세상은 누군가가 대신해서 우리의 죄의 대가를 지불해야 하는 곳이다. 요한은 예수께서 바로 그 세상죄를 위하여 희생된 어린 양이라고 보았다.

요한은 주님의 십자가 대속을 처음 보낸 편지에서 보다 자세하게

설명하고 있다: "하나님의 사랑이 우리에게 이렇게 나타난 바 되었으니 하나님이 자기의 독생자를 세상에 보내심은 그로 말미암아 우리를 살리려 하심이라 사랑은 여기 있으니 우리가 하나님을 사랑한 것이 아니요 하나님이 우리를 사랑하사 우리 죄를 속하기 위하여 화목제물로 그 아들을 보내셨음이라"(요일 4:9-10)

그리고 요한은 후에 밧모섬의 환상중에서 십자가의 예수가 죽임을 당한 어린 양으로 서 있는 것을 보았다: "내가 또 보니 보좌와 네 생물과 장로들 사이에 한 어린 양이 서 있는데 일찍이 죽임을 당한 것 같더라 그에게 일곱 뿔과 일곱 눈이 있으니 이 눈들은 온 땅에 보내심을 받은 하나님의 일곱 영이더라"(계5:6)

히브리서 기자도 이 대속 사상을 잘 표현하고 있다; "피흘림이 없은 즉 사함이 없느니라"(9:22); "오직 그리스도는 죄를 위하여 한 영원한 제사를 드리시고 하나님 우편에 앉으사"(10:12) 그리스도의 이 죄사함으로 인하여 하나님께서는 우리의 죄와 불법을 다시 기억하지 아니하신다.

세째, 인류를 위한 십자가의 대속은 예수로 하여금 영광의 자리에 오르게 하신다. 예수께서는 십자가를 앞에 두고 이렇게 기도하신다: "아버지여 때가 이르렀사오니 아들을 영화롭게 하옵소서...아들로 아버지를 영화롭게 하옵소서"(17:1) 그런데 그 영화가 다름이 아니라 십자가다. 왜 십자가가 영화나 영광이냐? 이것은 우리가 쉽게 이해하기 어려운 십자가의 신비에 속한다. 치욕스럽고 고통스러운 십자가가 바로, 하나님이 보실 때 영광을 받는 자리이다. 그곳이 바로 그리스도께서 영화롭게 되는 장소이다. 이제까지는 우리가 십자가의 한 측면을 바라봤는데 다른 측면을 봐야 한다. 예수님이 십자가상에서 "다 이루었다" 하면서 세상을 떠났다. 뭘 다 이루었는가? 예수께서 아버지의 뜻을 이룬 것은 많은 사람들의 죄를 대속하는 것인데 그 장소가 십자가로서, 이 십자가가 예수님으로 하여금 인류의 구세주가 되게 한 것이다. 이렇게 보면, 십자가는 한편으로 볼 때 저주와 고통인데 다른 한편으로는 예수께서 메시야로 등극하는 사건이 된다. 그 십자가가 있었기 때문에 예수께서 온 인류를 구원하는 메시야가 되셨다. 초대 교회 교인들이 그리스도를 찬양하는 가사가 빌립보서 2:5-11에 기록되어 있다:

> 그는 근본 하나님의 본체시나 하나님과 동등됨을 취할 것으로 여기지 아니하시고 오히려 자기를 비워 종의 형체를 가지사 사람들과 같이 되셨고 사람의 모양으로 나타나사 자기를 낮추시고 죽기까지 복종하셨으니 곧 십자가의 죽으심이라
> 이러므로 하나님이 그를 지극히 높여 모든 이름 위에 뛰어난 이름을 주사 하늘에 있는 자들과 땅위에 있는 자들과 땅아래 있는 자들로 모든 무릎을 예수의 이름에 꿇게 하시고 모든 입으로 예수 그리스도를 주라 시인하여 하나님 아버지께 영광을 돌리게 하셨느니라

요한복음에는 이 십자가를 예수의 '높이 들림'으로 묘사하고 모세가 광야에서 뱀을 든 것으로 비유된다. 인자가 들리게 되면 많은 사람들을 이끌 것이다.(3:14,15) 십자가의 죽음을 요한은 영광이라고 했다. 우리는 십자가의 어둡고, 고통스러운 측면에 대해서 알고 있지만 십자가를 통해서 나타난 하나님의 놀라운 권세와 영광에 대해서

는 잘 모른다. 요한계시록에 보면 요한이 일곱 인으로 철저하게 봉인된 두루마리를 풀 수 있는 사람이 이 세상에서 아무도 없다는 사실을 알고 슬피 운다. 그 두루마리 안에는 인류의 심판과 구원의 계획이 들어가 있다. 그런데 그 두루마리를 열 수 있는 권한을 가진 분은 온 인류를 위해서 십자가에서 대속의 제물이 되신 그 어린 양이라는 사실을 알고 하나님을 찬양한다. 이렇게 볼 때 이 십자가는 예수께서 심판과 구원의 절대적인 권세를 가지는 놀라운 사건이 되는 것이다. 그래서, 십자가 사건은 예수께서 메시야가 되시는 우주적인 대관식이다. 예수께서 십자가 사건으로 세상의 심판자가 되셨다.

예수의 십자가와 대비가 안 되겠지만, 우리 모두에게는 크고 작은 십자가가 있다. 십자가를 생각하면 마음이 무겁고 힘들고 고통스럽기 때문에 우리는 십자가 없는 곳에서 살고 싶다. 대학원에서 비학위 프로그램을 개설했다. 강의장소가 대학교회였다. 어느 사모가 불평을 했다. 하루정도는 십자가 없는 곳에서 편안하게 공부하고 싶었는데....

십자가는 분명 고통의 장소지만 영광의 장소이기도 하다. 그곳에서 우리가 영광 받을 수 있는 장소이다. 우리가 지고 있는 그 십자가가 영광을 받는 자리이요 하나님의 자녀가 되는 자리이다. 요한은 그 십자가의 신비를 우리에게 가르쳐준 것이다.

고통이 영광이 된다는 사실을 이해하기 어렵다. 십자가 사건이후 엠마오로 내려가는 두 제자들의 이야기가 있다.(눅 24:13-35) 두 제자가 슬픈 얼굴로 엠마오로 내려가는데 부활하신 예수님이 십자가는 성경에서 예언된 것이고 그 십자가를 통해서 자신이 메시아가 된다는 사실을 풀어 줬을 때 제자들의 마음이 뜨거워졌다고 했다: "인자가 이런 고난을 받고 자기의 영광에 들어가야 할 것이 아니냐"(눅 24:26) 십자가로 인해서 슬픔, 절망, 두려움 가운데 빠져 있던 두 제자들은 그 십자가의 성경적 의미를 깨달았을 때 그들의 마음이 뜨거워지기 시작했다. 주님께서 풀어준 성경말씀이 그들의 삶을 바꾸어 놓았다.

그래서 그들은 엠마오에서 다시 예루살렘으로 올라가는 극적인 변화를 경험하게 된다. 이것을 머리로 이해하기는 어렵다. 어떻게 고통스럽고 수치스러운 그 자리가 우리에게 영광과 축복의 자리가 될 수 있는가? 우리가 십자가를 지고 주님의 뜻에 순종하면 우리 삶의 여정은 영광의 자리에 이른다. 사도 바울은 이 섭리를 이렇게 표현하고 있다. 하나님은 미리 아신 자들을 미리 정하시고 정하신 자들을 부르시고 부르신 자들을 의롭다 하시고 의롭다 하신 자들을 영화롭게 하신다.(롬8:29-30) 예지, 예정, 소명, 칭의, 영화의 단계에서 영화의 단계가 마지막 단계이다.

우리가 현재 삶 속에서 처한 가장 고통스러운 장소가 역설적으로 우리 자신이 영화롭게 될 수 있는 자리이다. 이것이 상당히 신비스럽다. 그리고 현실적으로 어렵다. 그러나 현실 속에서 우리 모두가 가지고 있는 십자가, 진절머리 나는 십자가, 그것이 어느 순간 성령께서 말씀으로 조명하시면서 빛나는 십자가가 된다. 그리고, 바로 그것 때문에 하나님의 자녀로 살 수 있다는 것을 깊이 깨닫게 되면 그 자리가 바로 영광의 자리이다. 이 비밀은 성령께서 말씀으로 가르쳐 주신다. 싫고 짜증나는 십자가, 그 십자가가 한달이나 일년있다가 사라지면 십자가가 아니죠? 우리는 모두 구조적으로 피할 수 없는 십자가의 삶을 살고 있다. 문제는 그것을 어떻게 받아들이냐이다. 우리가 삶에서 피할 수 없는 십자가를 괴롭다고 피하고 원망하면 더 괴로울 뿐이다.

사도 바울은 그리스도인들이 율법을 범한다고 박해를 했지만 사실 자신이 내면적으로 율법의 십자가를 지고 괴로워하고 있었다. 그에게 주님은 이렇게 말씀하신다: "... 가시채를 뒷발질하기가 네게 고생이라"(행26:14) 소가 자기를 치는 가시채가 괴롭다고 가시채를 뒷발질해보아야 자신만 더 괴로울 뿐이다. 우리가 하나님께 대적해 보아야 우리 자신만 더 괴로울 뿐이다. 이 세상에서 피할 수 없는 십자가가 영광을 얻게 되는 도구라는 사실을 깊이 깨닫고 그 축복을 누려야 한다. 이 진리를 이미지화하면 기억하기가 좋다.

멋있는 뿔을 가지고 있는 숫사슴이 있었다, 그 사슴은 호숫가에 가서 물을 마실 때 마다 자기 뿔을 보고 황홀했다. 그런데 빈약한 자기 다리를 보니까 너무 수치스럽고 부끄러웠다. 하루는 호랑이가 나타나서 도망을 치다보니까 그 수치스러운 다리 때문에 호랑이가 따라 올 수 없었다. 그런데 그 자랑스럽던 뿔이 숲에 걸려서 호랑이한테 잡혀 먹혔다.

그 수치스러운 그것이 자기를 살리고 자랑스러웠던 것이 자기를 죽이는 것이 되었다. 결국 우리가 가지고 있는 구조적인 십자가가 우리를 살릴 수 있고 우리를 영화롭게 하는 길이다. 그 비밀만 하나님이 깊이 깨닫게 해주시면 우리 삶이 더 풍성해 질 것이다. 사도 바울은 그 진리를 고통가운데서 체험했다.

> 여러 계시를 받은 것이 지극히 크므로 너무 자만하지 않게 하시려고 내 육체에 가시 곧 사탄의 사자를 주셨으니 이는 나를 쳐서 너무 자만하지 않게 하심이라 이것이 내게서 떠나가게 하기 위하여 내가 세 번 주께 간구하였더니 나에게 이르시기를 내 은혜가 네게 족하도다 이는 내 능력이 약한 데서 온전하여짐이라
> 하신지라 그러므로 도리어 크게 기뻐함으로 나의 여러 약한 것들에 대하여 자랑하리니 이는 그리스도의 능력이 내게 머물게 하려 함이라 그러므로 내가 그리스도를 위하여 약한 것들과 능욕과 궁핍과 박해와 곤고를 기뻐하노니 이는 내가 약한 그 때에 강함이라(고후 12:7-10)

주님은 원래 태초부터 계신 말씀이었지만 그 어머니 마리아를 통해 육신을 입었기에 그 어머니에게 사랑과 지극한 배려를 하신다. 갈릴리 가나의 혼인잔치에서 포도주가 떨어진 것을 알고 그 어머니가 예수께 "저들에게 포도주가 없다 하니 예수께서 이르시되 여자여 나와 무슨 상관이 있나이까 내 때가 아직 이르지 아니하였나이다"라고 하셨다. 그러나 그의 어머니는 하인들에게 "너희에게 무슨 말씀을 하시든지 그대로 하라"는 명령을 하셨다. 결국 예수께서는 표적을 이루셨다. 그의 어머니가 그의 때를 앞당긴 셈이다. 이제 육신을 떠나는 마지막 십자가 상에서도 예수께서는 그의 사랑하는 제자에게 그 어머니의 노후를 부탁하셨다. 그리고, 숨을 거두셨다.

유대인들의 장례 풍습은 3일장인 우리와는 달리 당일에 장례를 치

른다. 그들의 신념에는 영혼이 떠난 육체를 이 땅에 오래 두는 것은 죽은 자에 대한 예의가 아니며, 육체는 빨리 자연으로 돌아가게 하는 것이 하나님의 뜻이라 믿었다. "너는 흙이니 흙으로 돌아갈 것이니라"(창3:19) 예수님의 경우 더군다나 그 뒷날이 안식일이기 때문에 당일에 시신을 묻어야 했다.(19:31) 일반적으로, 장례에서 시신을 운반하는 일은 남자의 일이었고 향품을 바르는 일은 여인들의 일이었다. 향품을 바르는 것은 시신이 섞을 때 나는 고약한 냄새를 중화시키기 위한 것이었다.[89] 예수의 시신은 아리마대 요셉이 옮겼고 니고데모가 다량의 향품을 준비해왔다. 예수의 시신에 여인들이 향품을 바르는 일은 안식일 다음 날로 미루어졌다. 이렇게 해서 예수의 시신은 무덤에 안치되었다.

10. 부활과 믿음(20장)

/

19세기 이후 서구의 정신사를 지배하기 시작한 합리주의 사조로 인하여 부활과 내세의 주제는 학문적으로 기피대상이 되었다. 성경해석의 분야에서 역사비평을 위시한 각종 비평 방법론은 현상계와 논리적인 것을 추구하는데 역점을 두고 었다. 이에 반해서 성경은 엄연히 초현실적인 세계를 인정하고 있으며 그 세계의 경험은 건전한 인간정신 문명의 형성에 필수적인 것으로 여겨왔다. 인간의 내면세계와 초월적 실재와의 만남과 그에 수반되는 격렬하고도 심원한 변화는 인간 실존의 엄연한 한 단면이다.

---

89) 류 모세, 『열린다 성경(생활풍습이야기, 하)』, *92-105*

부활 사건은 일반적으로 빈 무덤과 주님의 나타나심(현현)으로 구성되어 있다. 부활사건은 복음서별로 다르게 나타나는데 요한복음에서는 네 차례 나타난다: 막달라 마리아, 제자들, 도마, 베드로와 제자들. 20-21장에 걸친 부활사건은 먼저 막달라 마리아가 안식 후 첫날 일찍이 빈 무덤을 발견한 것부터 시작한다. 성경에는 마리아라는 이름이 많이 나오는데 그 중에서 예수의 어머니 마리아, 막달라 마리아, 나사로 집의 마리아가 중요한 인물들이다. 막달라 마리아는 막달라 지방 출신으로서 이 지방은 갈릴리 호수 서쪽에 있는데 염색과 직물 공업으로 부유한 도시였다. 그녀는 일곱 귀신들에게서 사로잡혀 있다가 주님의 사역으로 치유함을 받은 여인이었다(마 27:56;막16:9;눅 8:2). 이 여인이 무덤이 빈 것을 발견하고 베드로와 사랑받은 그 제자에게 알린다. 이 두제자도 빈 무덤의 증인이 되었다. 그 후 그녀는 처음으로 부활하신 주님을 만나게 되었다. 주님은 그녀에게 자신이 곧 아버지께로 올라가실 것이라는 사실을 제자들에게 알리라고 하셨다. 그녀는 이 놀라운 소식을 제자들에게 알리게 된다.

그날 저녁 때 제자들은 유대인들을 두려워하여 문을 닫고 있는데 그들에게 첫 번째로 주님께서 나타나셨다. 이 장면을 자세하게 들어보자.

> 이 날 곧 안식후 첫날 저녁 때에 제자들이 유대인들을 두려워하여 모인 곳의 문들을 닫았더니 예수께서 오사 가운데 서서 이르시되 너희에게 평강이 있을지어다 이 말씀을 하시고 손과 옆구리를 보이시니 제자들이 주를 보고 기뻐하더라 예수께서 또 이르시되 너희에게 평강이 있을지어다 아버지께서 나를 보내신 것같이 나도 너희를 보

내노라 이 말씀을 하시고 그들을 향하사 숨을 내쉬며 이르시되 성령을 받으라 너희가 누구의 죄든지 사하면 사하여질 것이요 누구의 죄든지 그대로 두면 그대로 있으리라 하시니라 (20:19-23)

이 사건에서 놀라운 사실은 예수께서 제자들에게 직접 성령을 주신 것이다. 이 성령 주심은 한 가지 목적 즉 제자들이 죄를 사할 수 있도록 한 것이다. 이 사실은 고별담론에서 주님께서 제자들에게 예언한 것처럼 성령이 오시면 그는 세상을 책망(convict) 또는 고발하시는데 제일 먼저 죄에 대해서 그렇게 하실 것이다.(16:8) 예수께 직접 성령을 받은 제자들은 성령께서 고발하고 책망한 죄를 사할 수 있는 권세를 받은 것이다. 예수의 승천 후 성령충만한 베드로와 다른 사도들은 성령께서 지시하는 대로 이스라엘 백성들의 죄를 엄중하게 책망하였다: "그가 하나님께서 정하신 뜻과 미리 아신 대로 내준 바 되었거늘 너희가 법 없는 자들의 손을 빌려 못 박아 죽였으나 하나님께서 그를 사망의 고통에서 풀어 살리셨으니 이는 그가 사망에 매여 있을 수 없었음이라"(행2:23-4); "그런 즉 이스라엘 온 집은 확실히 알지니 너희가 십자가에 못 박은 이 예수를 하나님이 주와 그리스도가 되게 하셨느니라 하니라"(행2:36). 이 책망을 듣고 회개한 사람들에게 사도들은 예수 그리스도의 이름으로 죄사함 받는 세례를 베풀었다.(행2:38, 41)

제자들에게 두 번째 나타나심은 처음 나타나신 후 여드레가 지난 다음에였다. 이 이야기는 부활하신 주님을 목격한 열한 사도들과 그 자리에 없었던 도마 사이에 긴장 관계가 높아지면서 시작한다. 그렇게 됨으로써 이야기는 극적인 분위기를 자아낸다. 주님의 부활을 목격한 제자들은 계속해서 도마에게 그 사실을 간증한다. 이를 거부하던 도마는 급기야 고조된 긴장감 속에서 그들의 증언을 전적으로 부인하는 발언을 하는 단계까지 이른다. 그는 그의 믿음을 다른 사람들의 경험에 근거하기를 거부했다. 그는 자신이 직접 그 경험을 하기 원했다: "내가 그의 손의 못 자국을 보며 내 손가락을 그 못 자국에 넣으며 내 손을 그 옆구리에 넣어 보지 않고는 믿지 아니하겠노라"(20:25b). 그 후 계속해서 심각해지는 양쪽관계는 예수께서 그들에게 나타나는 사건으로 일단락 짓는다. 예수의 나타나심은 그 갈등을 종식시킬 뿐 아니라 도마로 하여금 새로운 신앙의 세계로 이끈다.

그의 신앙 고백은 강렬하고도 독특하다. 두 번째 나타나심의 사건에서 예수께서 다른 사도들에게는 단지 몇 마디 말만을 한 후 직접 도마에게 다가갔다는 사실은 그의 나타나심이 일차적으로 도마 때문이라는 것을 말해준다 그를 목격한 후 도마는 극적인 고백을 하는데 이 부분이 이야기 절정을 이룬다. 예수께 대해 그가 사용한 칭호는 고 기독론(high Christology)의 전형이다: "나의 주, 나의 하나님", '주님'이라는 칭호는 구약에서 하나님의 고유한 이름으로 사용되었다. 특히 이 칭호는 신약시대 팔레스타인과 디아스포라 유대교에서 하나님에 대한 예언적 명칭으로 사용되었다.

L. 모리스(Morris)는 도마의 '나의 주 나의 하나님'이란 고백은 "예배의 언어로 되어졌다"고 말함으로써 이 사실을 확인하였다[90] 이 주님이란 용어는 일반적인 뜻으로 주인이나 소유주의 의미를 가지고 있다. 헬라어에서 이 칭호는 '최고의 권위를 가진 자'라는 뜻으로 로

90) L. Morris, *The Gospel according to John*(Grand Rapids:Erdmans, 1981), 854.

마 황제와 다른 고관들에게 사용되어진 것이었다.[91)]

이 칭호는 마가복음 11:3, 12:35에 나타나있듯이 예수의 지상 사역 기간 중에 사용되었다. 그러나 칭호가 완전한 의미로 쓰여진 것은 예수의 죽음과 부활 이후 역사와 세계에 대한 그의 주권이 처음으로 인정된 이후였다. 즉 그가 하나님의 오른편에 앉으셨다거나 혹은 모든 적들이 그 앞에 무릎을 꿇었다는 신앙고백이 있고 난 뒤였다. 이런 뜻에서 볼 때 이 신념은 황제 숭배와 양립할 수 없는 것이었다. 다른 그리스도인들과 같이 도마가 고백한 것은 혁명적인 선언으로서 이 세상에 대해서 완전한 주권을 가진 자는 로마의 황제들이 아니라 부활하신 주님이라는 것이다.

도마의 고백에서 독특한 것은 예수를 '나의 하나님'으로 칭한 것이다. 예수님이 하나님으로 지칭된 곳은 요한 복음서뿐이다(요1:1, 20:28). 사실 이 칭호는 대단한 칭호이긴 하지만 0. 쿨만(Cullmann)이 지적했듯이 신성의 중요한 요소는 '주', '하나님의 아들'과 같은 다른 칭호들에 이미 포함되어 있다[92)]

E. C. 호스킨스(Hoskyns)에 의하면 구약성경에서는 주와 하나님의 결합은 드문 현상이 아니라고 한다(삼하 7:28, 왕상 18:39, 시 30:2, 35:24, 86:15, 88:1, 렘 38:17). 전체적 구조로 보면 도마의 이 고백은 요한 복음의 서두에서 예수는 성육하신 하나님이라는 진술과 일치한다. 성경에는 사람들이 예수님을 부르는 칭호로서, 랍비나 선지자 같이 권위와 능력이 낮은 칭호부터 높은 칭호 즉 주님이나 그리스도

---

91) 0. Cullmann, *The Christology of the New Testament*(Philadelphia : Wes Tminster Press, 1963), 196f.

92) 위의 책., 314.

같은 칭호들이 나오는데 도마의 고백에 최고의 칭호가 나타난다. 의심 많은 도마(doubty Thomas)를 제외하면 그 어느 제자도 예수님을 하나님이라고 고백한 사람이 없었다. 그래서 도마의 고백에 나오는 주님의 칭호가 최고의 칭호다. 초대교회의 전승에 의하면, 이 도마는 제자들 중에서 제일 멀리, 즉 인도의 캘거타까지 왔다고 한다.

이 이야기에서 진정으로 중요한 부분은 도마의 고백 후 예수께서 신앙의 본질을 정의하신 말씀이다. 이것은 의심할 여지 없이 이야기의 결론을 구성한다: "너는 나를 본 고로 믿느냐 보지 못하고 믿는 자들은 복되도다"(20:29).

신앙의 본질은 말씀에 대한 신뢰 없이는 충분하게 설명될 수 없기 때문에 말씀의 증언이 중요하다. 이 점이 바로 부활에 관한 성경 본문들이 말하고자 하는 것이다. 이 본문들은 십자가에 못 박혔으나 부활하신 예수에 대한 참된 증언이다. 도마에게 나타나신 예수께서 그의 손과 옆구리를 보이신 의도는 그의 몸이 실제적인 몸이라는 것을 증명해 보이기 위한 것이라기 보다는 그가 바로 십자가에 못 박힌 예수와 동일인이라는 사실을 말하기 위함이었다. E. 케제만(Kaesemann)이 지적한 대로, 부활 후 상황에서 예수는 주로 "그의 말씀을 그의 백성에게, 그리고 그들을 통해서 세상에 나타내는 분"으로 인식되었다.[93]

비록 도마가 만져보아야 알 수 있는 증거를 요구했지만 예수께서 나타났을 때 그가 예수의 손과 옆구리를 실제로 만졌다는 기록이 없는 것은 흥미로운 일이다. 실제로 다른 사도들도 그를 만져 보고 믿

93) E. Kaesemann, *The Tεstαment of Jesus*, (Land: SCM, 1966), 49.

은 것은 아니었다. 그들이 믿게된 결정적 사건은 예수와의 만남이었다. 여기서 그와의 만남이란 단순한 인간과의 만남이 아니라 죽음을 극복한 분이나 그 분의 말씀과의 만남, 즉 신적인 실체와의 만남이었다. 이런 의미에서 본다면 믿는다는 것은 인간의 한계를 초월하는 이념이나 주제에 관한 지적인 인식 과정이 필요하지만 그것만으로 충분한 것은 아니다. 그것은 나 자신과 나의 주위를 둘러 싸고 있는 세상의 궁극적인 의미를 밝혀주는 한 신적인 인격이나 그 분의 말씀과의 만남을 그 내용으로 하는 것이다. 도마가 "나의 주, 나의 하나님"이라는 감격적인 고백을 했을 때 그는 부활하신 예수를 바로 그 분으로 만난 것이었다. 그런 분을 우리 삶에서 만나지 못했을 때 우리 삶은 어떻게 될까?

예수께서는 도마의 놀라운 신앙 고백에도 불구하고 오히려 그를 책망하는듯한 말씀을 하셨다: "너는 나를 본고로 믿느냐" 그리고 예수께서 신앙의 본질을 분명히 가르쳐주신다: "보지 못하고 믿는 자들은 복되도다"(20:29). 주님의 사랑을 받은 제자로서 주님의 마음을 누구보다도 잘 아는 요한은 이 책을 기록한 목적이 믿게 하려함이라고 말한다. 무엇을 믿는가?

오직 이것을 기록함은 너희로 예수께서 하나님의 아들 그리스도이심을 믿게 하려 함이요 또 너희로 믿고 그 이름을 힘입어 생명을 얻게 하려 함이니라.(요20:31)

성경은 믿음의 역사뿐 아니라 불신의 역사도 기록하고 있다. 아브라함이 믿음의 조상이기 이전에 그는 의심의 사람이었다. 그가 노년에 아들을 주실 것이라는 하나님의 말씀을 들었을 때 그는 소리없이

웃음을 지었다. 다소 해학적인 이야기이지만, 하나님은 그의 이러한 웃음을 꼬집어서 그의 아들의 이름을 이삭(웃음)이라 하라고 하셨다. 이러한 불신의 아브라함이 그 아들을 기적적으로 얻고 난 후부터 그 아들로 인해서 하나님께 대한 신앙이 자라기 시작했다. 그 아들을 바치라는 시험을 그가 극복할 수 있었던 것은 그의 신앙의 근거가 가시적인 그 아들에 머물지 아니하고 불가시적인 하나님께로 옮겨졌기 때문이다. 성숙한 신앙은 그 근거가 가시적인 것으로 부터 점점 불가시적인 하나님 자신에게로 옮겨가는 것이다.

도마의 이야기는 아브라함의 생애를 통해 보여준 믿음의 본질을 상기시키고 있다. 신앙의 근거는 가시적인 것보다는 불가시적인 것이 중요하다는 사실을 말해준다. 그렇게 볼 때 이 이야기에서 강조되고 있는 것은 예수의 몸의 부활이라기 보다는 29절 후반부의 결론적인 선언이다: "보지 못하고 믿는 자들은 복되도다." 그러나 물론 그의 몸의 부활이라는 주제는 신앙의 주제와 완전히 분리할 수 없다. 성숙한 신앙도 처음에는 구체적인 감각의 경험으로부터 시작하는 것이다. 그래서 보는 것과 듣는 것, 그리고 그것을 통해 아는 것이 신앙의 필수 요건이다. 그런 의미에서 시각과 청각의 경험은 새로운 세계를 인식하는 통로이자 수단이다. 그러나 여기서 요한이 가르치고자 하는 것은 감각적인 경험을 초월한 믿음 그 자체의 중요성에 관한 것이다.

현대 미국인들 가운데 물질적 풍요 속에서의 허탈감을 신앙으로 극복하고자 하는 노력이 점증하고 있다. 건강식품과 조깅 등의 운동, 자유스러운 성생활로 육체적인 만족을 얻기는 하지만 텅 빈 마음은 어찌할 수가 없다. 현실과 가시적 목표에만 집착해온 세대가 이제는 영적이며 보이지 아니하는 세계에 관심을 가지기 시작한 것이다.

이 경향은 4개의 S자로 표시된다. soul(영혼), sacred(성스러운 것), spiritual(영적인), sin(죄). 하나님을 믿는다고 할 때 그 믿음이란 무엇인가?

믿음(faith)을 나타내는 라틴어 동사 credo는 마음과 연관이 되는 것으로서 "나는 나의 마음을 - - - 에게 드립니다"라는 의미이다[94] 이 믿음에 대한 정의는 여러 종파에 따라 다양하게 이루어지고 있지만 다음과 같이 두 가지 개념들을 중심으로 살펴볼 수 있다; 지적인 동의(mental assent)와 신뢰(trust).[95]

믿음의 한 측면은 계시된 진리에 대해서 지적인 동의를 하는 것이다. 계시된 진리는 흔히 교리 또는 진리체계라고도 한다. 다시 말하면, 진리를 그대로 받아들이는 것이 신앙이다. 이것을 잘 이해할 수 있는 예는 바로 사도신경이라고 할 수 있다. 사도신경은 "나는.... 믿습니다"(I believe in)이라는 말로 시작하고 있다. 이 의미는 사도신경에 나오는 내용을 지적으로 동의하고, 받아들인다는 말이다. 그러므로 신앙이란 그 진리 체계를 그대로 받아들이고 믿는다는 것이라고 할 수 있다.

그러나 현대에 와서는 그 진리 체계를 그대로 받아들이는 것이 결코 쉽지 않게 되었다. M. 보그가 이런 상황을 적절하게 지적하고 있다: "오늘날 많은 사람들에게 있어 신앙은 그것이 우리에게 큰 의미로 다가오지 않음에도 불구하고 교회의 가르침을 믿으려는 일종의

94) Wilfred C. Smith, *Faith and Belief*(Princeton: Princeton University Press), 76-78.

95) Van A. Harvey, *A Handbook of Theological Terms*(New York: MacMillan Publishing Co., 1979), 95ff.

투쟁이 되어버렸다."[96] 보그의 말처럼 아직도 투쟁하고 있다면 다행이지만 많은 교인들에게 신앙은 체념적이거나 관습적인 것이 되어 버렸다. 믿어져야 하는 일련의 신념체계는 현대의 지식과 경험에 의해서 도전을 받고 있다. 현대 문명은 영적 세계에 대한 회의를 가지게끔 교육시켜오고 있다. 그래서 지적인 이해는 믿음의 세계에서 일어나는 긴장과 갈등을 해소하거나 완화하는데 도움을 준다.

지적인 이해가 결여된 신앙은 무신론적인 세계관과 가치관에 서서히 잠식당하여 결국 신앙을 상실하게 될 위험을 안고 있다. 이런 맥락에서 A. M. 아담스(Adams)는 신자로 남아있기 위해서는 신학자가 되어야 한다고까지 강조한다.[97] 신앙의 성숙에는 지적인 개념을 이해하고, 충분히 소화하고, 삶 속에서 적응시켜 나가는 과정이 필요하다.

믿음의 다른 측면은 신뢰(trust)이다. 이 신뢰는 기본적으로 하나님에 대한 신뢰를 의미하는데 하나님에 대한 신뢰라는 것은 교리나 신조를 배제하는 것이 아니라 초월한다. 믿음은 신조를 안다는 것을 넘어서 하나님에 대한 전적인 신뢰를 의미한다. 이 신뢰의 측면에는 하나님의 시험(test) 과정이 있다. 하나님의 이 시험 과정을 통과하지 못하면 믿는 사람으로서의 정체성을 가지기 어렵다.

이 땅에 오신 예수께서도 광야에서 시험을 받으셨다. 예수께서 받

96) M. 보그, 김기석 역, 『예수 새로보기』(한국신학연구소, 1998), 256.
97) A. M. Adams, *Effective Leadership for Today's Church*(Philadelphia: Westminster Press, 1978), 7.

은 이 시험은 영적 세계에 대한 통찰과 확신을 가져다 주었다. M. 보그는 그것을 이렇게 말한다: "성령에 대한 예수의 강렬한 체험적 관계는 우리로 하여금 실재는 현대 세계에서 살아가고 있는 우리가 상상하는 것과는 아주 다를 수 있음을 고려하라고 초대하고 있다. 예수의 삶은 성령이 '실재적'인 것임을 강력하게 시사하고 있다"[98] 그러므로 신앙이라는 것은 지적인 측면과 함께 끊임없는 시험을 통하여 확인되는 신뢰의 양면성을 가진다. 루터는 "신앙을 가지기 위해서는 반드시 시련이 필요하다"라고 하였다. 이 시련은 신앙이 참된 신앙이 되기 위해서 반드시 필요하다.

결국 믿음의 본질은 불가능한 것에서 가능한 것을 찾고, 전혀 이해할 수 없는 현실과 상황 가운데서 하나님의 뜻을 찾고자 하는 것이다. 이 차원을 키에르케고르는 논리상 도약(leap)이 없이는 이해할 수 없다고 설명했다. 도약이란 인간의 합리적인 사고로서는 도달할 수 없는 차원이다. 이런 의미에서 믿음은 합리적으로 설명하기 어려운 개념이다. 아브라함 이후로 믿음은 어떤 지각적인 경험 없이 하나님 말씀을 온전히 신뢰하는 것으로 이해되어져 왔다. 신앙의 본질과 특성에 관해서는 히브리서 11:1에 잘 표현되어 있다. 히브리서 기자에 의하면, "믿음은 바라는 것들의 실상이요 보이지 않는 것들의 증거"이다. 성경적인 신앙은 신앙의 근거에 관하여 어떤 가시적인 증거도 제시하지 않는다. 그것은 하나님의 말씀이나 약속에 대한 각자의 태도요 결단인 것이다. 성경에 기록된 대로 말씀에 대한 신뢰가 보는 것이나 경험하는 것보다 나은 것이다(마 8:5-10, 13-16-17, 롬10:14, 벧전 1:8).

---

98) M. 보그, 앞의 책, 257.

이런 맥락에서 역사적 증인이나 그들의 증언을 담고 있는 성경은 중요한 의미를 가지게 되는 것이다. 왜냐하면, 그것은 보지 않고, 아니 볼 수 없는 우리들이 어떻게 주님을 만날 수 있는지에 대한 답을 제공해 주기 때문이다.

영원이나 초월적 경험이 단지 경험만으로 끝날 때 그 경험은 부분적이며 한시적인 것에 불과하다. 그 경험이 단순한 경험의 차원을 넘어 믿음의 세계와의 만남을 가져올 때 그 경험은 새로운 세계를 여는 열쇠가 된다.

11. 사랑의 회복과 결어(21장)

/

주님께서 베드로와 다른 제자들에게 마지막으로 나타나신 사건은 종결 막에 해당하는 21장에 나온다.

> 시몬 베드로가 나는 물고기 잡으러 가노라 하니 그들이 우리도 함께 가겠다 하고 나가서 배에 올랐으나 그 날밤에 아무 것도 잡지 못하였더니 날이 새어 갈 때에 예수께서 바닷가에 서셨으나 제자들이 예수이신 줄 알지 못하는지라 예수께서 이르시되 얘들아 너희에게 고기가 있느냐 대답하되 없나이다 이르시되 그물을 배 오른편에 던지라 그리하면 잡으리라 하시니 이에 던졌더니 물고기가 많아 그물을 들 수 없더라

> 시몬 베드로가 올라가서 그물을 육지에 끌어 올리니 가득히 찬 물

고기가 백쉰세 마리라 이같이 많으나 그물이 찢어지지 아니하였더라 (21:3-6, 11)

요한복음의 일곱 표적들에서 첫 번째 표적과 일곱 번째 표적이 교차대칭 구조를 이루고 있다. 포도주가 떨어진 당황스러운 상황에서 예수의 말씀으로 물이 포도주가 된 첫 번째 기적과 밤새도록 그물을 던졌는데 아무것도 잡지 못하다가 예수의 말씀에 순종함으로 고기를 153마리 잡은 일곱 번 째 사건은 유사한 점이 있다. 혹자는 후자의 사건을 미래에 많은 민족에게 복음을 전하게 될 사건으로 상징적으로 해석을 하기도 하는데, 그 당시 세계에는 153개국이 있었다고 한다.

그 사건 후에 주님이 베드로에게 나타나서 질문하고 베드로의 고백이 뒤따라 나온다. 이 사건은 제자들 중에서 베드로가 수제자로서의 자리 매김을 할 뿐아니라, 더 중요한 것은 베드로에게 참된 목자상을 제시한 것이다. 주님께 대한 사랑이 없으면 주님의 양을 먹일 수 없다. 베드로는 주님의 질문에 따라 사랑의 고백을 하는데 그가 세 번 주님을 부인했기 때문에 세 번 질문을 당한다. 베드로는 이 사건을 통해서 주님과의 관계 단절이 회복되고, 그후 예수님의 사역을 이끌어 나가는 수제자의 역할과 참된 목자의 역할을 잘 하게 된다. 양떼를 사랑하는 목자는 그 양떼를 위해서 목숨을 바칠 수 있어야 한다. 예수께서는 베드로가 그 일을 하게 될 것이라고 예언하셨다: "…. 네가 젊어서는 스스로 띠띠고 원하는 곳으로 다녔거니와 늙어서는 네 팔을 벌리리니 남이 네게 띠 띠우고 원하지 아니하는 곳으로 데려가리라 이 말씀을 하심은 베드로가 어떠한 죽음으로 하나님

께 영광을 돌릴 것을 가리키심이러라...."(21:18-19)

십자가 사건은 예수님이 영광을 받으신 것을 강조한다면 부활 사건은 부활하신 주님이 베드로, 도마 등 흩어진 제자들을 모으시는 것에 초점을 맞추고 있다. 여기서는 예수의 부활사건과 관련이 있는 성경적인 부활 신앙에 대해서 다룰 필요가 있다.

유대인들의 부활 개념은 하나님의 주권과 그의 정의와 밀접하게 관련되어 있다. 이 사상은 또한 죽은 후 영혼들의 운명에 대한 질문에 해답을 제공한다. 유대인들에게는 영과 육이 구분되는 이원론적인 사고는 낯선 것으로서, 그둘은 부활 때 영과 육이 갖추어진 온전한 사람의 모습으로 나타난다고 믿었다. 땅과 흙은 몸을 다시 이루며 하늘의 영혼 창고 혹은 보고는 그들에게 맡겨진 영혼을 다시 돌려 보낸다. 부활은 원칙적으로 마지막 날에 하나님의 심판을 위한 것이다. 유대인들의 부활관은 육체적인 부활을 전제로 하고 있으며 이 부활체에 영생의 선물을 부여한다. 여기에서 의로운 자들의 부활 개념이 영원한 축복의 개념과 혼합되게 된다. 합리적인 교육을 받은 우리들에게는 이해하기 어려운 사상이다. 그러나 이 세상 모든 것을 합리적으로 설명할 수 있다고 믿는 것은 비합리적이다.

후대로 오면서부터 심판이전의 영혼에 대한 관심이 높아지고 여러 가지 사상들이 이에 관련하여 발전하게 되었다. 그들중의 대표적인 예는 장례식의 경우인데, 후기 유대교와 기독교 전통에서 죽은 자들의 사후 안녕을 위해 장례식은 필수적인 것으로 간주되었다. 죽은 자들을 위하서 바른 예식을 거행함으로써 심판 이전의 영혼들이 사탄의

수중에 빠지는 것을 방지한다고 믿었다.[99)]

요한복음에서는 주님이 말씀이기 때문에 말씀속에 부활의 능력이 있다. 이것이 요한복음에서 말하는 부활이다. 이 생명이 우리안에 있으면 이제까지 갖고 있던 슬픔이 기쁨이 되고, 고통이 감사함이 되고, 앞이 캄캄했던 삶 속에 빛이 비친다. 주님을 믿는 자는 이미 사망에서 생명으로 옮겼다: "내가 진실로 진실로 너희에게 이르노니 내 말을 듣고 또 나 보내신 이를 믿는 자는 영생을 얻었고 심판에 이르지 아니하노니 사망에서 생명으로 옮겼느니라"(5:24). 이것을 실현된 종말론이라고 하는데 이미 부활이 우리 속에 일어났다는 것이다. 이런 맥락에서 주님은 또 이렇게 말씀하셨다: "무릇 살아서 나를 믿는 자는 영원히 죽지 아니하리니 이것을 네가 믿느냐"(11:26)

예수의 부활은 하나님의 정의와 절대적 주권의 행사로 인한 것이다. 세상의 정치 종교적 권세자들과 무리들의 정죄에도 불구하고 하나님께서는 그를 의롭다고 판단하시며 그들이 뺏은 생명을 다시 회복시킨 것이다. 예수의 부활은 또한 "잠자는 자들의 첫 열매"(고전 15:20)로서 하나님께서 의로운 자들과 불의한 자를 부활시킴으로써 심판을 행하시는 종말의 시작을 예고한 것으로 받아들여졌다.

요한복음의 저자는 다소 유머스러운 말로 끝맺는다. 만일 예수님의 사역을 낱낱이 다 기록한다고 하면 이 세상에도 그 책을 두기가 어려울 것이다. 이렇게 말한 것은 예수님이 요한복음에 기록된 이 일

99) M. E. Stone, "The Metamorphosis of Ezra: Jewish Apocalypse and Medieval Vision", *J Th St*, 11

들 외에도 여러 가지 일들을 많이 하셨는데 이 책에서는 그 중에서도 가장 중요한 일들만 따로 모았다는 뜻이다.

12. 주요 메시지

여기서는 요한복음에만 나타나는 독특한 신학적 메시지를 간략하게 알아본다. 요한복음은 예수의 정체성과 사역에 대한 독특한 용어들과 메시지를 담고 있다. 예수이해는 보통 예수께 붙여진 칭호들로서 설명할 수 있다. 요한복음서와 공관복음서에 공통적으로 나타나는 주요 칭호들은 그리스도(메시야), 하나님의 아들. 인자, 주. 랍비, 선지자 등이다.

요한복음에서만 나타나는 독특한 기독론은 예수님을 '말씀이 육신이 되신 분'이라고 표현하는 것이다. 마태복음은 예수님이 하신 말씀을 많이 모아놓았다고 해서 말씀복음서라고 부르기도 한다. 그러나 예수님 자체를 성육신 하신 말씀이라고 한 것은 요한복음의 독특성이다. 말씀이신 예수는 태초에 하나님과 함께 계셨고 하나님이셨는데 육신을 입고 이 땅에 오신 분이다. 이것이 성육신의 신비이다. 또 요한복음에서는 예수님을 '세상 죄를 지고 가는 하나님의 어린 양'으로 표현하고 있다. 어린 양은 인류의 죄를 위한 속죄 제물을 상징한다. '어린 양'이라는 칭호는 요한복음에서만 독특하게 나타나는 것이다.

그리고 요한복음에서는 예수 자신이 스스로를 '아들'이라고 칭하면서 아버지 하나님과의 긴밀한 관계를 자주 말씀하고 있다. 요한은 예수님을 '독생하신 아들', 또는, '독생자'로 부른다. 또, 도마가 부활하신 예수님을 '하나님'이라 부른 것도 이례적이다. 요한일서에서는 예수 그리스도를 대언자(2:1)라 부르는데 이 대언자는 원어로 보면 '보혜사'이다. 예수께서 고별담화에서 제자들에게 '또 다른' 보혜사를 보내실 것이라 약속하셨는데(14:16), 이 말씀은 예수 자신이 보혜사이고 성령님은 '또 다른' 보혜사라는 뜻이다. 요한복음의 중요한 기독론은 예수를 '말씀(로고스)'으로서 '어린 양'으로서 그리고 '아들', '하나님', '보혜사', '메시야', '주님', '인자'로서 이해한 것이다. 그리고, 요한복음에서는 예수께서 자신을 "나는 ... 이다"(Ego eimi)라고 표현한다. 예수께서는 이 공식을 통하여 자신을 생명의 떡, 세상의 빛, 양의 문, 선한 목자, 부활, 생명, 길, 진리, 참포도나무 등의 비유와 상징으로 표현한다(6:35; 8:12; 10:7,11; 11:25; 14:6; 15:1 등)

다른 복음서에도 성령에 대한 언급은 많이 있지만, 성령을 '보혜사'로 언급하고 있는 곳은 요한복음 뿐이다. 보혜사는 그리스어 parakletos를 번역한 것이다. 이 단어는 누구를 위해서 대신 말해주는 사람을 뜻하는 의미로 쓰이고, 변호자, 대언자, 위로자, 또는 상담자를 의미한다. 이 단어에는 그런 뜻들이 다 함축되어 있다. 우리가 궁지에 몰렸을 때, 즉 긴급한 상황일 때 우리 옆으로 와서 우리를 도와주는 존재를 가리키는 그리스어가 parakletos이고, 그 말을 한자로 표현한 것이 보혜사이다. 위로도 해주고, 대언도 해 주고, 상담도 해 주시는 분이 보혜사 성령이시다. 성령께서 하고 싶어 하시는 일은 성도들의 옆에서 그들이 필요한 것을 해 주는 것이다. 이 단어를 우리 말로 표현하면 '옆으로 와서 무엇이든지 도와 주는 존재'라고 할 수 있다. 그래서 보혜사를 도우는 이라고 말하기도 하고, 때로는 대언자라고 번역하기도 하고, 위로가 필요할 때는 위로자, 상담이 필요할 때는 상담자가 된다. 성령님을 보혜사로 표현하는 것은 요한복음 성령론의 독특성이다.

요한복음 성령이해의 또 다른 특징은 성령과 예수 그리스도의 관계를 명확하게 해준다는 점이다. 보혜사는 예수께서 성부 하나님께 요청함으로 제자들에게 임하신다.(요14:16) 그는 또한 예수께서 가르치고 말한 것을 생각나게 하신다.(요14:26) 그는 스스로 말하지 않고 오직 예수께 들은 것을 말하고 예수의 영광을 나타낸다.(요16:13-14)

모든 복음서가 하나님에 대해 많이 언급하고 있다. 그 중 요한복음에서 하나님을 주로 부르는 단어가 '아버지'이다. 다른 복음서에서 아바 아버지라는 용어가 나오는데, 요한복음에서는 아버지라는 표현을 많이 쓴다. 요한이 아버지라는 단어를 통해 표현하려고 하는 하나님의 속성은 사랑이다. 그래서 요한복음은 어떤 복음서보다 하나님의 사랑에 대해서 많이 설명하고 있다. 요한1서에서도 하나님은 사랑이시라고 말한다.(요일4:8) 우리가 사랑할지니 사랑하지 않으면 하나님을 알 수가 없다고 한다. 우리가 사랑함으로써 하나님이 누구신지 알 수가 있다는 것이다. 그래서 서로 사랑하지 않으면 하나님을 알 수가 없다, 왜냐하면 사랑 속에서 하나님이 자기를 나타내시기 때문이다.

하나님을 아버지라고 묘사하는 것을 구약 성경과 대조해 보면 아주 놀라운 점이다. 구약성경의 하나님을 생각할 때 우리가 제일 먼저 연상하는 것은 두려운 분이다. 구약성경에서의 하나님은 율법을 잣대로 우리를 평가하고 정죄하는 분으로 생각할 수가 있다. 그 하나님의 이미지에는 사랑도 있지만 무서움이 먼저이다. 이스라엘 백성이 시내산에서 만난 하나님은 무서운 분이었다. 지진, 불, 엄청난 우레소리, 화산과 같은 이미지가 이스라엘 백성이 하나님에 대해 가지고 있는 강렬한 이미지였다. 구약에도 하나님의 사랑을 묘사한 부분이 많이 있기는 하지만, 아버지와 같이 가까운 분으로 묘사하고 있는 책은 요한복음서이다.

요한복음에는 하나님 품에 있는 독생자 예수께서 하나님을 나타내셨고, 예수님의 사랑 받는 제자가 예수님을 나타내고 있다. 하나님은 우리를 사랑하시고 아끼시고 그 독생자까지 우리를 위해서 주시는 분이라는 것을 기억해야 한다. 이 내용이 집약되어 있는 요한복음 3장 16절 한 절을 가리켜 '소복음서'라고 부르기도 한다: "하나님이 세상을 이처럼 사랑하사 독생자를 주셨으니 이는 그를 믿는 자마다 멸망하지 않고 영생을 얻게 하려 하심이라".

요한복음에서 중요한 신론의 교리 중 하나는 삼위일체 교리이다. 삼위일체 교리는 복잡하고 어려운 과정을 거쳐서 만들어졌는데 주요 사상이 요한복음에 있다. 요한복음에는 이런 놀라운 말씀이 있다: "하나님과 나는 하나다".(요10:30); "아버지 안에 내가 있고 내 안에 아버지가 있다"(요14:30); 성령은 "아버지께서 내(예수) 이름으로 보내 실" 분이다(요14:26). 그래서 성령은 아들의 영광을 나타낸다.(16;14) 이런 말씀들은 구약성경이나 다른 복음서에서는 찾기 어려운 말씀들이다. 성부, 성자, 성령이 하나가 된다. 요즈음에는 이단이나 사이비 논란이 많이 생기는데 그것을 구분하는 잣대 중의 하나가 삼위일체를 믿느냐이다. 세 존재가 한 분이시면서 일체이고, 각기 다른 위를 가지고 있다. 이 삼위일체의 주요 사상이 요한복음에 나와 있다.

신구약 성경 전체가 구원이란 무엇인가, 구원받는 것은 어떤 것인가를 다루고 있다. 요한복음에서 구원을 의미하는 독특한 용어가 영생 또는 생명이다. 구원에 관해서는 바울 서신, 공관복음, 요한복음에서 각 저자별로 용어가 조금씩 다르게 묘사되고 있다.

공관복음에서는 구원 받는다는 것을 '하나님의 나라에 들어간다', 혹은 '천국을 소유한다'로 표현하고 있다. 바울은 구원을 '하나님의 의를 입는다' 혹은 '하나님이 의롭게 하신다'라는 표현을 많이 쓴다. 요한복음에서는 '영생을 얻는다' 혹은 '생명을 얻는다'라고 표현한다. 요한이 복음서를 기록한 목적은 "너희로 예수께서 하나님의 아들 그리스도이심을 믿게 하려 함이요 또 너희로 믿고 그 이름을 힘입어 생명을 얻게 하려 함"이라고 밝힌다.(요20:31) 생명을 얻게 한다는 것은, 다른 말로 하면, 구원을 얻게 한다는 것이다.

여기서 하나 유의해야 할 점은 요한복음에서는 '영생'이라는 단어도 쓰고 '생명'이라는 단어도 쓴다. 그런데 이 생명이라는 단어가 요한복음에서 사용될 때 우리가 일반적으로 사용하는 생명과 그 의미가 다르다. 헬라어에서는 생명을 나타내는 또 다른 단어가 있기 때문이다.

bios(비오스)는 생물학(biology)의 어원이 되는 단어로 일반적으로 우리가 생각하는 생명을 지칭한다. zoe(조에)라는 단어는 '거듭난 생명'을 지칭할 때 사용하는 단어이다. 예수님과 니고데모의 대화에서 예수께서는 니고데모에게 하나님 나라를 보기 위해서는 거듭 나야(중생) 한다고 말씀하시고, 니고데모는 '한 번 태어난 사람이 어떻게 중생할 수 있습니까?'라고 묻는다.(요3:3-4) 예수께서는 물과 성령으로 나지 않으면 거듭날 수가 없다고 하셨다. 물과 성령으로 태어나는 생명이 조에(zoe)이다. 이것이 요한복음에서의 구원이다. 생명은 십자가의 보혈로 죄씻음을 받고 말씀을 성령께서 깨우쳐 주실 때 탄생하게 된다.

성령과 말씀과의 관계를 달걀의 부화에 비유할 수 있다. 달걀은 생명을 가지고 있다. 하지만 달걀을 가만히 내버려두면 부화하지 않는다. 엄마 닭이 품던가, 인공부화를 하기 위해서는 따뜻한 온도를 유지해줘야 생명이 태어난다. 말씀이 있고, 말씀 안에 생명이 있는데, 그 말씀을 성령께서 우리 속에 해석을 해 주면 중생한 생명으로 우리가 거듭난다. 말씀이 말씀 그대로 있으면 그 말씀에서 생명력을 못 느끼는데, 성령께서 그 말씀을 깨닫게 해 주실 때, 우리가 생명을 얻게 되고 그 말씀은 우리 속에서 살아 움직이는 힘이 된다.

생명은 성령께서 우리에게 말씀을 풀어 주실 때 우리에게 다가온다. 우리가 원하는 것은 성경 지식이 아니라 우리 속에서 살아 움직이는 말씀으로서, 이것이 우리를 구원하는 생명이 되는 것이다.

바울 서신에서는 교회를 신체에 비유하여 그리스도는 교회의 머리이고 교회는 그리스도의 몸이라고 설명하였다. 요한복음에서는 예수님을 선한 목자로, 교회는 그의 돌봄을 받고 있는 우리 안의 양떼로 비유한다. 또 이 복음에서는 예수님을 포도나무로, 교회는 가지로 비유하여 가지가 포도나무에 붙어 있지 않으면 열매를 맺을 수가 없다고 한다. 무엇보다도, 요한의 교회는 예수께서 주신 유일한 새 계명--서로 사랑하라--을 지키는 공동체이다. 이 사랑은 예수께서 제자들을 사랑하시는 그 희생적 사랑이다.

종말론은 '마지막'을 다루는 교리 담론이다. 종말은 개인적인 종말(죽음)도 있고, 국가와 민족의 종말도 있을 수 있고, 문명의 종말도 있고, 궁극적으로 지구와 인류가 망하는 것도 종말이라고 표현한다. 그리고 중요한 것은 구원사적 종말이 있다. 지금 우리는 구원사적으로 볼 때 종말의 시대를 살아가고 있다. 즉 그리스도께서 십자가에서 죽으시고 부활하시고 성령께서 오신 시대를 살아가고 있는 것이다. 구원사적으로 볼 때 우리는 구약 성경에서 시작된 구원의 마지막 단계에서 살아가고 있는 것이다.

종말론은 임박한 종말론과 진행중인 종말론, 철저(미래) 종말론, 그리고 실현된 종말론이 있다. 임박한 종말론은 끝이 얼마 남지 않았음을 강조한다. 진행중인 종말론은 말 그대로 종말이 진행중이라고 본다. 철저(미래) 종말론은 종말이 먼 미래에 있다고 보며, 실현된 종말론은 종말이 벌써 왔다는 것이다.

성경에서 보는 종말은 종말이 시작되었지만 아직 완성되지 않았다는 개념으로, 영어로는 already(이미) - not yet(아직 아니)라고 표현한다. 성경적 종말론에서는 하나님 나라가 이미 이루어진 측면이 있다고 본다. 예수께서 십자가에 달리시고 부활하시면서 죽음의 권세를 이미 물리치셨기 때문이다. 예수께서 십자가에 달리시고 사흘만에 부활하심으로써 죄의 노예인 우리에게 새 생명의 길을 열어주셨다. 십자가에서 죽으시고 부활하실 때 이미 예수는 사탄을 이기셨다. 그래서 '이미'라고 표현한다. 결정적인 싸움에서 예수께서 이기셨다. 그러나 세상에는 고통, 죄, 눈물이 있다. 예수께서 온전히 모든 죄악을 청산하는 날은 아직 오지 않았다. 역사는 온전한 하나님 나라를 이루는 그 날을 향하여 가고 있는 중이다. 그래서 '아직 아니(not yet)'라고 한다.

요한복음의 종말론은 미래에 일어날 일이 아니라 현재 우리 가운데 있는 하나님 나라에 초점을 맞추고 있는 실현된 종말론을 강조한다. 요한복음 5장 24절에 "내가 진실로 너희에게 이르노니 내 말을 듣고

나 보내신 이를 믿는 자는 영생을 얻었고 심판에 이르지 아니하나니 사망에서 생명으로 옮겼느니라"고 적고 있다. '옮겨질 것이다'라거나 '옮겨지고 있다'가 아니라 이미 '옮겨졌다'고 강조하고 있다. 요한복음의 종말론은 '이미-아직' 중에서 '이미 실현된' 부분에 무게를 더 많이 두고 있다.

Chapter 4

요한서신들과 요한계시록의 흐름과 영성

사랑하지 아니하는 자는 하나님을 알지 못하나니

이는 하나님은 사랑이심이라

(요일 4:8)

Chapter 4

요한서신들과 요한계시록의 흐름과 영성

요한서신들은 요한복음과 요한계시록과 긴밀한 연관성을 가지고 있다. 요한은 복음서에서 예수께서 주신 새 계명을 서신들과 계시록을 통해서 계속해서 가르치고 있다.

요한은 예수 사역의 목격자중의 한 사람으로서 그의 첫 번째 편지에서 말씀이 된 예수를 듣고 보고 만진 바라고 증언한다.(1:1) 요한은 이 서신에서 예수께로부터 오는 영원한 생명과 빛에 관해서 자세하게 설명한다.

요한은 후에 영지주의의 일파인 가현주의자들(docetists)로 인해 공동체의 분렬을 경험하게 된다.

아이들아 지금은 마지막 때라 적그리스도가 오리라는 말을 너희가 들은 것과 같이 지금도 많은 적그리스도가 일어났으니 그러므로 우리가 마지막 때인 줄 아노라 그들이 우리에게서 나갔으나 우리에게 속하지 아니하였나니 만일 우리에게 속하였더라면 우리와 함께 거하였으려니와 그들이 나간 것은 다 우리에게 속하지 아니함을 나타내려 함이니라(요일2:18-19)

가현주의의 사상은 당시 지배적인 헬라의 2원론에 근거하는데 이 사상은 영혼과 육체를 엄격히 분리한다. 이 견해에 의하면, 영혼은 거룩하고 육체는 죄악된 것이기 때문에 영혼만 구원받으면 육체로는 죄를 지어도 된다는 것이다. 가현주의자들은 예수께서 더러운 육체를 입고 오시지도 않았고 또 구원받은 사람들에게는 육체적 죄란 존재하지 않는다고 믿었다. 그래서 그들에게는 예수의 십자가 대속이 의미가 없다. 요한은 이런 그릇된 사상에 미혹되어 신앙을 잃고 공동체에서 탈퇴한 사람들을 경계한다.

사랑하는 자들아 영을 다 믿지 말고 오직 영들이 하나님께 속하였나 분별하라 많은 거짓 선지자가 세상에 나왔음이라 이로써 너희가 하나님의 영을 알지니 곧 예수 그리스도께서 육체로 오신 것을 시인하는 영마다 하나님께 속한 것이요 예수를 시인하지 아니하는 영마다 하나님께 속한 것이 아니니 이것이 곧 적그리스도의 영이니라 오리라 한 말을 너희가 들었거니와 지금 벌써 세상에 있느니라(요일4:1-3)

주님은 우리와 같은 육체를 가지셨기 때문에 길가다가 피곤하시고 십자가상에서 목마르시고 군인이 옆구리를 창으로 찌르니 물과 피가 나왔다. 요한은 이것을 주님은 '물과 피로서 임하신 이'라고 표현하고 있다(요일5:6)

요한은 가현주의자들을 반대하여 그들의 "죄없다"는 주장을 두 차례에 걸쳐 반박하고 있다: "만일 우리가 죄가 없다고 말하면 스스로 속이고 또 진리가 우리 속에 있지 아니할 것이요"(요일1:8); "만일 우리가 범죄하지 아니하였다 하면 하나님을 거짓말하는 이로 만드는 것이니 또한 그의 말씀이 우리 속에 있지 아니하니라."(요일1:10) 스스로 속인다는 것은 죄를 합리화하거나 은폐함으로 결국 자신의 욕구를 만족시키기 위해서 양심을 더럽히는 것이다. 이것은 곧 세상을 사랑하는 길과 연결된다. 세상의 본질은 "육신의 정욕과 안목의 정욕과 이생의 자랑"이다.(요일2:16) 그러나 요한은 죄의 심각성을 깨닫고 그 죄를 자백하면 대속해 주시는 주님의 십자가 은총이 있음을 강조한다.(요일1:9, 2:1-2) 그리고 구원받은 사람은 하나님의 말씀이 그 안에 있어 능히 이 세상을 이길 수 있다고 분명하게 말한다.(요일2:14)

요한은 그의 첫 번째 편지에서 예수께서 주신 "서로 사랑하라"라는 유일한 새 계명을 계속하여 상기시키고 그 계명을 구체적으로 상세하게 가르친다.(2:10, 3:23, 4:7, 11, 20-21, 5:2) 이런 의미에서 요한일서는 새 계명의 해설서라고 불릴만 하다.

여기서의 사랑은 우리를 위해서 목숨을 버리신 주님의 사랑이기에 형제를 위해서 목숨을 버릴 수 있어야 하고(요일3:16), 우리가 가진 재물로서 궁핍한 형제를 도와주어야 한다.(요일3:17) 그래서 우리의 사랑이 말과 혀로서만 하는 사랑이 아님을 보여주어야 한다.(요일3;18)

우리가 이 계명을 지키면 주님은 우리 안에, 우리는 주님안에 있음을 아는데, 이것을 알게 하시는 분이 성령이시다.(요일3:24) 그래서

"사랑하지 아니하는 자는 하나님을 알지 못하나니 하나님은 사랑이심이라."(요일4:8)

요한은 그후 그의 두번 째 편지에서 택하심을 받은 부녀와 그의 자녀들에게 편지를 보내 그리스도의 교훈을 가르치고 그릇된 교훈을 강한 어조로 경계하였다.

미혹하는 자가 세상에 많이 나왔나니 이는 예수 그리스도께서 육체로 오심을 부인하는 자라 이런 자가 미혹하는 자요 적그리스도니 너희는 스스로 삼가 우리가 일한 것을 잃지 말고 오직 온전한 상을 받으라 지나쳐 그리스도의 교훈 안에 거하지 아니하는 자는 다 하나님을 모시지 못하되 교훈 안에 거하는 그 사람은 아버지와 아들을 모시느니라 누구든지 이 교훈을 가지지 않고 너희에게 나아가거든 그를 집에 들이지도 말고 인사도 하지 말라 그에게 인사하는 자는 그 악한 일에 참여하는 자임이라(요이7-11)

그리고 요한은 그의 세 번째 편지에서 그가 참으로 사랑하는 가이오가 진리안에서 행한다는 것을 칭찬한다.

내가 내 자녀들이 진리 안에서 행한다 함을 듣는 것보다 더 기쁜 일이 없도다(요삼4)

그리고 그는 진리를 떠난 디오드레베를 본받지 말고 선한 데메드리오를 본받으라고 권면한다.

요한은 서신들을 보내고 난후 밧모 섬으로 유배를 가게 되는데 그 섬에서 주의 날에 성령에 감동되어 인자와 같은 주님을 환상중에 만나게 된다.(계1:10) 성령께서 요한을 감동시켜 인자같은 주님의 말씀을 듣게 하는데 주님은 일곱 교회에게 말씀하시고 일곱 번 계속해서 "귀있는 자는 성령이 교회들에게 하시는 말씀을 들을 지어다"라고 하신다. 요한은 성령에 감동되어 하늘 나라에 환상중에 초대된다.(계4:2) 요한은 다른 어떤 제자들보다 큰 축복을 받은 사도이다. 그는 환상중에 그가 영원히 머물게 될 새 예루살렘 성과 낙원을 생생하게 보게 된다.

우리는 요한이 환상중에 만난 주님께서 일곱 교회에 주신 말씀과 성령께서 그에게 보여 주신 환상을 하나의 긴 이야기로 읽을 수 있다.[100] 요한계시록을 일관성있는 긴 이야기로 읽음으로 요한계시록의 우주적이며 장대한 드라마를 현실적으로 체험할 수 있다.

1) 요한계시록의 이야기 흐름

요한계시록의 이야기 흐름은 대체로 아래의 구조를 가지고 있다.

서언--->발단-->전개-->진전-->위기-->절정-->해소시작-->해소-->종결-->결어

100) 이 부분은 저자의 책 『요한계시록 이야기』(대한기독교서회, 2013), 45-53에서 발췌 수정한 것이다.

이 이야기의 구조에서 일곱 인, 일곱 나팔, 일곱 대접재앙이 주-플롯(main plot)에 해당되고 세 번에 걸쳐 나타나는 간막극 또는 삽경(7:1-17; 10:1-11:14; 12:1-14;20)이 부-플롯(sub plot)에 해당된다. 간막극은 사건들이 시간적 순서대로 진행되다가 그 진행이 갑자기 중단되고 새로운 장면이 나타나는 경우인데, 이것은 저자가 일정한 메시지를 효과적으로 전달하고자 하는 문학적 장치라고 할 수 있다. 이 간막극은 주된 이야기의 흐름을 끊는 것 같지만 전체적인 구조에서 볼 때 주된 이야기를 새로운 차원에서 이해하게 한다.[101)]

이상의 구조와 흐름에 맞추어 요한계시록 이야기를 들어본다.

서언(1:1-8)--- 서언은 이야기의 전체적 구조와 흐름을 설명하는 부분이다. 일반적으로 해설자가 이 역할을 감당한다. 요한계시록에서 해설자는 이 계시가 예수 그리스도의 계시임을 밝히고 이 계시는 천사들을 통하여 종 요한에게 주어졌음을 말한다. 해설자는 요한이 그가 보고 들은 것을 증거하는 증거자임을 밝히고 그가 전하는 말씀을 지키는 자들에게 복이 있다고 말한다. 그리고 요한이 일곱 교회에 보내는 편지의 인사말이 나온 뒤에 예수 그리스도의 오심이 예언되어 있고, 그 뒤 주 하나님이 스스로를 나타내신다.

발단(1:9-20)---이 부분은 이야기가 실제로 시작되는 부분으로서 이야기는 보통 어떤 사건에 의해서 시작된다. 여기서 그 사건은 이렇

101) M. H. 아브람스, 최상규 역, 『문학용어사전』(예림기획, 1997), 278

게 시작된다. 요한은 하나님의 말씀과 예수의 증언으로 밧모섬에 유배되어 있었는데 주의 날에 성령의 감동하심을 입어 인자 같으신 예수 그리스도를 환상중에 만나게 된다. 요한은 인자 같으신 그 분으로부터 소아시아에 있는 일곱 교회에 편지를 보내라는 명령을 받는다.

전개(2:1-3:22)---발단과 전개는 구조상 긴밀하게 연결되어 있다. 여기서는 주님께서 일곱 교회에 보내는 편지 내용이 개별적으로 기록되어 있다. 이 일곱 교회중 믿음가운데서 선한 싸움을 싸우지만 세속화 되어가거나 이단을 용납하여 우상숭배와 음란의 죄를 범하는 에베소 교회, 버가모 교회, 두아디라 교회와 사데 교회에 대해서는 칭찬과 회개하라는 경고가 함께 주어진다. 그러나 박해와 곤핍한 중에서도 믿음을 잘 지켜나가는 서머나 교회와 빌라델비아 교회에게는 칭찬과 위로, 그리고 보상의 약속이 주어진다 마지막으로, 스스로 부유하다고 자만하는 라오디게아 교회에 대해서는 오직 책망과 징계의 말씀만이 주어진다. 그러나 책망과 징계는 사랑하기 때문이라는 사실이 강조되고 회개하면 주님과 더불어 먹고 다스리는 축복의 약속이 주어진다.

진전(4:1-11:19)---이 긴 부분은 일곱 인과 일곱 나팔 재앙으로 구성되어 있는데 흥미로운 것은 저자가 두 번에 걸친 간막극 혹은 삽경을 이야기의 중간에 배치하고 있다는 것이다.

요한은 다시 성령의 감동을 입고 천상의 세계로 초청을 받게 된다. 이 천상 세계의 묘사가 있고 난후 이야기의 초점은 하나님의 오른 손에 들려있는 두루마리로 옮겨진다. 이 두루마리는 철저하게 일곱 인들로 봉인되어 있어서 하늘과 땅위나 땅아래의 그 누구도 펴볼 수가 없게 되어있다. 이 두루마리는 오직 어린 양에게만 허락되어 있는데 어린 양이 이 두루마리를 취하자 온 하늘과 땅에서 찬양이 울려 퍼진다.

어린 양이 일곱 인들로 봉인된 두루마리의 인을 하나씩 하나씩 떼어나가면서 미래에 일어날 일들에 대한 징조들이 나타난다. 이 징조들은 믿는 자들로 하여금 깨어 있으라는 경고가 된다. 처음 네 인들을 뗄 때 순서대로 흰 색, 붉은 색, 검은 색, 그리고 청황 색 말과 말탄자들이 등장하는데 이것은 종말의 증후들을 상징한다. 곧, 세상을 미혹하는 거짓 메시야의 등장과 그 뒤를 따르는 잔혹한 전쟁과 기근과 죽음이 나타난다. 이 징조들은 예수께서 말씀하신 종말 담론(막 13장)에 이미 예언되어 있다.

다섯째 인을 뗄 때 제단 아래 있던 순교자들의 '어느 때까지 기다려야 합니까?' 하는 탄원이 들려온다. 여기서 순교자들의 탄원은 하나님의 심판을 촉발시키는 직접적인 동인으로 작용한다. 여섯째 인은 순교자들의 청원에 대한 즉각적인 반응으로 곧 일어날 우주적 심판 재앙의 간략한 청사진이 펼쳐진다. 여섯째 인은 미래에 일어날 일을 미리 보여주는 예견적 환상의 성격을 띠고 있다. 이 심판의 환상 속에서 순교자들을 괴롭히던 땅의 모든 강한 자들이 고통을 당하는 모습이 뚜렷하게 보인다.

이제 마지막으로 일곱째 인을 떼기 전에 첫 번째 간막극 또는 삽경이 나타난다.(7:1-17) 이 간막극은 이야기의 주된 흐름을 끊고 전혀 새로운 환상을 보여준다. 이 간막극은 주님께서 환난 날에 성도들을 어떻게 보호하시는 지를 보여준다.

주님께서는 하나님의 백성 이마에 인을 침으로써 이제 막 시작되는 일곱 나팔 재앙에서 그들을 보호하시고자 한다. 십사만 사천명은 믿는 유대인 열두 지파에서 일만 이천명씩 뽑은 숫자이다. 유대 그리스도인들 뒤에 각 나라 족속에서 구원 받은 그리스도인들이 하나님을 찬양하면서 등장한다.

그후, 일곱째 인을 떼게 되자 전체 두루마리의 심판과 구원 계획이 온전히 드러나게 된다. 이것은 일곱 나팔들로 시작하는 부분적 재앙들과 일곱 대접들을 통해서 내려지는 전체적인 심판의 재앙과 구원 계획이다. 처음 네 나팔들이 차례대로 불리면서 땅, 바다, 강, 그리고 해, 달과 별의 3분의 1에 대한 타격이 시작된다. 이 재난이 내리면서 인침을 받지 않은 사람들은 큰 고통을 당하게 된다.

다섯 번째 나팔이 불리면서 밑바닥이 없는 무저갱에서 무섭고 강한 힘과 독성을 가진 황충이 쏟아져 나와서 사람들을 괴롭힌다. 그 다음에 여섯 번째 나팔이 불리는데 강력하고 수많은 마병대가 들이닥쳐 불신자들의 3분의 1이 죽임을 당하게 된다. 그런데 놀라운 사실은 이토록 혹독한 고통을 당하지만 살아남은 사람들은 회개하지 아니한다는 것이다. 요한 저자는 이 재난이 회개를 위한 것임을 강조한다.

이제 남은 마지막 일곱 번째 나팔이 있는데, 이 나팔이 불리면 전면적이며 결정적인 심판인 일곱 대접들의 심판이 시작된다. 그런데 이 결정적 나팔을 불기 전에 하나님은 불신자들에게 회개의 기회를 주시고자 한다. 이 때 두 번째 간막극이 나타난다.(10:1-11:14) 하나님은 힘센 천사를 보내어 요한이 작은 두루마리를 취하게 하여 많은 백성과 나라와 왕들에게 예언하도록 하신다. 두 번째는 하나님께서 성전 안에서 예배하는 자들을 보호하시고자 계수하게 하신다. 세 번째는 하나님께서 두 증인들을 보내셔서 백성들에게 증언을 하도록 하시는데, 백성들은 그 증인들을 괴롭게 여기다가 무저갱에서 나온 짐승에게 그 증인들이 죽임을 당하는 것을 보고 기뻐한다. 두 번에 걸친 회개의 권면에도 불구하고 백성들이 회개하지 않자 결국 마지막 결정적 재앙을 불러오는 일곱 번째의 나팔이 불린다.

위기(12:1-14:20)---일곱 번째 나팔이 불리고 난 후 일곱 대접 심판이 바야흐로 막 시작하려는 순간에 놀랍게도 하나님의 뜻에 도전하는 세력들이 두각을 드러내기 시작한다. 이것이 마지막 간막극(12:1-14:20)의 시작이다. 이 간막극은 길고 그 내용도 복합적이다. 이 간막극에 저자가 전하고자 하는 핵심적인 메시지가 담겨져 있다. 이 극에서는 하나님의 공의를 집행하는 대리인으로서 메시야가 하늘의 신비스러운 모습을 한 여인을 통해서 태어나려고 한다. 그러나, 태어나려고 하는 아이를 삼키려고 무섭고 강한 용으로 상징되는 사탄이 그 앞에서 입을 벌리고 있다. 메시야를 탄생시킬려는 여인과 그를 죽이려는 용의 절박하고 극적인 갈등이 묵시적, 우주적 상징들로 묘사되고 있다.

메시야는 태어나서 하나님 앞으로 올라가고 용은 여인을 추격하여 그 여인을 죽이려고 하는데 그 여인은 용을 피하여 광야에서 숨는다. 천사장 미가엘이 이 용과 싸워서 용을 하늘에서 쫓아낸다. 하늘에서 쫓김을 당한 용은 분기가 충천하여 땅으로 내려온다. 땅에 내려온 용은 자신을 추종하는 두 마리의 짐승들과 그들을 따르는 백성들을 동원하여 하나님께 대적한다. 이 두 마리의 짐승들은 바다에서 나온 짐승과 땅에서 올라온 짐승이다. 바다에서 나온 짐승은 머리가 일곱이요 뿔이 열 개인 용과 같은 모습을 하고 있으며 용에게서 권세를 위임받아 놀라운 기적을 행하여 사람들을 미혹한다.

이에 비해서 땅에서 올라 온 짐승은 그 모양이 어린 양과 같고 두 개의 뿔을 가지고 있는데 놀랍게도 그는 용과 같이 하나님을 모독한다. 이 땅의 짐승은 바다 짐승으로부터 권세를 받아 바다 짐승을 우상으로 경배하도록 백성들을 미혹한다. 이 땅의 짐승은 백성들에게 바다 짐승을 경배하도록 하고 경배하는 자들에게 이마와 오른 손에 짐승의 표를 준다. 그리고 누구든지 이 표가 없으면 매매를 못하게 한다.

짐승의 표를 받은 많은 사람들이 있는 반면에 다른 편에서는 이와 대조적으로 시온산에 어린 양이 서 있고 이마에 어린 양과 아버지의 이름이 쓰인 십사만 사천명이 하나님을 찬양하는 모습이 등장한다. 하늘에서 찬양이 울려 퍼지는 가운데 세 천사들이 나타나서 마지막 심판에 대한 최후의 준비 작업을 한다.

첫 천사는 만국에 전파될 영원한 복음을 선포하고 두 번째 천사는 바벨론의 멸망을 예고한다. 세 번째 천사의 메시지는 계시록의 핵심적 메시지 중의 하나이다. 즉 짐승과 그 우상에게 경배하지 말고 짐승의 표를 받지 말라. 이 일로 해서 박해를 받고 혹 순교의 위험이 따르드라도 끝까지 믿음을 잃지 말라. 왜냐하면 순교에는 그 대가가 있기 때문이다. 그 후에 전면적 심판과 구원 계획이 곡식 추수와 포도 추수라는 상징들로 묘사된다.

절정(15:1-19:10)---이 부분은 계시록 이야기의 클라이막스에 해당된다. 적대자들의 반대가 있었지만 그것이 극복되고 주님의 공의로운 심판이 집행된다. 이 모든 일후에 결국 마지막 재앙인 일곱 대접 재앙이 시작되는데 하늘에서는 이 심판을 고대해 온 믿는 백성들의 찬양이 울려 퍼진다. 하나님의 진노가 가득 담긴 첫 번째 대접이 짐승의 표를 받고 우상에게 경배한 자들에게 쏟아진다. 두 번째 대접이 바다에 쏟아지니 바다의 모든 생물들이 죽는다. 세 번째 대접은 강과 물 근원에 쏟아지니 물이 피가 된다. 네 번째 대접은 해에 쏟아지니 해가 권세를 받아 사람들을 태운다. 다섯 번째 대접은 짐승의 왕좌에 쏟아지니 사람들이 심한 고통을 당하게 된다. 그 고통에도 불구하고 사람들은 회개치 아니한다. 여섯 번째 대접은 유브라데 강에 쏟아지는데 강이 말라 전면적 타격을 줄 왕들이 침공을 하고 거짓 영들이 백성들을 미혹하여 최후의 전쟁을 위해서 백성들을 모은다. 마지막 대접을 쏟으니 큰 지진이 나서 바벨론과 만국의 성들이 무너진다.

이 단락에서 해설자는 청자들의 욕구를 잘 간파하여 그렇게도 성도들을 괴롭히던 바벨론이 멸망하는 것을 보다 상세하게 설명해 준다. 이것은 에크프라시스(ekphrasis)라고 하는 수사학적 기법으로서 상세한 설명을 통해서 청자들이 가지고 있는 하나님의 공의에 대한 갈급함을 충족시킨다.

해설자는 청자들에게 먼저 궁금했던 바벨론의 정체부터 분명하게 설명해준다. 바벨론은 사치가 극에 달하고 만국을 음란하게 만드는 자색 옷을 걸친 음녀로 묘사되는데, 놀라운 것은 이 음녀가 붉고 기괴한 짐승을 타고 있다는 것이다. 이 짐승이 붉은 것은 성도들의 피에 취했기 때문이라고 한다. 이 음녀는 그 짐승과 함께 하나님을 모독하고 성도들을 박해해 왔다. 그리고 모든 나라들을 음란의 잔으로 취하게 만들었다. 그런데 놀라운 사건이 발생하게 된다. 그것은 이 음녀를 태우고 있던 짐승이 그 음녀를 죽이고 그 시체를 불사르는 끔찍한 일이 일어난 것이다.

바벨론의 정체와 비극적 결말을 묘사하고 난 뒤 해설자는 그 제국의 멸망과정과 참상을 보다 상세하게 설명한다. 이 바벨론이 심판을 받아 불타며 멸망해가는 것을 보고 땅의 왕들과 상인들과 선장과 선원들이 놀라며 탄식한다. 이 장면에서 불타며 연기가 자욱한 바벨론성을 멀리서 바라보며 두려움에 휩싸이는 사람들의 모습이 역력하게 그려져 있다. 이런 가운데 하늘에서는 하나님의 공의로운 심판을 찬양하는 노래가 울려 퍼지고 어린 양의 혼인 잔치가 성대하게 열리게 된다. 이 두 장면은 지극히 대조적이다. 이 잔치는 어린 양이신 예수 그리스도께서 주빈이 되시고 믿음을 지킨 모든 성도들이 초청을 받는다. 성도들을 그토록 괴롭히던 바벨론이 하나님의 공의에 따라 심판을 받으면서 성도들은 이제 어린 양의 잔치에서 기쁨과 안식을 마음껏 누리게 된다.

갈등 해소 시작(19:11-21)---그 일후에 하늘에서는 만 왕의 왕이시오 만 주의 주이신 그리스도께서 하늘 군대를 이끌고 위세 당당하게 등장하신다. 이에 맞서서 짐승과 땅의 왕들과 군대들이 전쟁을 일으키지만 그 짐승과 거짓 선지자가 사로잡혀서 유황 불 못에 던져진다. 그 후에 천사가 내려와서 남아 있는 용을 잡아 천년동안 무저갱에 집어넣고 단단히 봉인한다.

용이 갇히고 짐승이 사라진 평온한 천년동안 순교자들과 짐승의 표를 받지 아니한 성도들이 부활하여 그리스도와 함께 다스리는 축복을 누린다. 이때의 부활이 첫 번째 부활로서 이 부활에 참여한 사람들에게는 더 이상 죽음이 없는 축복이 주어진다.

갈등 해소(20:1-15)--- 천 년이 지난 후에 용이 잠시 놓이는데 이때 용은 다시 땅의 사방에서 하나님을 적대하는 왕들과 백성들(곡과 마곡)을 모아 하나님을 대적하나 하늘에서 불이 내려와 그들을 태운다. 용은 사로잡혀 불과 유황이 타는 못에 던져짐으로 온 하늘과 땅은 평화와 기쁨을 되찾는다. 온 세상을 공의로 심판하신 후 하나님께서 흰 보좌에 앉아 이제까지 죽은 모든 자들을 부활시켜 생명책에 기록된 대로 심판하신다. 이것이 두 번째 부활이요 전면적 총체적 심판이다. 생명책에 기록된 사람들은 영생을 누리고 기록되지 못한 자들은 불 못에 던져진다.

종결(22:1-22:5)---이 일후에 새 하늘과 새 땅이 보이고 새 예루살렘 성이 하늘로부터 내려온다. 하나님께서 이 성에 들어갈 수 있는 사람들에게 위로의 말씀과 축복의 약속을 주신다. 그 다음에는 그곳에 들어갈 수 없는 사람들을 열거한 후에 새 예루살렘 성을 종 요한에게 상세하게 보여주신다. 그 성의 기초석은 열두 보석들로 꾸며져 있고 하나님의 영광이 가득하여 해와 달이 필요 없고 성전이 없다. 그 성에는 수정같이 맑은 생명수의 강이 흐르며 생명나무의 열두 가지는 달마다 열매가 맺히어 만국을 치료한다. 하나님과 어린 양의 보좌가 그 중앙에 있으며 구원받은 백성들은 항상 하나님을 바라보며 세세토록 기쁨으로 왕노릇 할 것이다.

결어(22:6-21)-- 이 모든 계시와 환상을 다 보여주신 후에 예수께서는 성령과 신부와 더불어 다시 한 번 그 종을 통하여 청자들에게 구원의 확신을 심어준다: 이 계시와 환상은 참되기 때문에 때가 가까워서 곧 실현될 것이다. 그래서 성도들은 말씀을 붙들고 끝까지 믿음을 지키며 악한 자들을 경계해야 한다. 이 예언의 말씀은 온전하기 때문에 이에서 더하거나 빼거나 해서는 안된다는 것을 강조하고 간구와 인사말로 끝 맺는다: "주 예수의 은혜가 모든 자들에게 있을지어다. 아멘."

2) 요한계시록의 영성

요한계시록은 "악한 시대를 대비한 소 책자"라는 별칭이 주어져 있다. 사도 바울은 악한 시대를 "고통하는 때"라고 말하면서 그 시대는 "사람들이 자기를 사랑하며 돈을 사랑하며 자랑하며 교만하며…"라고 규정하고 있다(딤후 3:1-5). 이 책은 세상이 혼란스럽고 악할 때를 대비하여 성도들이 미리 자신을 돌아보고 준비해야 됨을 가르쳐준다. 요한계시록 영성은 다양한 영역과 관점에서 연구될 수 있지만 여기서는 요한복음과 요한서신과 연결되는 주제를 중심으로 간략하게 살펴본다.

요한 계시록의 영성은 요한복음과 요한서신과 연결해서 볼 때 그 핵심을 예수께서 보낸 일곱 교회 편지들에서 찾아볼 수 있다. 여기서는 일곱 교회의 영적 상태를 주님의 관점에서 간략하게 살펴보고 오늘날 우리 교회가 들어야 할 메시지가 무엇인지 알아본다.

세상이 혼란스럽고 악할 때에 성도들은 계시록에서 보여주는 환상들과 상징들을 통해서 계시된 메시지를 확실하게 받아들일 수 있어야 한다. 계시록의 메시지는 부활하신 예수께서 요한에게 나타나셔서 일곱 교회에 편지하라는 명령으로 시작한다. 요한복음서에서 예수께서 먼저 성전을 청결케함으로 사역을 시작하셨는데 계시록에서는 먼저 교회에 찾아 오셔서 칭찬과 책망을 하신다.

일곱 교회에 보낸 편지를 보면 이미 그 시대에 세속화의 영향이 강하게 나타나며 각종 이단들의 거짓 가르침과 거짓된 영들의 교회침투를 읽을 수 있다. 첫 교회인 에베소 교회에 보내진 서신의 내용은 칭찬--책망--경고--보상의 약속 순으로 되어 있다. 다른 교회들에 보내진 서신들도 대체로 이런 순서를 가지고 있다.

첫 교회인 에베소 교회에 처음으로 책망하는 것이 "첫 사랑"을 잃었다는 것이다. 주님은 제자들을 떠나올 때 유일한 새 계명을 주셨는데 그것이 "서로 사랑하라"는 것이었다. 그런데 에베소 교회는 그 사랑을 잃었다는 것이다. 처음에는 그렇게 뜨겁게 서로 사랑했는데 언제부터인가 그 사랑이 식어버렸다. 그 이유는 여러 가지가 있겠지만 그 다음에 니골라 당이 나오는 것으로 봐서 교회내 이단의 활동이 서로 간에 불신과 의심을 야기시킨 것이 아닌가 추측된다. 이런 상황은 다른 교회에서도 일어났다.

버가모 교회에는 발람의 교훈을 지켜서 우상의 제물을 먹고 행음하는 자들이 있고 니골라 교훈을 지키는 자들도 있었다. 주님은 이 교회가 발람과 니골라당과 같은 그릇된 교훈을 가르치는 자들을 용납한 것을 책망하신다. 두아디라 교회는 이세벨을 받아들여 행음하고 우상의 제물을 먹은 것에 대해 책망을 받는다. 그리고 주님은 거짓 선지자의 영적인 은밀한 교훈을 경계하라고 말씀하신다. 사데 교회는 "살았다 하는 이름은 가졌으나 죽은"(3:1) 교회였기에 하나님 앞에서 온전한 행위를 가지지 못했다. 주님은 세속화가 가장 심한 라오디게아 교회를 책망하신다 "네가 말하기를 나는 부자라 부요하여 부족한 것이 없다 하나 네 곤고한 것과 가련한 것과 가난한 것과 눈먼 것과 벌거벗은 것을 알지 못하도다."(3:17)

그러나, 일곱 교회 중에서 칭찬만 받는 교회는 서머나 교회와 빌라델비아 교회이다. 서머나 교회와 빌라델비아 교회는 환란과 궁핍, 적은 능력 중에서도 신앙을 지키는 교회였다. 이것을 보면 작고 힘들지만 믿음을 지켜나가는 교회에는 주님의 위로와 축복의 약속이 있다.

일곱 교회에 보내진 편지 본문을 보면, 처음 시작은 인자같은 이가 " ... 사자에게 편지하라"고 시작하는데 제일 뒤에는 모두 "귀 있는 자는 성령이 교회들에게 하시는 말씀을 들을지어다"고 되어 있다. 이것은 그리스도와 성령간의 긴밀한 상호 협력적 사역을 나타내 주고 있다. 요한복음 16:13에는 예수 그리스도와 성령의 관계를 명확히 설명하고 있다: "그러나 진리의 성령이 오시면 그가 너희를 모든 진리 가운데로 인도하시리니 그가 스스로 말하지 않고 오직 들은 것을 말하며 장래 일을 너희에게 알리시리라". 이 구절이 중요한 것은 예수 그리스도와 성령간의 관계를 잘 설명하고 있기 때문이다. 예수께서 말씀하시면 성령님은 그것을 깨우쳐 주신다. 요한 계시록에서도 예수께서 말씀하시고 성령께서 그것을 깨우쳐 주신다. 그래서 말씀은 예수께서 하시는데 그 말씀을 들을 수 있는 사람은 성령의 감동을 받은 '귀있는 사람'이다.

계시록에서 예언하는 악한 시대에는 성도들이 혼란스럽고 어려운 환경과 상황을 만날 것이다: 세속화, 거짓 교훈과 이단, 우상 숭배와 음행, 환난과 박해, 등. 이런 때에 그리스도께서 성령을 통하여 우리에게 가르쳐주시는 삶의 영성적 덕목은 회개, 분별과 조심, 인내와 충성이다. 그리고 주님은 이 시련을 이기는 자들에게 보상이 있음을 약속하신다.

주님은 세속화 되어 가는 교회들에게 한결같이 회개하라는 강력한 메시지를 주신다. 주님은 에베소 교회에 "그러므로 어디서 떨어졌는지를 생각하고 회개하여 처음 행위를 가져라"(2:5)고 말씀하시고 만일 그러지 아니하면 교회를 폐하겠다는 경고를 하신다. 버가모 교회에도 "그러므로 회개하라"(2:16)고 말씀하신다. 그리고, 두아디라 교회에 "만일 그의 행위를 회개하지 아니하면"(2:22), 또, 사데 교회에도 "그러므로 네가 어떻게 받았으며 어떻게 들었는지 생각하고 지켜 회개하라"(3:3)라고 말씀하신다. 그리고, 뜨겁지도 차지도 않은 라오디게아 교회에 "그러므로 네가 열심을 내라 회개하라"(3:19)고 권면하신다.

반면에, 환난과 궁핍에 시달리는 서머나 교회를 주님은 위로하신다: "실상은 네가 부요한 자니라."(2:9) 그리고 충성함으로 생명의 면류관을 받게 될 것이라 약속하신다.(2:10) 작은 능력을 가지고도 주님의 말씀을 지키고 그 이름을 배반하지 아니한 빌라델비아 교회에게는 "너를 지켜 시험의 때를 면하게 하리니"라고 위로하신다.(3:10) 계시록에서는 박해와 환난의 때에 성도들이 인내와 믿음을 가지도록 촉구한다. "성도들의 인내와 믿음이 여기 있느니라"(13:10); "성도들의 인내가 여기 있나니 그들은 하나님의 계명과 예수에 대한 믿음을 지키는 자니라."(14:12)

그리고 주님은 교회에 침투해 들어오는 거짓 교훈들과 이단들에 대해서 성도들이 깨어 분별하도록 경고하신다. 당시의 교회에는 거짓 사도들과 발람, 니골라 당과 이세벨의 교훈들이 성도들을 미혹하고 있었다. 이 거짓 선지자들은 "어린 양"같은 모습을 하고 있지만 "용처럼" 말하는 땅에서 올라온 짐승으로 묘사되어 있다.(13:11) 그들이 간교하기 때문에 성도들이 그들을 분별하기가 쉽지 않다.

예수께서는 지상 사역의 말기에 제자들에게 종말 담론을 통해서

미리 경고하셨다: "너희가 사람의 미혹을 받지 않도록 조심하라"(막13:5); "너희는 스스로 조심하라"(막13:9); "너희는 삼가라 내가 모든 일을 너희에게 미리 말하였노라"(막13:23). 주님께서 미리 경고하신 것 중 중요한 것이 거짓 그리스도들과 거짓 선지자들의 출현이다; "그 때에 어떤 사람이 너희에게 말하되 보라 그리스도가 여기 있다 보라 저기 있다 하여도 믿지 말라 거짓 그리스도들과 거짓 선지자들이 일어나서 이적과 기사를 행하여 할 수만 있으면 택하신 자들을 미혹하려 하리라."(막13:21-22)

흥미로운 사실은 계시록에서 우리를 미혹하는 거짓 그리스도의 모습이 나오는데, 많은 그리스도인들이 그가 참 그리스도라 생각했다. 계시록 6장을 보면 어린 양이 첫째 인을 떼니 "흰 말이 있는데 그 탄 자가 활을 가졌고 면류관을 받고 나아가서 이기고 또 이기려고 하더라."(6:2) 일부 주석가들과 독자들은 흰 말을 타고 면류관을 받고 이기고 이기기 때문에 흰 말탄 자가 그리스도라 생각한다. 그러나 그는 전쟁무기인 활을 가지고 있고 그의 뒤에 따라 오는 전쟁, 기근과 죽음을 보면 그는 세상적으로 큰 능력을 가진 거짓 그리스도이다. 그는 전쟁으로 세상 모든 일을 해결하고자 한다. 진정한 그리스도는 계시록 19장에 나온다: "보라 백마와 그것을 탄 자가 있으니 그 이름은 충신과 진실이라 그가 공의로 심판하며 싸우더라 .... 또 그가 피 뿌린 옷을 입었는데 그 이름은 하나님의 말씀이라 칭하더라."(19:11, 13) 거짓 그리스도는 활을 가지고 전쟁을 하나 진정한 그리스도는 공의와 하나님의 말씀으로 싸우신다. 혼란스러운 세상에서는 주님께서 미리 경고하신데로 "스스로 조심하고 삼가야 한다."

주님께서 일곱 교회에 보내는 서신들의 내용에서 "... 사자에게 편지하라"는 것과 보내시는 이에 대한 묘사를 제외하고 반복해서 나오는 문구는 아래의 세 가지이다. 첫째, 불꽃같은 눈을 가지시고 모든 비밀을 아시는 주님께서 일곱 교회의 사정을 분명하게 아신다는 것이다. 주님께서는 행위와 수고와 인내를 아시고 시련을 이기고 궁핍과 환난가운데 있는 것도 아시고 첫 사랑을 잃어버리고 거짓 교훈을 따르고 음행하고 우상 숭배하는 것도 다 아신다는 것이다.(2:2, 3, 9, 13, 19, 3:1, 8, 15)

둘째, "귀있는 자는 성령이 교회들에게 하시는 말씀을 들으라"는 명령이다.(2:7, 11, 17, 29, 3:6, 13, 22) 세째, "이기는 그"에게는 각가지 다양한 축복의 약속이 주어진다.(2:7, 11, 17, 26, 3:5, 12, 21) 일곱 교회에 동일하게 일곱 번에 걸쳐서 위의 말씀들이 주어진다는 것은 주님의 전지전능성과 성령님께 귀 기울이는 것과 핍박과 세속화를 이기는 것이 그만큼 중요하다는 사실을 거듭 강조하고 있는 것이다.

그런데 현실 세계에서 성도들을 미혹하고 박해하는 이 권세들을 이겨내기가 쉽지 않다. 신앙의 승리를 위해서 성도들의 많은 수고와 노력들이 필요하지만 주님께서는 무엇보다도 주님과의 사랑의 회복을 원하신다. 부활하신 주님께서 베드로에게 찾아오셔서 세 번에 걸쳐서 사랑의 질문을 하신 것을 기억할 수 있다. 그 이야기는 그리스도와 제자들 그리고 교회 사이에서 사랑이 중요함을 일깨워 주고 있다. 결국 그리스도께서 일곱 교회에 보낸 편지는 그리스도와 교회간의 혼인의 관계에서 지켜져야 할 사랑과 신실함을 회복하시고자 하는 것이다. 사랑을 잃어버리면 그 뒤에는 많은 죄들이 따라오게 되어 있는 것이다.[102]

---

102) 오우성, 『요한계시록 이야기』(대한기독교서회, 2013), 99

사랑으로 이루어진 혼인 관계가 회복되기를 원하시는 주님께서는 모든 대적자들을 다 물리치신 후에 하늘나라에서 성대한 어린 양의 혼인잔치를 마련하신다. 그래서 주님께서는 끝까지 사랑의 정절과 신실함을 지킨 성도들과 혼인관계를 회복하신다. 주님이 약속하신 보상과 위로는 이것으로 끝나지 않는다. 주님은 순교자들과 짐승의 표를 받지 않은 성도들을 위해서 천년왕국을 준비하신다. 천년은 상징적인 수로서 오랫동안의 기간을 의미한다. 이 오랜 기간은 이긴 성도들이 그리스도와 함께 다스리는 축복의 기간이다. 그리고 백보좌 심판후 성도들은 새하늘과 새 땅에 들어가는 영원한 축복을 누리게 된다. 그 새 하늘과 새 땅위에 새 예루살렘 성이 신부와 같이 아름답게 단장하여 하늘에서 내려온다. 여기서 해설자는 새 예루살렘 성을 신부가 남편을 위하여 단장한 것으로 묘사하는데 뒤의 장면에서는 보다 직접적으로 어린 양의 신부로 묘사한다. 요한문헌에서 혼인의 주제가 중요한 것은 예수의 첫 지상 사역이 가나의 혼인잔치를 회복한 것이라는 사실에서 분명해진다.

창세기 3장이 죄악과 고통과 죽음이 어떻게 시작되었는지를 설명한다면 계시록 20장은 그것들이 어떻게 끝나게 될 것인가를 설명한다. 죄악과 죽음이 뱀으로 시작했던 것처럼 죄악과 죽음의 끝은 옛 뱀의 파멸로 끝이 난다.

하나님께서 친히 "내가 만물을 새롭게 하노라"하시고 또한 "내가 다 이루었다"고 말씀하신 후 신앙의 승리자들에게는 생명수 샘물을 주시고 "나는 그의 하나님이 되고 그는 내 아들이 되리라"라고 약속하신다.

요한계시록은 오늘날 교회에 만연해 있는 현세중심적 기복신앙의 폐해를 지적하고 내세적 신앙을 회복해야 될 것을 강조한다. 그래서 21세기 우리 신앙에서 근본적인 문제로 지적되고 있는 현세중심적 신앙을 교정하기 위해서 계시록의 바른 이해가 필요하다. 계시록의 중요한 메시지는 이 세상의 것들에서, 그것이 명예, 지식, 돈, 권세든 상관없이, 자유로워져야 하며 삶과 신앙에서 보다 본질적인 것들, 즉 신앙, 자유, 생명, 소망과 기쁨을 회복해야 한다는 것이다.

Chapter 5

나가는 말

“보좌에 앉으신 이가 이르시되

보라 내가 만물을 새롭게 하노라”

(계 21:5a)

Chapter 5

나가는 말

성경적 영성은 예배, 기도, 말씀 묵상, 찬양, 봉사, 헌금, 구제 등 구체적인 삶에서의 실천을 통해 훈련하게 된다. 우리는 이 모든 활동을 통해서 우리 삶에서 그리스도의 형상을 이룰 수 있어야 한다. 그런데, 이것이 결코 쉽지가 않다. 우리에게는 우리가 배워야 할 영성의 스승이 있어야 한다. 우리는 그 스승을 요한문헌을 기록한 요한에게서 발견할 수 있다.

요한의 영성이 우리에게 중요한 이유는 요한문헌의 배경과 우리가 살고 있는 현대와 유사한 점이 많기 때문이다. 요한문헌이 기록된 1세기도 영적인 만족을 추구하던 시대로 종교가 다양하게 많이 있었다. 많은 종교들이 있었음에도 불구하고 사람들은 자신의 영적인 욕구를 채우기 위해서 끊임없이 새로운 종교를 찾았다; 영지주의, 비밀종교, 신지학, 희랍의 다양한 종교들, 철학, 마술, 점성술 등.

21세기에도 수많은 영성이 있다. 과연 그 중에서 어떤 영성이 하나님이 기뻐하시는 영성인지를 찾아야 한다. 우리 교회는 성경 중심(사경회)에서 은사 중심으로, 그리고 한 때는 찬양 중심으로, 이제는 그 중심이 와해되어 가고 있다. 두시간 가까이 계속 찬양하며 하나님과의 교제를 추구하기도 한다. 그러나, 음율과 리듬에 너무 집중하여 하나님의 말씀에서 벗어나면서 감성적인 신앙으로 빠져버릴 수 있다. 이런 찬양 집회에서 은혜를 많이 체험했다고 하지만 실제 삶속에서 구체적인 말씀을 가지고 어떻게 살아야 할지를 모르게 된다. 찬양할 때는 환희, 감동, 환상도 있었는데, 그 감격과 열정 자체가 목적이 돼버리면 그 영성이 현실에서 오래 가지 못한다. 우리는 감성 위주의 예배보다는 성령과 하나님의 진리로 예배를 드려야 한다. 우리는 성령께서 말씀을 통해 진리에 대한 깨달음을 주시는 참된 예배를 드려야 한다. 요한의 영성에서는 우리가 하는 기도, 봉사, 구제, 영성 훈련 자체가 항상 성령님을 통해 말씀의 진리를 깨닫는 것과 분리되어서는 않된다는 것을 강조한다. 그래서 요한의 영성은 말씀 중심의 영성이다.

어떤 영성은 신비적인 체험을 중시하여 환상이나 영적인 음성 듣는 것을 추구하기도 한다. 요한복음이 기록되던 초대교회 시대에도 신비한 체험을 중시하는 집단들이 많이 있었다. 신비한 체험을 강조하는 영성 집단들은 자기들만의 신비한 주술과 독특한 공식을 가지고 있다. 어떤 종류의 향을 피운다든지, 어떤 행동을 반복하게 한다든지 하면 환상의 세계에 빠질 수 있다. 일정한 주문이나 공식을 반복해서 소리내어 외우게 하기도 한다. 그런 기법이나 주술이 사이비 종교들 내에서 비밀리에 내려오고 있다. 마약이나 환각에 빠지는 약품을 사용하기도 한다. 환각제가 몸에 투입되면 새로운 세계에서 빠져들기 때문이다. 요즈음은 뇌 과학이 발달하면서 뇌의 특정 부분 즉 측두엽을 자극하거나 전기 충격을 주면 환상이나 신비 체험을 할 수 있게 한다. 약재와 신비한 주문과 육신적인 훈련 방식을 통하면 그 사람이 자기를 이탈할 수 있는 탈혼 체험을 할 수 있다. 이 체험을 집단으로 하게 되면 더 효과가 크다. 그런 일들이 에베소에서 많이 있었다. 그런 것들이 지금도 우리 주위에 많이 있다. 그것들이 아무리 효과적이고 신비스럽다고 할지라도 그릇된 길로 사람들을 이끈다.

요한은 신비 체험보다는 성령님의 인도를 통해서 말씀을 깨닫는 것이 얼마나 중요한지를 보여주고 있다. 우리는 요한의 영성을 잘 배워 그릇된 종교와 종파에 빠져드는 일이 없어야 할 것이다. 우리가 성경의 말씀을 완전히 깨닫지 못하지만 하나님이 우리를 사랑하는 그 사랑은 끝까지 남는다. 하나님의 이 사랑을 느끼고, 감사하고, 찬양하고 그 사랑을 남에게 전하는 것이 전도요 구원의 길이다. 우리 속에 그 기쁨이 충만하면 그것이 우리 밖으로 넘쳐난다. 우리는 그 좋은 것을 남에게 가르쳐 주고 싶어진다. 우리 속에 성령께서 역사를 하셔서 예수 그리스도의 말씀을 알아듣게 하신다. 우리가 이것을 알고 서로 공감하는 것은 성령께서 역사하기 때문이다. 성령께서 함께 하실 때 우리는 이렇게 기도하고 싶어진다: 우리가 예수 그리스도 안에서 얻은 이 생명을 위해서 살게 인도해 주옵소서. 일생 죽을 때까지 이 생명 속에서 살게 해 주옵소서.

부록

요한복음 12주 성경공부 및 묵상 프로그램

부록

요한복음 12주 성경공부 및 묵상 프로그램

아래의 프로그램은 이 책을 교재로 하여 요한복음을 12주 과정으로 공부할 수 있도록 구성되어 있다. 이 프로그램은 1주에 대략 2시간이면 적절하다. 교회에서의 성경공부를 이 프로그램으로 실시하면 좋을 것이다. 소그룹으로 하는 경우에는 그룹 지도자가 필요하며 참가자들간에 충분한 대화를 나누기 위해 할당된 내용을 예습하는 것이 효과적이다.

주	내 용	주	내 용
1	공부방식 소개 (교재 2장 4절 참조)[1]	7	11–12장
2	요한복음 1–2장	8	13–14장
3	3–4장	9	15–16장

1) 좀 더 상세한 공부를 위해서, 김춘이 외, 『성경서사읽기의 이론과 실제』(계명대출판부, 2013) 참조

4	5–6장	10	17–18장
5	7–8장	11	19–20장
6	9–10장	12	21장과 전체적 종합

지도자는 할당된 범위를 다음과 같이 이야기 구성요소별로 구분하여 질문해 봄으로 참가자가 성경을 보다 생동감 있게 읽게 해준다.

1. 읽기 질문

1) 등장인물

- 이 단락에서 어떤 인물들이 등장합니까?
- 이야기에서 주된 등장인물은 누구이며 보조적인 인물들은 누구입니까?
- 그들이 하는 말이나 행동은 어떠합니까?
- 그들은 어떤 느낌이나 생각을 가지고 있습니까?
- 그들은 하나님이나 예수 그리스도와 어떤 관계를 가지고 있습니까?

2) 사건

- 이 단락에서는 어떤 사건들이 발생합니까?
- 이 이야기에서 주된 사건은 무엇이며 부수적인 사건들은 어떤 것입니까?

• 이 사건은 어떤 원인으로 발생했으며 어떻게 진전되어 갑니까?
• 이 사건이 이야기의 다른 사건들에 어떤 영향을 미칩니까?

3) 배경

• 이 이야기는 언제 일어났으며 그 시간적 배경은 무엇입니까?
• 이 이야기의 공간적 장소적 배경은 무엇입니까?
• 이 이야기의 정치, 사회, 경제적 배경은 무엇입니까?
• 이 이야기의 배경이 인물들과 사건들에 어떤 영향을 미칩니까?

4) 구상

• 저자가 주고자 하는 메시지는 무엇입니까?
• 저자가 사용하는 수사학적 기법들(반복, 대조, 비교, 복선, 강조 등)은 무엇입니까?

이상의 질문들은 지도자가 성경이야기의 인물, 사건, 배경 혹은 구상에 관해서 참가자와 함께 다룰 수 있는 질문들이다. 이 질문들은 공부 상황에 따라 선택할 수 있으며 반드시 모든 질문들을 다 물을 필요는 없다. 그러나 여기서 유의해야 할 것은 여기 나오는 읽기 질문은 뒤의 적용 질문과 중복되어서는 안 된다는 것이다. 서사적 읽기에서의 질문들은 참가자가 성경이야기 세계 속으로 들어갈 수 있게 하는 보편적이며 일반적인 질문들이다. 이에 반해서 삶에의 적용 질문들은 참가자가 그 이야기를 자신의 삶에 적용해 볼 수 있게 하는 개인적이며 구체적인 질문들이다. 중복을 피하기 위해서 서사적 읽기의 질문은 성경이야기 중심의 질문들이 되어야 하고 적용 질문은 참가자의 삶과 성경 이야기간의 상호 관련성에 초점을 맞추어야 한다.

적용 질문이란 참가자가 그 본문을 자신의 실존적 상황에 맞게 읽는 것이다. 참가자가 본문을 통해서 감동과 힘을 얻는 것은 참가자가 자신의 위치에서 본문을 읽고 그 본문의 세계에 몰입할 수 있을 때이다. 예를 들면, 참가자는 자신이 제자중의 한 사람이라고 생각하고 본문을 읽어보는 것이다. 이런 과정을 통해서 참가자는 그 이야기 세계 속으로 들어가는 경험을 하게 되는 것이다. 이 때 그는 상상력을 최대한 발휘해야 한다.

성경이야기에 등장하는 인물과 같이 느끼는 것을 공감 혹은 감정이입이라고 한다. 이 때 참가자가 이상적으로 생각하는 인물과의 감정이입을 이상적 감정이입이라 하고 참가자의 처지와 동일하여 감정이입하게 되는 경우를 현실적 감정이입이라 한다. 예를 들면, 예수와의 감정이입은 이상적 감정이입이 되고 처지가 비슷한 제자들이나 다른 인물들과의 감정이입은 현실적 감정이입이 된다. 많은 경우 참가자는 예수 그리스도와의 감정이입을 해왔지만 마음에 와닿는 다른 인물과의 감정이입도 좋은 경험이 된다.

2. 적용 질문

1) 등장인물

a. 이 이야기의 등장인물들 중 당신이 좋아하는 인물은 누구이며 왜 좋아합니까?

b. 이 이야기의 등장인물들 중 당신이 싫어하는 인물은 누구이며 왜 그렇습니까?
c. 등장인물이 겪는 문제는 무엇이며 그 문제의 원인은 무엇이라 생각합니까?
d. 등장인물은 그 문제를 어떻게 해결했습니까?
e. 등장인물의 해결방안이 당신의 문제에 어떤 도움을 줄 수 있습니까?

2) 사건

a. 당신은 이 사건을 읽으면서 어떤 느낌과 생각이 듭니까?
b. 당신의 삶에서 이와 유사한 사건을 경험한 적이 있습니까? 있다면 그 사건이 당신의 삶에 어떤 영향을 미쳤으며 어떻게 결말이 났습니까?
c. 성경이야기가 당신의 사건에 어떤 해결방안을 제시할 수 있습니까?

3) 배경

a. 이 이야기의 배경이 등장인물이나 사건에 어떤 영향을 미쳤습니까?
b. 이 이야기의 배경과 상황 중에서 특별히 당신의 마음에 와 닿는 부분이 있습니까?

4) 구상

a. 이 이야기의 주된 메시지는 어떻게 묘사될 수 있을까요?

b.. 이 메시지는 나의 삶과 어떤 관계가 있습니까?

5) 묵상 질문

a. 이 이야기 중 마음에 가장 감동적인 부분은 어떤 것입니까?

b. 이 이야기에서 새롭게 깨달은 것이 있다면 무엇입니까?

c. 이 이야기에서 내 삶을 새롭게 보게 하는 관점을 발견할 수 있다면 그것은 무엇입니까?

d. 새로운 메시지를 언제, 어디서, 어떻게 묵상할 수 있습니까?

e. 이 메시지를 암송해 봅시다.

이상의 질문들은 참가자로 하여금 자신의 삶과 성경이야기간의 유사성을 발견하게 하기 위한 것이다. 이 유사성을 근거로 하여 참가자는 성경 인물들과 동일시를 할 수 있으며 기대감을 가지게 됨으로 자신의 삶의 이야기를 재구성할 수 있게 된다. 이상의 질문들은 모두 예외없이 다 다룰 필요는 없고 그 중에서 단락별로 가장 적절한 질문만을 선택해서 다루면 좋을 것이다. 1주에 2시간 공부하는 경우, 1시간은 읽기 질문에 할당하고 다른 1시간은 적용 질문을 하면 효과적인 공부가 될 것이다.

저자 소개

오우성

서울대학교(B.B.A)를 졸업하고 미국 프린스턴 신학대학원에서 석사(M. Div)를, 미국 드류대학원에서 신약학 전공으로 박사(Ph.D)학위를 취득했다. 현재는 계명대학교 기독교학과 명예교수, 기독영성상담연구소장, 대봉교회 협동목사로 섬기고 있다.

저서로는 『바울의 갈등과 회심』, 『데살로니가 전후서』, 『성서의 권위와 성서적 신앙공동체』, 『신약신학논제』, 『성서해설(공저)』, 『기독교종합대학의 정체성과 제도(공저)』, 『성경이야기상담 실습가이드(공저)』, 『성서와 심리학의 대화』, 『상담으로 풀어 본 신학(공저)』, 『이야기상담의 과정과 기법(공저)』, 『성경이야기 상담(공저)』, 『성경서사읽기의 이론과 실제(공저)』, 『요한계시록 이야기』 등이 있고 역서로는 『기독교이전의 예수』, 『많은 사람들의 눈으로 본 예수』, 논문으로는 "초월적 경험과 신앙" 등 다수의 논문들이 있다.